2017
Yearbook of China's Forestry Intellectual Property

中国林业知识产权年度报告

国家林业局科技发展中心
国家林业局知识产权研究中心 ■编

中国林业出版社
China Forestry Publishing House

图书在版编目(CIP)数据

2017中国林业知识产权年度报告 / 国家林业局科技发展中心, 国家林业局知识产权研究中心编. -- 北京 :中国林业出版社, 2018.4
ISBN 978-7-5038-9499-2

Ⅰ. ①2… Ⅱ. ①国… ②国… Ⅲ. ①林业－知识产权－研究报告－中国－2017 Ⅳ. ①D923.404

中国版本图书馆CIP数据核字(2018)第057675号

中国林业出版社・生态保护出版中心
策划编辑：刘家玲
责任编辑：刘家玲　甄美子

出　版　中国林业出版社（100009 北京西城区德内大街刘海胡同 7 号）
网　址　http://lycb.forestry.gov.cn
电　话　(010) 83143519　83143616
印　刷　三河市祥达印刷包装有限公司
版　次　2018 年 4 月第 1 版
印　次　2018 年 4 月第 1 次
开　本　889mm × 1194mm　1/16
印　张　13.5
字　数　380 千字
定　价　59.00 元

2017中国林业知识产权年度报告

编辑委员会

前 言

2017年，国家林业局深入学习贯彻党的十九大精神和习近平新时代中国特色社会主义思想，按照“四个全面”战略布局和“五大发展理念”的总体要求，全面推进林业知识产权工作，为提升林业自主创新能力、加快林业发展方式转变、提高林业核心竞争力提供了有力支撑和引领，林业知识产权工作取得新成绩、获得新突破、迈上新台阶。

2017年，国家林业局植物新品种保护办公室与欧盟植物新品种保护办公室(CPVO)在北京签署合作协议，组织开展了《国家知识产权战略纲要》实施十年林业评估工作，实施了《2017年加快建设知识产权强国林业推进计划》，推进了全国核桃遗传资源调查编目进程，引导林业专利技术及优良新品种转化应用，组织开展了2017年全国林业知识产权宣传周系列活动，加强了林业植物新品种权行政执法工作。全国31个省（自治区、直辖市）、黑龙江省森林工业总局、大兴安岭林业集团公司、内蒙古大兴安岭重点国有林管理局、吉林森工集团和长白山森工集团的林业知识产权工作进行了总结和展示。2017年，国家林业局植物新品种保护办公室共受理国内外植物新品种权申请623件，授予植物新品种权160件，国家知识产权局中国专利数据库公开的林业相关专利共计65260件，其中林业科研院所的专利公开量为1282件，林业高等院校的专利公开量为4582件。有3项林业发明专利荣获第19届中国专利优秀奖。

在认真回顾和总结2017年度林业知识产权工作的基础上，国家林业局科技发展中心和国家林业局知识产权研究中心组织编撰了《2017中国林业知识产权年度报告》，旨在通过对一年来林业知识产权工作主要进展和成果的展示，让更多的人了解、关心和支持林业知识产权工作，共同促进林业知识产权的创造、运用、保护和管理，为全面提升新时代林业现代化建设水平提供有力支撑。

本报告资料系统、内容翔实，具有较强的科学性、可读性和实用性，可供林业行政管理部门和企事业单位的干部、科研和教学人员参考。

国家林业局科技发展中心

2018年3月

CFIP
中国林业知识产权

目　录

宣传培训

能力建设

国际合作

各地动态

统计分析

附表

概　述

2017 年，国家林业局以实施知识产权战略为重点，全面落实《国家林业局关于贯彻实施〈国家知识产权战略纲要〉的指导意见》和《全国林业知识产权事业发展规划 (2013—2020 年)》，从组织实施《2017 年加快建设知识产权强国林业推进计划》入手，全力推进林业知识产权工作，有效提高了林业知识产权创造、运用、保护和管理水平，取得了显著成效，加快了林业发展方式转变，增强了林业核心竞争力。

1. 完善林业知识产权管理制度与政策

国家林业局开展《中华人民共和国植物新品种保护条例》的修订工作，多次参加条例修订工作的方案制定、修订内容研讨等，并参加了条例修订工作的实地调研；参与最高人民法院《关于审理植物新品种权纠纷案件具体应用法律问题的规定》的修订工作；发布《国家林业局植物新品种保护办公室关于停征植物新品种保护权收费的公告》（第 201702 号），自 2017 年 4 月 1 日起停止征收植物新品种保护权收费。

2. 加快林业植物新品种权受理和审查工作

以加快品种权受理、审查为突破口，林业植物新品种申请量、审查量大幅上升。2017 年，国家林业局植物新品种保护办公室共受理国内外植物新品种权申请 623 件，授权植物新品种 160 件。全年共完成 423 个申请品种的特异性、一致性、稳定性（DUS）现场审查；购买DUS测试报告2份，转田间测试3批91个月季品种；完成272件实审材料补正工作；承办“中美植物新品种保护”北京研讨会和南京研讨会；举办林业植物新品种保护培训班。截至2017年底，国家林业局植物新品种保护办公室共受理国内外植物新品种申请2811件，授予植物新品种权1358件。

3. 推进林业生物遗传资源管理工作

贯彻落实《中国林业遗传资源保护与可持续利用行动计划（2015—2025年）》，继续组织开展全国核桃遗传资源调查编目工作，2017年共安排23个省（自治区、直辖市）进行核桃遗传资源调查编目工作，全部签订了合同，按时下拨资金，保证了项目如期开展；9月在西藏林芝举办了“全国核桃遗传资源调查编目工作培训班”；在云南省开展林业遗传资源及相关传统知识调查工作；在山东滨州举办第二届国际林木遗传资源培训班。

4. 推动林业知识产权联盟建设

国家林业局科技发展中心指导建立了木地板、竹材和木门3个专利联盟。中国林业科学研究院木材工业研究所推进“木地板专利联盟”运营工作，维护和完善了木地板专利联盟网站，通过专利查询、专利服务、知识百科、专家问答等方式为会员单位提供优质的信息服务。国际竹藤中心“竹材专利联盟”推进项目进展顺利，建立了“竹材专利联盟”网站，成立专家委员会。中国林产工业协会进一步推动“木门行业专利保护联盟”建设，对专利集中的技术和申请人进行追踪，推进联盟内的企业开展专利许可、交叉许可，并适时构建专利池，建立了联盟运行机制和木门窗专利信息共享平台，致力于协同攻关、权益共享、共同突破木门窗产业发展的技术瓶颈。

5. 实施林业专利等知识产权转化运用项目

2017年，组织实施了“针叶聚戊烯醇生产专利技术产业化”“竹质淋水填料的产业化加工技术”和“天然冰片药源龙脑樟产业化推广”等22项林业专利等知识产权转化运用项目；组织专家组分别对“湿地用竹基纤维复合材料制造技术与推广应用”“PVC无酚热稳定剂制备关键技术开发与示范”和“竹束单板层积材制造轻质墙体技术产业化”等6个林业专利技术产业化项目进行了现场查定和验收。

6. 开展林业植物新品种权行政执法工作

国家林业局参加了全国打击侵权假冒工作现场考核，分别对辽宁省和内蒙古自治区进行了检查，现场打分，并向全国“双打办”正式汇报，顺利完成了任务；组织开展打击侵犯林业植物新品种权专项行动，指导品种权人积极维权，营造较好的市场氛围；对已开展行政执法试点的河北省、陕西省和山东省进行具体工作指导，推动了林业植物新品种权行政执法试点工作；继续完善月季品种DNA和牡丹品种DNA图谱数据库构建，旨在为植物新品种权的行政执法取证提供技术支撑。

7. 完善林业植物新品种测试体系

2017年共安排91个品种测试，完成了30个品种的测试工作，并提交测试报告30份，为植物品种授权提供了科学的审查依据；委托有关机构新增了杜鹃花、绣球、山茶、油茶等植物品种的田间测试，使国家林业局新品种测试工作逐步向田间实测靠拢；举办了林业植物新品种测试技术培训班；组织国内相关科研院所开展蔷薇属、丁香属6项测试指南的制(修)订工作，截至2017年底，共开展了137项林业植物新品种测试指南的编制工作，已完成了槐属、蔷薇属、桉属、枸杞属、榆属和崖柏属等44项测试指南标准的制定，分别以国家标准或行业标准发布，有效提高了授权质量和审查测试能力。

8. 跟踪国际林业知识产权动态与专利分析研究

开展了关于植物遗传资源需求、权利和机遇的研究，传统知识国际立法所面临的挑战，以及加拿大、印度、澳大利亚和马耳他等国家的植物新品种政策研究和植物遗传资源发展现状研究；针对林业行业容易遭到国外专利壁垒的重点林产品领域进行动态跟踪和调查分析，加强专利数据统计和预警分析研究；组织开展了湿地保护、白蚁、碳汇、纳米纤维素技术和植物新品种基因育种技术的专利分析研究，并选择木塑复合材料开展了深度研究，完成了《木塑复合材料专利分析报告》；正式出版了《木材用生物质胶黏剂专利与文献分析报告》。

9. 建设林业知识产权基础数据库和共享平台

开通了“2017 林业知识产权宣传周”网站，图文并茂地展示林业知识产权成果和最新进展，进一步扩大了林业知识产权的影响；维护和管理中国林业知识产权网和中国林业植物新品种保护网，完善和建设了林业专利、植物新品种权、林产品地理标志、林业知识产权动态等 15 个林业知识产权基础数据库，入库数据记录累计超过 73 万条，2017 年用户访问量超过 10 万人次。网站提供全年不间断、安全稳定的在线检索服务，提高了林业知识产权信息资源的利用效率和服务水平。

10. 开展国际履约和合作交流

国家林业局认真履行《国际植物新品种保护公约》(UPOV 公约)，参加 UPOV 日内瓦系列会议，会前精心准备应对方案，积极提出意见和建议，履行了成员国责任；开展自贸区谈判与涉外知识产权工作，参加了在缅甸内比都举办的第十届东亚植物新品种保护论坛会议和国际植物新品种保护研讨会。开展林业生物遗传资源履约，参加了在意大利罗马召开的粮食与农业遗传资源第 16 次例会。国家林业局植物新品种保护办公室与欧盟植物新品种保护办公室 (CPVO) 在北京签署合作协议，探讨了加强合作的领域和意愿，共同致力于加强在植物新品种管理和测试方面的技术交流，相互借鉴经验，提高管理和技术水平。

11. 加强林业知识产权宣传培训

组织开展了 2017 年全国林业知识产权宣传周系列活动，采取多种形式普及和宣传林业知识产权知识和植物新品种保护成效，进一步扩大了林业知识产权的影响；在中国政府网、新华网、国家林业局网、国家知识产权网、中国林业知识产权网、中国林业信息网、中国林业植物新品种保护网等主要网站登载或转载有关林业知识产权的报道 300 多篇；在新华社、《中国绿色时报》和《中国知识产权报》上发表林业知识产权重点报道 35 篇；

4月26日在《中国绿色时报》刊发《知识产权提升林业竞争力 全面创新助推林业转型》的专题文章，宣传全国林业知识产权主要成果，扩大林业知识产权的影响力；出版了《2016中国林业知识产权年度报告》《中国林业植物授权新品种（2016）》；编印了《林业知识产权动态》6期。

12. 林业知识产权数量稳步增长，质量明显提升

随着林业自主创新能力的不断增强，林业植物新品种权和林业专利、商标、林产品地理标志、版权数量稳步增长，质量明显提高，知识产权对现代林业发展的支撑作用日益明显。

截至2017年年底：

- 林业植物新品种申请量2811件，授权量1358件。
- 林业相关专利公开量351705件，其中发明专利194005件。
- 林业科研院所专利公开量6820件，其中发明专利5043件。
- 林业高等院校专利公开量23903件，其中发明专利15128件。
- 林产品地理标志941件。
- 林业软件著作权6098项。

国家林业局植物新品种保护办公室
关于停征植物新品种保护权收费的公告

（第201702号）

按照《财政部、国家发展改革委关于清理规范一批行政事业性收费有关政策的通知》（财税〔2017〕20号）要求，自2017年4月1日起，停征植物新品种保护权收费。为规范植物新品种保护管理，现将有关事项公告如下。

一、自2017年4月1日起，对新受理的林业植物新品种权申请停征申请费、审查费、年费。

二、2017年3月31日前已受理正在审查的林业植物新品种权申请，且应当缴纳申请费或审查费的，品种权申请人、品种权代理机构应按规定时限足额缴纳；自2017年4月1日起，停征申请费或审查费。

三、2017年3月31日前已经授予植物新品种权的，且应当缴纳年费的，品种权人、品种权代理机构应按规定时限足额缴纳；自2017年4月1日起，停征年费。

国家林业局植物新品种保护办公室

2017年3月30日

专项工作

《国家知识产权战略纲要》实施十年林业评估工作

按照《国务院知识产权战略实施工作部际联席会议第二次全体会议纪要》（国阅〔2017〕79号）要求，国务院知识产权战略实施工作部际联席会议办公室组织开展《国家知识产权战略纲要》（以下简称《纲要》）实施十年评估工作。根据《〈国家知识产权战略纲要〉实施十年评估工作方案》（国知战联办〔2017〕14号）的具体部署，国家林业局组织开展了林业部门评估自查工作，向国家知识产权局提供了《〈国家知识产权战略纲要〉实施十年评估林业部门自查报告》，系统梳理和总结了林业行业贯彻执行《纲要》等系列政策措施的总体情况，总结取得的成效和主要经验，分析存在的问题，对下一步知识产权工作提出建议，为《纲要》实施十年总体评估报告的形成提供支撑与佐证。此项工作对于进一步推进知识产权战略实施和知识产权强国建设，确保实现《纲要》目标任务具有重要意义。

1. 主要成效与经验

（1）完善林业知识产权政策和发展规划，知识产权保护意识明显提高

建立了林业实施知识产权战略和规划的联席会议制度，协调并指导林业知识产权战略、规划、计划和政策的制定和实施；发布了《国家林业局关于贯彻实施〈国家知识产权战略纲要〉的指导意见》，明确了林业知识产权工作的指导思想、发展目标、重点任务和保障措施；制定了《全国林业知识产权事业发展规划（2013—2020年）》和林业知识产权年度推进计划，组织落实国家和局知识产权年度推进计划安排的重点工作和重大活动；出台了《关于台湾地区申请人在大陆申请植物新品种权的暂行规定》，促进了两岸植物新品种保护领域的合作交流；印发了《林业植物新品种保护行政执法办法》，健全了行政执法行为规范，增强了林业植物新品种保护执法的严肃性和权威性；与相关部委联合印发了《关于加强对外合作与交流中生物遗传资源利用与惠益分享管理的通知》。

（2）健全林业植物新品种测试体系，新品种申请量大幅增加

国家知识产权战略实施十年以来，林业行业的植物新品种保护意识明显提升，植物新品种申请量和授权量大幅增加，分别达到1698件和999件，同比增长246.5%和402%；林业植物新品种测试体系基本完善，分6批共发布了206个属种的林业植物新品种保护名录；开展了131项林业植物新品种测试指南编制工作，完成了槐属、蔷薇属、桉属、枸杞属、榆属和崖柏属等44项测试指南标准的制定，分别以国家标准或行业标准发布；建立了1个林业植物新品种测试中心、3个分中心、2个分子测定实验室和5个专业测试站；加强林业植物新品种权行政执法工作，指导品种权人积极维权，营造良好的市场氛围。

（3）开展林业知识产权试点工作，综合运用能力大幅提升

从2010年开始，分3批共选择了75家林业科研院所、高等院校和重点企业作为全国林业知识产权试点单位，对全国林业知识产权试点工作进行了验收和评估；建立了木地板、竹材加工、木门等专利联盟；实施了32项林业专利产业化推进项目和7个授权植物新品种转化应用试点项目；建成了一批林业知识产权产业化示范基地，培育了一批知识产权管理水平高、核心竞争力强的林业企事业单位，提高了林业行业的知识产权创造、运用、保护和管理水平。

（4）健全林业知识产权公共信息平台，服务能力明显增强

跟踪国内外林业知识产权动态，实时监测和分析林业行业相关领域的专利动态变化，做好专利数据统计和分析；开展林业重点领域知识产权预警分析研究，出版了《木地板锁扣技术专利分析报告》《人造板连续平压机专利分析报告》等专利分析报告6部；建成并开通《中国林业植物新品种保护网》和《中国林业知识产权网》，重点完善和建设了林业知识产权基础数据库15个，入库数据记录累计66万条，与战略实施前相比，信息量增加5倍，网上信息每日更新，免费使用，扩大了林业知识产权信息资源的共享途径和使用范围，信息服务能力和水平明显增强。

（5）加强林业知识产权宣传培训，国际履约成效显著

自2010年开始每年定期举办全国林业知识产权宣传周系列活动，开展林业知识产权管理和保护系列培训；发布《林业知识产权年度报告》；出版《中国林业植物授权新品种》；2012年10月开始编印《林业知识产权动态》（双月刊）；举办了全国林业知识产权成就展览，加强林业知识产权宣传培训，全行业知识产权保护意识显著增强；开展全国油茶和核桃遗传资源调查编目工作，推进林业生物遗传资源获取与惠益分享试点；开展国际林业知识产权动态跟踪与履约研究，加强了《国际植物新品种保护公约》（UPOV公约）1991年文本和《遗传资源获取和惠益分享议定书》（ABS）的研究，完善相关履约对策。

2. 存在的主要问题

（1）授权新品种维权难

林业植物新品种繁育大多采用无性繁殖，保密性差，易模仿，可复制，给植物新品种保护带来一定的困难；品种侵权假冒后，调查取证难，导致维权困难；许多植物新品种以生态效益为主，难以得到产业化推广；林业知识产权政策法规、行政执法体系和管理制度亟待完善，执法能力明显不足，尤其是与林业植物新品种维权执法需求不相适应。

（2）转化运用能力不强

我国林业产业专利意识仍然比较淡薄，加上林业企业多以中小型企业为主，规模小而分散，缺乏相应的研发机构、团队和资金投入，抗风险能力较弱，造成不少林业企业实施专利技术转化运用的能力不足、积极性不高，加上大量专利本身的技术成熟度不高、集成配套不足，距离产业化还有相当长的一段路程要走。

（3）支撑保障能力不足

林业植物新品种测试机构、测试标准以及技术装备等支撑条件亟待完善，林业知识产权服务体系有待健全，人才培养与现实需求有较大差距。

3. 对策与建议

修改和完善植物新品种保护法规，研究制定植物新品种保护法，加大植物新品种保护力度。建议将《中华人民共和国植物新品种保护条例》上升为《中华人民共和国植物新品种保护法》。逐步增加林业植物新品种保护名录，扩大林业植物新品种的保护范围。

加强林业植物新品种培育，稳步推进林业植物新品种权受理和审查工作，利用信息化手段提高林业植物新品种的申报和审批效率，使林业植物新品种尽快得到有效保护。

健全林业植物新品种权利益分享机制，使品种权人、品种生产经营单位和品种使用人共同受益。探索建立公益性授权植物新品种转化应用的政府补贴制度，对具有重大社会公益、生态推广价值的新品种给予政府补贴。

加大对自主知识产权产业化的支持力度，建立林业知识产权交易平台，开展林业专利和植物新品种权评估工作，做好供需对接，让企业和科研单位广泛参与。积极推进核心专利和植物品种权的转让、实施许可、投资入股、质押融资等各项政策措施的落实。推动林业行业具有核心专利技术的林产品纳入政府采购目录。

健全林业植物新品种权行政执法体系，完善执法协作机制，加强行政执法能力建设，重点查处侵犯植物新品种权和假冒授权品种的案件，维护品种权人的合法权益。（龙三群、龚玉梅、王忠明）

完善林业知识产权管理制度与政策

2017 年国家林业局开展了《中华人民共和国植物新品种保护条例》的修订工作；参与修订《关于审理植物新品种权纠纷案件具体应用法律问题的规定》。

1.《中华人民共和国植物新品种保护条例》修订工作

新修订的《中华人民共和国种子法》于 2016 年 1 月 1 日开始施行，修订后的《中华人民共和国种子法》增加了“植物新品种保护”的内容，并在法律责任一章中规定了侵犯植物新品种权的法律责任。依据新的《中华人民共和国种子法》，将对《中华人民共和国植物新品种保护条例》及《中华人民共和国植物新品种保护条例实施细则（林业部分）》等法规制度进行修订。2016 年，国家林业局会同有关部门联合成立了《中华人民共和国植物新品种保护条例》修订工作组。农业部、国家林业局联合召开了 2 次条例修订工作研讨会，提出了《中华人民共和国植物新品种保护条例》修改工作思路，2017 年多次参加《中华人民共和国植物新品种保护条例》修订工作的方案制定、修订内容研讨等，并参加了条例修订工作的实地调研。目前已完成了条例修订初稿。

2. 参与修订《关于审理植物新品种权纠纷案件具体应用法律问题的规定》

参与最高人民法院《关于审理植物新品种权纠纷案件具体应用法律问题的规定》的修订工作，国家林业局组织召开了专题座谈会，并结合林业特点，积极参与有关条款的修订工作。

3. 发布《国家林业局植物新品种保护办公室关于停征植物新品种保护权收费的公告》

为进一步加强植物新品种保护力度和深化“放管服”改革，自 2017 年 4 月 1 日起停止征收植物新品种保护权收费，表明了中国对于鼓励育种创新、推动知识产权保护的决心和力度。国家林业局植物新品种保护办公室积极配合国家关于停征植物新品种保护收费工作，及时发布《国家林业局植物新品种保护办公室关于停征植物新品种保护权收费的公告》（第 201702 号），并严格执行，同时对植物新品种保护收费情况进行了总结。（王琦）

实施《2017年加快建设知识产权强国林业推进计划》

为深入实施国家知识产权战略、加快建设知识产权强国、充分发挥知识产权对推进林业现代化建设的支撑和保障作用，按照《国家林业局关于贯彻实施〈国家知识产权战略纲要〉的指导意见》的总体要求，根据《全国林业知识产权事业发展规划（2013—2020 年）》和《2017 年深入实施国家知识产权战略加快建设知识产权强国推进计划》的部署要求，国家林业局科技发展中心会同有关单位制订了《2017 年加快建设知识产权强国林业推进计划》，明确 2017 年林业知识产权的 18 项重点任务和工作措施，国家林业局办公室以办技字〔2017〕142 号文件正式印发实施。

《2017 年加快建设知识产权强国林业推进计划》围绕提高林业知识产权创造质量、提升林业知识产权运用效益、提高林业知识产权保护效果、提升林业知识产权管理和服务水平、提高林业知识产权基础能力、促进知识产权宣传培训和国际交流等 6 个方面，提出了 18 项重点任务和工作措施，分别由国家林业局政策法规司、农村林业改革发展司、科学技术司、国际合作司、信息化管理办公室、宣传办公室、科技发展中心、中国林业科学研究院、国际竹藤中心、中国林产工业协会和国家林业局知识产权研究中心等有关司（局）和直属单位牵头落实，明确了相关司（局）和单位的任务分工，确保实施工作顺利推进，以促进林业自主创新，切实提升林业知识产权创造、运用、保护和管理水平，为推进林业科技创新、加快林业发展方式转变提供支撑和保障。

各单位认真落实《2017 年加快建设知识产权强国林业推进计划》，取得了实效，通过整合行业资源，形成工作合力，有力提升了林业知识产权的综合能力和水平，提高了林业在国家知识产权战略实施中的影响力。

中国林业科学研究院加强了全院知识产权档案的动态管理，各研究所进一步完善了知识产权管理、奖惩、保密、技术资料档案管理、工作考核办法和战略规划等多项知识产权规章制度，对专利申请、保护、奖励、实施转化等相关工作做出了详细的规定。这些制度和规定保障了全院知识产权成果在数量和质量上的稳步提升。中国林业科学研究院积极参加北京市知识产权局和海淀区政府实施的技术源头强化工程，被北京市知识产权局和海淀区政府授予“中国林业科学研究院专利运营办公室（OPT）”，依托院知识产权办公室运行；与海淀区政府委托的知识产权运营公司“北京望远迅杰科技有限公司”签署合作协议，以协助推进“知识产权运营办公室”建设，盘活中国林业科学研究院的知识产权资产；完成2017年北京市专利申请费减免备案，为专利申请节省申请费70%～80%、专利维持费70%。中国林业科学研究院十分重视知识产权转化及推广应用，坚持走产学研相结合的道路，将孵化成熟的自主知识产权技术向企业转化，提高了专利的实施转化率。据不完全统计，2017年度共向40多家企业转让专利实施权50多次，合同值约1200万元，为企业带来了显著的经济效益，促进了产业技术进步和行业健康发展。专利转让从整体来看继续保持良好势头，项目的执行期延续性更强，合作更趋向于长期稳定。

国际竹藤中心健全了知识产权保护与运用管理体系，成立了重点项目管理办公室，建立了科学的考核评价体系，形成有效的激励机制，促进了自主创新工作的开展。国际竹藤中心充分利用和整合国内外竹材专利相关信息资源，建立了竹材专利公共信息服务平台——“竹材专利联盟”，实现信息的互动和实时更新发布，为企业交流、竹材产业专利技术现状的普及提供了便利，进一步提升了竹藤产业的自主创新能力。国际竹藤中心加强专利技术的登记、实施及保护工作，对已受理和授权的专利分类建档，并提供跟踪服务，及时了解各项知识产权的开发、生产及技术转让情况，从宏观上进行管理，切实保护好知识产权。2017年，国际竹藤中心以专利技术为依托开展横向合作项目，广泛开展合作交流和技术服务，支持地方竹产业发展；与上海市农业科学院、中国大熊猫保护研究中心、泸州市纳溪区人民政府签署科技合作协议；与3家竹藤企业开展技术合作，并签订技术服务协议，利用科技人才和技术优势为企业服务，努力推动竹藤科技成果转化，为竹藤产业发展提供了有力的科技支撑。（龙三群、龚玉梅）

加快林业植物新品种权受理和审查工作

以加快品种权受理、审查为突破口，林业植物新品种申请量、审查量大幅上升。2017年，国家林业局植物新品种保护办公室共受理国内外植物新品种权申请623件，同比增长55.8%。全年共完成423个申请品种的特异性、一致性、稳定性(DUS)现场审查，同比增长95.8%；对272件实审材料进行补正，同比增长48.6%；购买DUS测试报告2份；转田间测试3批91个月季品种。

2017年国家林业局公告授权植物新品种1批共160件；编辑完成《林业植物新品种保护公报》2期；对品种权申请、初审、授权及其他事项及时在“中国林业植物新品种保护网站”及《林业植物新品种保护公报》上公告，共发布公告6批，包括初审、品种权变更转让、收费调整、品种权提前终止、申请撤回、申请人变更、品种权人变更、品种名称变更和授权等公告，确保了林业植物新品种审批和授权的公开公正，接受社会的监督。

截至2017年底，国家林业局植物新品种保护办公室已受理国内外植物新品种申请2811件，授予植物新品种权1358件。

4月12日，植物新品种保护国际研讨会暨中国植物新品种保护条例颁布20周年座谈会在北京召开，有关单位领导及农林两部门植物新品种保护相关管理人员及专家50

余人和来自国际植物新品种保护联盟（UPOV）及其成员的 11 名海外专家出席座谈会，在会上发布了《中国林业植物新品种保护进展报告》。我国于 1997 年 3 月 20 日颁布《中华人民共和国植物新品种保护条例》，标志着中国植物新品种保护制度的建立。1999 年 4 月 23 日，我国加入国际植物新品种保护联盟（UPOV），成为第 39 个成员。

5 月 8～10 日承办了“中美植物新品种保护”北京研讨会和南京研讨会，中方更加深入了解了美国对植物新品种的 3 种保护模式，即植物专利、实用新型专利和植物新品种保护。双方代表分别对两国植物新品保护的有关法律法规进行了全面解读，分享了各自植物品种权商业化的策略和成功案例，并就新品种权申请、审查、DUS 测试、授权和推广应用过程中的问题进行深入探讨。会上介绍了美国与植物相关的知识产权保护和美国成果转化法律制度、美国通过植物新品种保护法案保护植物新品种的成功案例、《国际植物品种保护公约》1991 年文本和 1978 年文本的比较研究、中国农业植物新品种保护、中国林业植物新品种保护进展等。加利福尼亚大学戴维斯分校科技转移协会戴维斯项目组详细分析了在与植物相关的知识产权商业化战略中，成果转化办公室、知识产权政策的发展、知识产权的管理和评估的相互作用与发展。

在规范管理、提高效率的基础上，国家林业局植物新品种保护办公室组织专家团队开发了林业植物新品种信息管理系统 2.0 版，并组织品种权申请单位进行了系统的品种权网上电子申报和审批试运行测试工作，将使植物新品种的管理和服务提高到一个新的水平。

国家林业局植物新品种保护办公室对所有受理和实审的新品种信息实时录入数据库，对数据库中以往年度的数据进行了核查、修正和补充完善，保证了数据质量，提高了植物新品种的申请和审批效率。

国家林业局植物新品种保护办公室完成了向 UPOV 报送 2016 年度林业植物新品种申请、授权、品种权统计等数据的工作，向 UPOV 数据库填报了 195 个授权品种的详细信息，包括 3800 多个数据项的整理、翻译和数据报送，以实现林业授权植物新品种数据的全球共享。（王琦、黄发吉、杨玉林）

推进林业生物遗传资源调查编目工作

深入贯彻落实《中国林业遗传资源保护与可持续利用行动计划（2015—2025 年）》，继续组织开展全国核桃遗传资源调查编目工作，在云南省开展林业遗传资源及相关传统知识调查，并在西藏林芝举办了“全国核桃遗传资源调查编目工作培训班”。

1. 做好生物遗传资源保护情况调研筹备工作

为了配合全国人大拟对生物遗传资源保护情况进行调研，国家林业局科技发展中心认真准备有关生物遗传资源保护情况的调研材料，并就调研的主要内容、调研部门及人员组成、调研地点及单位等提出具体建议。

2. 积极推进全国核桃遗传资源调查编目工作

核桃是中国重要的木本油料植物，遗传资源十分丰富。为全面系统掌握中国核桃遗传资源的分布及利用状况，切实加强核桃遗传资源的保护管理与开发利用，促进核桃产业健康、可持续发展，2014 年以来，国家林业局组织开展了全国核桃遗传资源调查编目工作。其目标是在全国范围内开展全面系统的核桃遗传资源调查，查清中国核桃遗传资源的分布、数量及利用状况等，建立全国核桃遗传资源信息数据库，编制完成中国核桃遗传资源状况报告和中国核桃遗传资源目录。

国家林业局在2017年共安排23个省（直辖市、自治区）进行核桃遗传资源调查编目工作，全部签订了合同，按时下拨资金，保证了项目如期开展；到项目支撑单位中国林业科学研究院林业研究所进行调研，就项目进行中发现的问题进行分析研究。9月，国家林业局在西藏林芝举办了“全国核桃遗传资源调查编目培训班”，通过经验交流、答疑讨论和现场培训教学等方式，就核桃遗传资源编目的调查范围、组织实施、技术路线、取得成效及下一步工作计划等方面进行讨论研究，对成果的运用进行了谋划，为项目顺利完成并发挥应有作用提供了保证。通过培训，各省级林业科技主管部门，特别是项目承担单位，充分认识到林业生物遗传资源的重要性和开展核桃遗传资源调查编目工作的必要性。12月在中国林业科学研究院举办了全国核桃遗传资源调查编目工作数据汇交培训会，向来自各项目单位的具体工作人员提供了有关数据汇交方式、方法和要求的培训，为项目的圆满完成提供了保证。

3. 积极开展林业遗传资源及相关传统知识调查

为了更好地加强林业遗传资源及相关传统知识保护和管理，2017年在云南省开展了林业遗传资源及相关传统知识调查工作。项目由中国林业科学研究资源昆虫研究所承担，国家林业局科技发展中心积极协调相关单位，做好配合工作。此项目将延续3年，目的是通过对云南林业遗传资源及其相关传统知识的调查研究，为中国林业遗传资源及相关传统知识管理提供经验。（李启岭）

开展中国专利奖组织推荐工作

根据国家知识产权局关于组织推荐中国专利奖的通知要求，国家林业局科技发展中心积极组织中国专利奖林业项目的推选工作，强化知识产权保护和运用工作导向，通过积极动员、广泛征集、公平筛选，挑选出林业行业对技术创新及经济社会发展具有突出作用的林业专利，参加中国专利奖评选。2012—2017年共有15项林业专利荣获中国专利优秀奖，有效激励了林业科研创新主体和发明人，有利于促进林业科技自主创新，增强林业核心竞争力。

1. 中国专利奖的组织和推选工作

国家林业局科技发展中心根据中国专利奖评选的基本条件，每年均从全国各地的林业企事业单位广泛征集优秀林业专利项目。采用集中评审与实地调查相结合的方式，做好优秀林业专利的筛选工作，重点放在对于林业发展具有重大影响的核心技术专利，已经转化应用且经济、社会、生态效益显著的林业专利和在实际侵权案件中保护效果良好的林业专利。专家组既包括林业技术专家也包括知识产权研究人员，确保筛选工作的公平、公正。

通过媒体报道、网站宣传和出版书籍等多种形式，对林业专利获奖情况进行宣传，每年及时将林业专利获奖情况在国家林业局政府网、中国林业知识产权网和《中国绿色时报》上公布，并将重点内容收录《中国林业知识产权年度报告》，增强了林业企事业单位对中国专利奖评选的关注，提高了自主创新的积极性，提升了林业行业的知识产权保护意识。同时，将中国专利奖的推选工作与林业知识产权试点示范、林业专利产业化推进、林业知识产权宣传周等各项工作相结合，扩大中国专利奖组织推选工作的影响。

2017 年，根据《国家知识产权局关于评选第十九届中国专利奖的通知》，国家林业局按照技术先进、运用效果及对经济社会发展的贡献显著等要求，积极组织林业专利项目的推荐申报工作。2017 年 5 月 18 日，国家林业局科技发展中心组织召开了第十九届中国专利奖林业项目推荐评审专家咨询会，与会专家仔细审查了各申报项目的申请材料，进行了交流讨论，明确了专利项目打分要求，根据《第十九届中国专利奖林业项目推荐评审打分表》进行了项目打分。经专家评审，国家林业局在审核汇总后推荐中国林业科学研究院林产化学工业研究所的“一种从油橄榄叶中高效富集羟基酪醇的方法”、北京林业大学的“自热式生物质快速热解液化装置”和中国林业科学研究院木材工业研究所的“一种重组木及其制造方法”等 5 个专利项目申报第十九届中国专利奖。

2. 3 项林业专利荣获第十九届中国专利优秀奖

2017 年共有 3 项林业专利荣获第十九届中国专利优秀奖，分别是北京林业大学的发明专利“自热式生物质快速热解液化装置”、浙江菱格木业有限公司的发明专利“将实木地板应用到地热环境的方法及实木地板铺装结构”和大亚（江苏）地板有限公司的发明专利“四层实木复合地热地板及其生产工艺”。这 3 项获奖专利的创新及设计水平高、实用性强，为专利权人赢得了显著的经济效益和市场竞争力，表现出很强的创新发展优势（表 1）。

表1　2017年中国专利优秀奖——林业项目

序号	专利号	专利名称	专利权人	发明人
1	ZL201210004739.0	自热式生物质快速热解液化装置	北京林业大学	常建民、任学勇、车颜喆、司慧、王文亮、杜洪双、李龙
2	ZL201210432056.5	将实木地板应用到地热环境的方法及实木地板铺装结构	浙江菱格木业有限公司	刘彬彬
3	ZL201310215713.5	四层实木复合地热地板及其生产工艺	大亚（江苏）地板有限公司	张翔伟、王俊、纪娟、蒋俊杰、温宝军、刘书武、高雅、李金玉、吴政坚

“自热式生物质快速热解液化装置”发明专利属于能源化工技术与设备领域。该装置包括燃烧炉、螺旋进料器、流化床反应器、旋风分离器、冷凝塔等。螺旋进料器与流化床反应器的下部相连，加热外套套装在流化床反应器中部反应段的外壁上，燃烧炉的顶部与加热外套的底部相连，加热外套顶部的出气口依次与第一烟气换热器中的热气路和第二烟气换热器中的热气路相连。旋风分离器与流化床反应器顶部相连，其出气口与冷凝塔相连。冷凝塔上部的不可冷凝气出口分别与第一和第二烟气换热器相连。本发明装置对热解尾气进行循环利用，实现高温烟气的热量回收，有效地利用烟气的余热，大大降低了设备的运行能耗，节约能源，而且生产过程容易控制。开发了自热式生物质快

速热解液化技术，将资源分散、能量密度低且收、储、运困难的农林废弃物定向转化为高能量密度、易于储存运输的能源化工原料，具有转化效率高、过程能耗低、产品附加值大和无废物排放等优点，目前已经成功研发出五代实验装置，建设了2条示范生产线。

为了促进该专利技术的转化应用，北京林业大学与国家林业局林产工业规划设计院、北京太尔化工有限公司、兰州兰石能源装备工程研究院有限公司等单位合作，重点围绕热裂解整套装置、部分关键功能组件（进料器、反应器和冷凝器等）、生物质热裂解炼油工艺、热解油基胶黏剂以及热解碳基活性炭等关键装备、技术和产品进行推广应用，在北京、河北、河南、山东和江苏等地的化工、机械、能源、板材和环保等领域实现了较大规模的生产应用，创造了显著的经济效益和良好的社会及生态效益。

"将实木地板应用到地热环境的方法及实木地板铺装结构"发明专利提供一种将实木地板应用到地热环境的方法及地热实木地板铺装结构，地热实木地板的安装方法包括：在铺装地面表面铺设软性材料层；在软性材料层表面直接铺装地热实木地板。本发明的地热实木地板是直接铺装在待铺装地面上，并且本发明的实木地热地板经过含水率平衡处理，处理后的实木地热地板坯料含水率一致，应力均衡，加工成的地热实木地板各块之间差别也很细微，组装在一起的稳定性好。

浙江菱格木业有限公司生产的天格地板，充分利用"将实木地板应用到地热环境的方法及实木地板铺装结构"专利技术，将"地热"与"实木地板"两大健康生活的标志融为一体，成功攻克世界地板行业难题，创造出属于中国的原创地板品类——实木地热地板。天格的专利技术，率先实现了实木地板免钉免胶免龙骨的悬浮安装方式，具备同胀同缩、整体平移的高度稳定性能，从而全面解决了实木地板易变形的难题，能够使用于包括地热在内的各种室内环境。其显著的功能性优势，满足了消费升级背景下人们期望拥有稳定耐用、健康环保的地热地板的梦想，所以迅速成为当下地面舒适家居的标准配置。此外，这一技术还具备快速拆装、耐久使用的诸多优势，无论意外泡水，或者搬家时易地安装，均可无损重复安装，使用寿命超过50年，是普通地板的3-7倍，极大地提高了木材的利用率，有利于生态保护；而且用户在日常使用时，也无须特别养护，轻松自在，节省了大量的休闲时间。

"四层实木复合地热地板及其生产工艺"发明专利属于建筑材料技术领域，涉及实木复合地板。本发明所公开的四层实木复合地热地板，依次由表板、次表板、芯板和底板胶合而成，所述的表板、芯板和底板按照木质纹理进行纵向、横向、纵向的彼此交错排列，所述的次表板为胶合板。本发明所公开的四层实木复合地热地板，以木材尤其是珍贵木材、胶合板、速生材板等为主要原料，集木材尤其是珍贵木材优美外观和复合地板导热快、热稳定性好于一体，合理利用了木材尤其是珍贵木材和人工速生林资源；在结构设计上充分考虑了传热、变形和开裂等关键要素，使其弯曲变形小、导热性能优良，具有非常广阔的市场发展前景。

中国专利奖是中国唯一的专门对授予专利权的发明创造给予奖励的政府部门奖，已被联合国世界知识产权组织 (WIPO) 认可，在国际上有一定的影响。中国专利奖由国家知识产权局于1989年设立，已评选了19届，从2009年第十一届起，中国专利奖评选周期由每两年一届改为每年一届。为了更好地发挥专利奖的导向作用，国家知识产权局完善了中国专利奖评选办法和评奖指标。新的评奖办法更加强调评选的科学性，扩大了社会的参与面，在评价内容上进一步突出了专利的质量导向，更加注重专利的技术先进性，强调专利运用的实际效益及其对经济社会发展的贡献和对行业发展的引领作用。中国专利奖的公信力、权威性、代表性和影响力日益增强，目前已成为推进中国知识产权事业发展的重要平台，对引领创新驱动发展、推动知识产权强国建设发挥了积极作用。

2017 年 12 月 11 日，国家知识产权局以国知发管字〔2017〕77 号文件印发《关于第十九届中国专利奖授奖的决定》。根据《中国专利奖评奖办法》的规定，经国务院有关部门知识产权工作管理机构、地方知识产权局、有关全国性行业协会，以及中国科学院院士和中国工程院院士等推荐，由中国专利奖评审委员会评审，国家知识产权局和世界知识产权组织审核，国家知识产权局和世界知识产权组织决定授予 20 项发明和实用新型专利中国专利金奖，授予 5 项外观设计专利中国外观设计金奖；国家知识产权局决定授予 802 项发明、实用新型专利中国专利优秀奖，68 项外观设计专利中国外观设计优秀奖。按照《关于第十九届中国专利奖授奖的决定》要求，对荣获中国专利奖的发明人（设计人），所在单位应将其获奖情况记入本人档案，作为考核、晋升、聘任职务的重要依据，所在单位或上级主管部门应给予相应奖励。（龙三群、龚玉梅、王忠明）

推动林业知识产权联盟建设

林业知识产权联盟（简称“联盟”）是由全国林业行业具有民事主体资格的企事业单位、社会团体，根据相关法律、法规自愿组成的互助协作联合体。

联盟的目标：关注知识产权，共建美丽中国，促进林业知识产权事业规范、健康和有序发展，推动林业产业转型升级，提升产业核心竞争力。

联盟的宗旨：联盟成员在平等互利的基础上，通过资源共享、协同行动、自律互助等合作形式，建立产学研合作机制，协同攻关，权益共享，共同突破林业产业发展技术瓶颈，应对林业知识产权纠纷和风险。

联盟的职责：构建林业知识产权信息共享平台，促进信息资源共享，为会员提供准确的知识产权信息服务；建立林业知识产权展示平台，为专利、植物新品种权提供展示推介、价值评估、质押融资等综合服务，促进会员知识产权转化运用；建立联盟知识产权协作机制，建立林业领域核心专利池，推动会员之间的知识产权转让、交叉许可和对外协同实施，促进知识产权向产业技术体系集聚，实现增值共赢；促进联盟会员守法自律，针对重点侵权案件提供维权救助，参与国际知识产权谈判和争议解决，共同应对知识产权纷争，维护联盟会员合法权益；定期举办知识产权培训、研修、交流活动，提升意识、增强能力；举办研讨会、展览会、论证会、交流会等相关活动，组织专题调研，就林业知识产权相关问题进行探讨，向相关部门提出政策建议；开展联盟宗旨所允许的其他活动。

成立联盟有利于进一步完善产学研相结合的林业技术创新体系，有利于林业行业资源的优化配置，有利于开展国内企业专利技术的合作与推广，有利于共同应对国际知识产权纠纷。

为完善产学研相结合的林业技术创新体系，搭建了林业专利技术合作和信息交流平台，使林业产业核心竞争力得到提升。国家林业局科技发展中心指导建立了木地板、竹材和木门3个专利联盟。专利联盟通过交流信息、提出专利需求和技术需求、整合资源、相互许可等，促进了林业专利创造。

中国林业科学研究院木材工业研究所推进“木地板专利联盟”运营工作，维护和完善了木地板专利联盟网站，通过专利查询、专利服务、知识百科、专家问答等方式为会员单位提供了优质的信息服务，获得了会员单位的好评。

国际竹藤中心“竹材专利联盟”推进项目进展顺利，已起草《竹材专利联盟章程》，建立了“竹材专利联盟”网站，并成立了专家委员会。目前，有10家竹加工企业自愿加入了联盟。为更好地促进竹材专利的保护、运用和创造，为联盟成员提供专业、一流的服务，将正式成立联盟理事会和秘书处，签署《竹材专利联盟合作意向书》，定期召开联盟理事会议和竹材专利培训会、交流会，搭建专利技术合作平台，促进专利创造，推动竹材产业结构优化升级，提升我国竹材产业的核心竞争力。

中国林产工业协会进一步推动“木门行业专利保护联盟”建设，收集整理木门产品和木门相关专利，分析核心专利技术并找到其前沿技术；收集木门关键生产技术专利，对其产业发展态势进行分析，为木门产业的科技创新、产业升级等重大决策提供科学依据。对专利集中的技术和申请人进行追踪，建立木门专利信息交流中心，推进联盟内的企业开展专利许可、交叉许可，并适时构建专利池。根据专利反馈信息，强化政府对行业的引导作用，联盟将就加强木门产业知识产权海内外维权、产业品牌与标准化建设，加快基础技术与关键技术专利协同创新及应用转化，完善知识产权服务等推动成员加强交流与合作。提高木门产业知识产权创造、运用、保护、管理水平，充分发挥知识产权对木门产业的引领和带动作用。培养并提高木门行业和企业的知识产权意识。举办木门产业发展高峰论坛，来自业界的专家与企业界人士，围绕加强木门产业知识产权运用与保护、产业发展方向等问题进行深入探讨交流。（龙三群、黎祜琛）

开展林业重点领域专利分析研究

专利文献的信息内容分析服务可以为科技创新寻找技术解决方案，使技术创新获得灵感，并能提高技术创新和科研的起点，同时避免重复研究、节约经费。因此，整合全球林业专利信息资源，利用科学的专利分析方法挖掘全球林业技术情报，不仅能为林业技术创新指明方向，而且还能为国家政策制定、林产品国际贸易和国际谈判提供技术支撑。

国家林业局知识产权研究中心引进了德温特世界专利索引数据库 (DWPI)、Thomson Innovation (TI) 和 Thomson Data Analyzer (TDA) 等专利分析工具，建成了集专利检索、管理和分析功能于一体的林业专利信息预警分析系统，采用智能化的数据挖掘技术和先进的可视化技术，可自动进行几十种重要的专利分析、自动生成近百种统计图表，并可实时监测和分析国内外林业行业相关领域的专利动态变化，为林业专利预警分析研究提供基础数据分析平台。

国家林业局知识产权研究中心针对林业行业容易遭到国外专利壁垒的重点林产品领域进行了动态跟踪和调查，对专利数据做统计和分析，聘请技术专家全程参与，采用定量和定性相结合的分析方法，建立了一套科学、严谨的重点出口林产品领域的知识产权预警指标体系和应急机制。运用数据挖掘技术和可视化技术，从海量、异构、分散的专利数据中挖掘和分析隐含的规律和发展趋势，掌握目标技术的专利分布情况和发展趋势、主要竞争对手和近年来的研究热点，剖析技术发展重点及空白点，判定知识产权风险及被侵权嫌疑，查明该领域现有的专利法律状态，重点防范已授权专利，严密关注已公开专利，积极利用失效专利，提出应对措施和方案，增强知识产权预警能力，为政策制定和破解林产品出口的技术贸易壁垒提供支撑。

2017 年，国家林业局知识产权研究中心组织开展了湿地保护、白蚁、碳汇、纳米纤维素技术和植物新品种基因育种技术的专利分析研究，并选择木塑复合材料开展了深度研究，完成了《木塑复合材料专利分析报告》，正式出版了《木材用生物质胶黏剂专利与文献分析报告》。

《木塑复合材料专利分析报告》全面收集了截至 2017 年 11 月 10 日的全球木塑复合材料专利文献 2917 件，并对这些文献进行了数据整理和分类标引，对木塑复合材料的各类专利技术进行了深入而全面的分析。专利分析包括发展趋势分析、申请受理国分析、国家技术实力分析、申请人分析、发明人分析、法律状态分析、文本聚类分析、引证分析、同族分析等。木塑复合材料相关技术自 20 世纪 60 年代中期出现以来，已有了 50 多年的发展历程，国外研究木塑复合材料相关技术起步较早，而国内相对稍晚。近年来，全球木塑复合材料相关技术专利量迅速增加，成为现在的研究热点。分析结果表明，全球木塑复合材料相关技术的专利受理十分集中，主要在中国、美国、韩国和日本，其中中国专利受理量占全球总量的 75.21%。从优先权量来看，排名前 5 位的分别是中国、美国、韩国、德国、日本，其中中国优先权专利量占全球总量的 74.01%。在全球排名前 26 位的专利申请人中，中国有 12 个、德国有 2 个、美国有 6 个、韩国有 4 个、荷兰和马耳他各 1 个。排名第一位的是中国的东北林业大学，其全球专利文献总量为 112 件，占全球专利总量的 3.84%，其中海外专利 1 件；排名第二位的是韩国的乐金华奥斯株式会社，其全球专利文献总量为 51 件，占全球专利总量的 1.75%，其中海外专利 32 件，主要布局在中国、欧洲、美国和日本。研究的主要目的是通过分析全球木塑复合材料技术的基本情况、主要竞争对手和发展趋势，为国内木塑复合材料行业了解国际竞争态势，掌握主要竞争对手的技术发展现状和方向提供数据支撑。报告对我国政府和企业如何开展木塑复合材料自主创新提出了建议，这些建议来自于客观数据的分析结果，具有十分重要的指导意义。（马文君、付贺龙）

开展国际林业知识产权动态跟踪与履约研究

跟踪世界各国林业知识产权动态，开展知识产权相关法律法规、各国专利、植物新品种保护、生物遗传资源、林产品地理标志和传统知识保护等相关问题研究，为国际履约和谈判提供技术支撑。重点开展了国内外植物新品种保护和林业生物遗传资源获取与惠益分享的现状和发展趋势研究，组织专家进行信息采集、分析、翻译、编辑整理和综述，形成研究报告，提供林业知识产权信息服务。2017 年，开展了关于植物遗传资源需求、权利和机遇的研究，传统知识国际立法所面临的挑战，以及加拿大、印度、澳大利亚和马耳他等国家的植物新品种政策研究和植物遗传资源发展现状研究。

1. 植物新品种保护研究

印度建立有专门的植物新品种保护制度，其《植物新品种和农民权利保护法案》(2001 年）有效地解决了与农民和植物育种者之间存在的问题和挑战。该法案通过扩展植物育种者的概念建立了一个独特的体系。目前，印度植物育种者权利适用于育种者培育的新品种以及由农民、非政府组织和公共部门机构持有的品种。《植物新品种和农民权利保护法案》旨在建立“一个保护植物品种、农民权利和植物育种者权利，鼓励开发植物新品种的有效体系”，符合《与贸易有关的知识产权协议》（TRIPS）协议 27.3 (b) 条款对印度需履行义务的规定。该法案由一个专门建立的植物品种和农民权利保护机构（PPV&FR）执行。注册植物品种需向该机构提出申请。印度农业部农业和合作局是主管该法案执行的行政部门。印度实施这样一个法律模式的主要目标是：① 保护农民的权利，因为农民在保存、改进和提供用于开发植物新品种的植物遗传资源方面做出了贡献；② 保护植物育种者的权利，促进公共部门和私人部门针对植物新品种研究和开发进行投资。为了确保权利的平衡和促进利益分享，《植物新品种和农民权利保护法案》规定，第三方可以申请强制许可，但前提是必须证明注册品种不能以合理的价格从市场上购买。然而，《植物新品种和农民权利保护法案》对植物育种者的强制许可比专利法对专利权人的要求更宽松。

澳大利亚在 1987 颁布了《植物新品种权法案》，标志着澳大利亚植物育种者权利制度的建立，相关事务由澳大利亚农渔林业部管理。为了与《国际植物新品种保护联盟公约》（UPOV 公约）的变动保持一致，澳大利亚于 1994 年出台了《植物育种者权利法案》。植物育种者权利相关事务从 2004 年开始由澳大利亚知识产权局管理。澳大利亚于 1999 年向 UPOV 交存其加入 1991 年文本的文书，并于 2000 年正式生效。《植物育种者权利法案》将注册品种的保护延伸至实质性衍生品种（EDV）。因此，初始注册品种的所有者可以请求将某品种宣告为实质性衍生品种，这意味着实质性衍生品种将属于初始品种的保护范围。这意味着实质性衍生品种和初始品种的育种人都享有对第二代品种的权利，需要双方在商业化条件上达成一致。植物育种者权利保护也存在例外情况，《植物育种者权利法案》特别允许农民在某些条件下对种子和其他繁殖材料进行重复利用，除了条例声明的不适用于农场保存种子范围的例外作物。澳大利亚已经注册的植物新品种商业化可能受到其他法律的限制。植物检疫和植物生物安全性问题在此类事项中发挥作用。

加拿大《植物育种者权利法》于 1990 年 8 月 1 日生效，该国于 1991 年成为国际植物新品种保护联盟（UPOV）成员国，而按照《国际植物新品种保护公约》1991 年文本修订的《植物育种者权利法》，则于 2015 年 2 月 27 日生效。加拿大食品检验局的下属机构——加拿大植物育种权办公室负责植物育种权的受理和审查事务。除藻类、真菌和细菌以外，所有的植物品种均可在加拿大申请植物育种权保护。如果植物品种拥有人能够证明该品种具有新颖性、特异性、一致性和稳定性，就可以被授予植物育种权。被授权后享有如下排他性权利：① 生产和繁殖该品种的繁殖材料；② 为繁殖品种而驯化繁殖材料；③ 销售该品种的繁殖材料；④ 进口或出口该品种的繁殖材料；⑤ 为商业性生产另一植物品种（如生产杂交种）而重复使用受保护品种；⑥ 为生产园艺植物或切花而反复使用受保护品种；⑦ 以从事上述活动为目的而储存该品种的繁殖材料；⑧ 有条件或无条件地授权第三方从事上述活动。加拿大植物育种权的例外情况包括：① 私人和非商业性的活动，允许以私人和非商业性目的繁殖受保护植物品种的繁殖材料；② 以试验为目的的活动，受保护植物品种可作科研使用；③ 植物育种活动，受保护植物品种可用作繁育和开发新的植物品种；④ 农民特惠权，农民可以保存自己种植的受保护植物品种的种子和在自己的土地上种植保存的种子。

2. 林业生物遗传资源获取与惠益分享研究

植物遗传资源在 1993 年以前被视为全球基因物资，也就是说任何人都可以无限制使用。第一个具有法律约束力的政府间协定是 1993 年的《生物多样性公约》（CBD）。CBD 确定了遗传资源的获取和惠益分享原则，任何希望从一个国家获取遗传资源的人都必须基于共同商定条件，有关当局获得事先知情同意。随后，《粮食和农业植物遗传资源国际条约》（ITPGR）于 2004 年正式生效。ITPGR 与 CBD 协调一致，是第一个承认农民权利的协议。它通过《标准材料转让协议》（SMTA），建立了一个遗传资源获取和惠益分享的多边制度。虽然 ITPGR 为粮食和农业植物遗传资源的获取提供了材料转让协议，但大多数国家尚未根据 CBD 制定有关事先知情同意和材料转让协议的国家法规。CBD 具有法律约束力的补充协议《名古屋议定书》于 2014 年生效，该议定书规定成员国有义务在其获取和惠益分享立法中确立和确保遵守事先知情同意原则和材料转让协议。国家生物多样性主权政策之间复杂的相互作用，农民、土著和当地社区的产权，以及新品种和生物技术产品的知识产权之间复杂的相互作用，仍然是各国政府持续争论的主要问题。在目前关于农业遗传资源权利的讨论仍在进行的背景下，生物技术和信息工具已经迅速发展。今天，下一代 DNA 测序、深层次表型方法和复杂的信息学工具能够对作物的遗传多样性进行综合性的特征描述。将这些新兴机遇转化为促进粮食和营养安全，减轻对自然栖息地的压力，确保遗传资源获取和利用的政策框架与技术发展保持同步至关重要，尤其对于发展中国家而言更是如此。

马耳他在 2000 年正式批准《生物多样性公约》，2001 年正式生效，2016 年 12 月 1 日加入《名古屋议定书》，并于 2017 年 3 月 1 日正式成为该议定书的缔约方。作为欧盟成员，马耳他的遗传资源保护也受到欧盟法规约束。在欧盟范围内，《名古屋议定书》的实施主要通过两个法规，即 2014 年 4 月 16 日欧洲议会和理事会通过的欧盟 511/2014 号法规（以下简称“基本法规”）和 2015 年 10 月 13 日欧盟 2015/1866 号实施细则（以下简称“实施细则”）。马耳他根据欧盟遗传资源获取与惠益分享的“基本法规”和“实施细则”，于 2016 年 11 月 15 日发布了第 379 号法规，使得欧盟遗传资源惠益分享(ABS)法规在本国落到实处。马耳他根据该法律文书建立了 ABS 主管局（ABS Competent Authority），作为马耳他、欧盟委员会和 ABS 信息交换中心的联络机构。ABS 主管局的职责包括：受理获取遗传资源及相关传统知识的申请；在事先知情同意（PIC）的情况下，在与有关助理局进行协商之后，决定是否授予遗传资源获取的权利；就遗传资源获取和利用，起草并谈判共同商定条件（MAT）；发放 ABS 承诺证书，并提交给 ABS 信息交换中心，以形成国际认可的 ABS 承诺证书（IRCC）；履行欧盟 ABS“基本法规”第 5 条规定的与保藏品登记有关的职责；履行欧盟 ABS“基本法规”第 5 条第 2 款和第 7 条第 3 款的规定，向欧盟委员会和 ABS 信息交换中心提交遗传资源保藏和利用相关信息；就适用于马耳他和欧盟 ABS 法规的程序和措施提供咨询；实施监督和执法，确保获取和惠益分享法规的正确实施。

3. 传统知识的知识产权保护研究

数百年来，地方和土著社区一直在利用传统知识。从农业、粮食存储到建筑、药品以及生物资源和环境的保护，这些传统知识应用于各个方面。这些社区的习惯法和文化禁忌长期以来一直保护这些传统知识并规范其使用。但是，当这些资源的商业利用越来越多，且超出了传统的范围，就意味着这些资源越来越容易遭到第三方的盗用与滥用。这正是传统知识持有人和许多国际立法者不断呼吁在这一领域制定新政策和法律的原因。哥斯达黎加、肯尼亚、秘鲁、赞比亚等一些国家已经制定了保护传统知识的法律。其他国家则专注于遗传资源保护。还有一些国家已经加入了区域层面保护传统知识的行列。例如，非洲地区知识产权组织（ARIPO）的 19 个成员国于 2010 年通过了《关于保护传统知识和民间文学艺术表达的斯瓦科普蒙德议定书》。尽管取得了这些进展，但这种分散的保护并不能使传统知识在目前全球化的背景下得到有效保护。各大国际论坛均在讨论如何在国际层面对传统知识进行保存、推广和保护。虽然 WIPO 管理着许多与知识产权相关的国际条约，但没有任何一项条约具体涉及传统知识问题。制定传统知识保护的国际知识产权制度是有挑战性的。在许多情况下，传统知识（包括神圣和秘密的传统知识）并不能完全融入既有的知识产权制度。例如，传统知识更加重视惯例而不是创造性，他们支持知识的世代相传和永久保护。传统知识由整个社区所持有，其使用受成文或不成文习惯法的约束。由于难以协调已有知识产权制度和传统知识制度之间的关系，WIPO 正着力制定一个传统知识的专门保护制度。专门保护制度有可能适应传统知识体系的特殊性，并确保这些传统知识的管理者能够根据习惯做法进行管理和利用。当前国际谈判的理想结果是签订一项具有法律约束力的国际条约，该条约基于现行法律建立，为各国所需要的灵活性留出了足够的空间，并解决了传统知识的特殊性和多样性问题。虽然在复杂问题上达成平衡的国际协议很困难，但历史表明，达成这种平衡的协议是完全可能的，而且能产生效益。保护传统知识的国际协议使土著和地方社区能够掌控、管理、保护并使用其传统知识资产，并使得目前几乎完全由社区拥有的知识宝库得到开放获取，并进行创新与发展。（马文君、周吉仲）

实施林业专利技术产业化推进项目

为深入贯彻实施国家知识产权战略，促进林业专利技术转化应用，推动林业产业转型升级，国家林业局科技发展中心在地方林业部门和有关单位推荐的基础上，经过专家评审，在2011—2017年期间组织实施了54项林业专利技术产业化推进项目，有21项林业专利产业化项目通过了验收。国家林业局科技发展中心围绕林业重点产业发展对新技术的需求，优选林业专利技术成果，通过工艺完善及技术组装配套，进一步熟化专利技术，形成完整的技术体系和产品线，扶持符合林业发展需要和市场推广前景广阔的专利技术转化和推广运用项目，建立林业专利产业化示范基地，既扶持开发科技含量高、特色鲜明、市场竞争优势明显的专利新产品、新技术，又重视培育科技型林业中小企业的发展，开展林业专利转化服务，以点带面，推动林业专利成果转化，以林业龙头企业的专利转化运用为突破口，带动中小企业积极参与，形成专利产业化集群和示范基地。

1. 实施22项林业专利等知识产权转化运用项目

2017年6月2日，国家林业局科技发展中心组织召开了第一次林业专利产业化推进项目评审专家咨询会。与会专家仔细审阅了各申报项目的申请材料，根据统一的项目打分标准，进行了严格的评审。在2017年6月组织实施了“针叶聚戊烯醇生产专利技术产业化”“竹质淋水填料的产业化加工技术”和“降低发病率、提高收益的核桃棉花间作专利技术示范”等9项林业专利等知识产权转化运用项目。2017年12月15日，国家林业局科技发展中心组织召开了第二次林业知识产权转化运用项目专家评审会，经汇总各项目得分，并考虑不同区域和类型的代表性，在12月遴选出并组织实施了“南京椴繁殖磁处理专利技术”“竹型材柱和弯拱与腹板梁层钉制造方法”和“天然冰片药源龙脑樟产业化推广”等13项林业专利等知识产权转化运用项目（表2）。

表 2　2017 年林业专利等知识产权转化运用项目

序号	项目名称	承担单位
1	针叶聚戊烯醇生产专利技术产业化	中国林业科学研究院林产化学工业研究所
2	竹质淋水填料的产业化加工技术	国际竹藤中心
3	低粒径石蜡基乳液防水剂技术推广应用	北京林业大学
4	木本油料高效制油及其能源化利用关键技术示范	湖南省林业科学院
5	林木抗冻剂生产技术体系配套与完善	黑龙江省林业科学研究所
6	经济林 PGPR 生物肥料专利技术产业化	山东省林业科学研究院
7	叶用枸杞‘宁杞 9 号’产业化示范	国家林业局枸杞工程技术研究中心 宁夏林业研究院股份有限公司
8	天敌昆虫赤眼蜂繁殖产业化示范	广西壮族自治区林业科学研究院
9	降低发病率、提高收益的核桃棉花间作专利技术示范	新疆林业科学院经济林研究所
10	南京椴繁殖磁处理专利技术	南京林业大学
11	竹型材柱和弯拱与腹板梁层钉制造方法	国际竹藤中心
12	薄壳山核桃容器嫁接苗培育技术	云南省林业科学院
13	马尾松优良种群组培无性化育苗技术中试	广西壮族自治区林业科学研究院
14	浓香营养油茶籽油加工技术示范推广	中国林业科学研究院亚热带林业研究所
15	水飞蓟素提取及纯化技术产业化开发	大兴安岭林格贝寒带生物科技股份有限公司
16	榆林沙区煤矸石山快速复垦治理技术转化与示范	陕西省治沙研究所
17	一种快速获得鸢尾杂交优良无性系方法的转化运用	河北省林业科学研究院
18	山茶新品种‘垂枝粉玉’的转化应用	上海植物园
19	白蜡新品种繁育专利技术产业化	山东省林业科学研究院
20	红花玉兰新品种‘娇红 1 号’、‘娇红 2 号’产业化示范与推广	北京林业大学
21	仰韶牛心柿的产业化推进与示范	河南省林业科学研究院
22	天然冰片药源龙脑樟产业化推广	江西林科龙脑科技股份有限公司

(1) 针叶聚戊烯醇生产专利技术产业化

应用“一种从冷杉针叶中提取分离三萜酸和聚戊烯醇的方法”(ZL201310481703.6)发明专利技术，通过中试生产工艺试验，进一步考察和完善工艺技术路线，优化工艺流程和技术参数，使生产工艺适合于工业化生产。完成针叶聚戊烯醇对阿尔茨海默病小鼠学习记忆能力影响及机制研究，其作用强弱与阳性对照药多奈哌齐相近。建成年产 1t 针叶聚戊烯醇示范生产线 1 条，针叶聚戊烯醇纯度≥ 70%，为后续的保健食品和林源中药开发提供合格产品。

(2) 竹质淋水填料的产业化加工技术

应用“一种冷却塔淋水填料部件及其组件”（ZL201521145245.X）专利技术，通过对不同等级的圆竹进行剖分，加工成一定规格的竹片。相近规格的竹片材性差异小，作为同一组淋水填料部件的单元。优化现有的竹质淋水填料部件参数，充分发挥竹材的冷却性能及耐久性能，制造竹质淋水填料。对竹质淋水填料进行基本物理性能、力学性能、冷却性能及耐久性能测试与评价。竹质填料的冷却性能满足出塔水温不大于32℃的要求，荷载满足700～750kg/m^2，抗压强度≥60MPa，抗弯强度≥100MPa，抗弯弹性模量（侧向）≥8500MPa。开展竹质淋水填料的批量加工与生产，改建年产5000m^3竹质填料生产线1条，具有年产5万m^3的竹质填料的能力。

(3) 低粒径石蜡基乳液防水剂技术推广应用

应用“石蜡乳液—硼酸盐复合改性剂及其制备方法与应用”（ZL201410160581.5）发明专利技术，通过试验确定适用于阻燃中密度纤维板和防腐处理材的石蜡乳液的性能参数及生产工艺，在固安盛辉阻燃材料有限公司建设生产能力为500t/年的低粒径石蜡乳液示范生产线1条，并生产适用于实体木材改性处理的低粒径石蜡乳液和阻燃人造板的低粒径石蜡乳液共20t。制备的石蜡乳液依据GB/T 11175-2002和GB/T 11543-2008进行检测，无分层和粗粒子，离心稳定性达到1级，体积平均粒径在300nm以下。制备的石蜡乳液/水载型木材防腐剂复合改性木材依据GB/T 29901-2013“木材防水剂的防水效率测试方法”进行检测，防水效率达到70%以上；与采用熔融石蜡生产阻燃中密度纤维板相比，采用本项目石蜡乳液生产阻燃中密度纤维板，石蜡用量降低50%以上，阻燃剂用量降低10%。

(4) 木本油料高效制油及其能源化利用关键技术示范

应用“一种低温螺旋榨油机”（ZL201510210808.7）、“一种提高油脂与低碳醇酯交换反应速率的方法以及组合物”（ZL200810143436.0）和“一种正丁醇研磨同步提取油脂与高附加值产品的工艺”（ZL201210307888.4）3项发明专利技术，进行技术熟化和中试示范，在湖南省林业科技示范园（湖南长沙雨花区）组建正丁醇同步萃取油脂和高附加值产品成套装置，建立特色木本油料高效制油的示范生产线1条，能满足油茶籽、光皮树果实等的加工要求，年处理能力为3000t。建立正丁醇萃取制油工艺1套，实现饼粕残油率<2%。

(5) 林木抗冻剂生产技术体系配套与完善

应用“通过气象因子量化指标预测发生杨树冻害等级的方法”（ZL201310216282.4）和“杨树抗冻剂及其应用”（ZL201410222191.6）2项发明专利技术，完善林木抗冻剂乳浊液与粉剂等剂型产品的研发，并对产品的外包装进行设计与完善，形成具有市场竞争力的新产品，在黑龙江省平山药厂，建立林木抗冻剂生产线1条、生产基地1处，建设规模1000m^2，在黑龙江省大兴安岭地区、牡丹江地区以及新疆阿勒泰地区，分别建立杨树示范林、蓝莓示范林、大果榛子示范林以及其他绿化树种示范林5～7处，示范面积500亩*。

(6) 经济林PGPR生物肥料专利技术产业化

应用“一株冬枣根际促生枯草芽孢杆菌及其应用”（ZL201110376966.1）、“一株樱桃根际促生假单胞菌及其应用”（ZL201110376284.0）、“冬枣专用微生物菌剂、生物有机肥及其制备方法”（ZL201210501532.4）、“甜樱桃专用微生物菌剂、生物有机肥及其制备方法”（ZL201210506261.1）、“一株核桃根际促生乙酸钙不动杆菌及其应用”

---

* 1亩=1/15hm^2，以下同。

(ZL201310016531.5)、"一株蓝莓根际促生纺锤芽孢杆菌及其应用"(ZL201310016604.0)、"蓝莓专用保水生物有机肥及其制备方法"(ZL201510149708.8) 和"利用微生物制剂进行嫩枝扦插甜樱桃矮化砧木的育苗容器"(ZL201220376693.0) 等 8 项专利技术，进一步熟化经济林 PGPR 筛选技术，形成经济林 PGPR 菌株筛选操作技术规程，针对不同经济林树种筛选和培育高效优良 PGPR 菌株，建成经济林 PGPR 菌种资源库 2 处。结合有机废弃物的预处理技术，进一步熟化生产工艺和产业化关键技术，筛选具有应用潜力 PGPR 6～10 菌，建立经济林新型生物肥料中试生产线 1～2 条，具备年产 8000t 产品的生产能力。建立经济林新型生物肥料中试示范基地 3～5 处，面积 6000 亩，在试验示范的基础上，将中试产品商品化并大面积地推广应用，实现产业化生产。

(7) 叶用枸杞'宁杞 9 号'产业化示范

叶用枸杞新品种'宁杞 9 号'作为一种"药食同源"功能型特色资源新品系，是生产枸杞芽菜和芽茶的优良品种。该品种于 2012 年 7 月 31 日通过国家林业局植物新品种权审定，获国家林业局植物新品种权证书，2015 年审定为宁夏回族自治区林木良种，2016 年通过国家林木良种审定。采用叶用枸杞'宁杞 9 号'授权新品种，在宁夏永宁县胜利乡、陕西杨凌建立'宁杞 9 号'栽培核心示范基地 2000 亩，达到定植成活率 85% 以上，当年叶芽产量达 200～300kg/ 亩，第二年叶芽产量 600～800kg/ 亩，第三年稳产期叶芽产量 1000～1200kg/ 亩。同时开展叶用枸杞'宁杞 9 号'优新品种示范，绿色高效栽培技术示范，节水灌溉及水肥一体化精准施肥技术示范，标准化产品采收管理技术示范。

(8) 天敌昆虫赤眼蜂繁殖产业化示范

应用"一种室内繁殖暗黑赤眼蜂的方法及米蛾饲养饲料"(ZL201410074195.4) 发明专利技术，进行技术熟化，包括：赤眼蜂的中间寄主米蛾饲养饲料配制原料成分及配比、米蛾饲养饲料的制备方法、米蛾的繁殖技术、蜂种的采集以及赤眼蜂的繁殖，建立赤眼蜂繁殖中心示范点 1 个，面积 500m^2，示范点年繁育赤眼蜂 5000 万头，总结一套赤眼蜂繁殖新技术。所繁殖的暗黑赤眼蜂是一类寄主广泛的天敌昆虫，可应用于多种农林害虫的生物防治。

(9) 降低发病率、提高收益的核桃棉花间作专利技术示范

应用"一种降低发病率、提高收益的核桃棉花间作方法"(ZL201410248677.7) 发明专利技术，在麦盖提县库木库萨尔乡铁米热克村 1 小队营建推广示范区 500 亩，将推广示范园区与非示范区的核桃及棉花产量进行对比研究，总结集成核桃间作棉花栽培的技术推广措施，项目实施后，项目区示范园比非示范园的核桃每亩增产 15～20kg、棉花每亩增产 5kg 左右。在核桃不同生长发育季节，开展不同形式的技术培训，为喀什地区麦盖提县核桃间作模式走向标准化栽培的实施和可持续发展建立推广示范样板。

(10) 南京椴繁殖磁处理专利技术

应用"一种磁处理促进南京椴种子发芽的方法"(ZL201410611943.8) 和"一种磁处理促进南京椴扦插生根的方法"(ZL201410611944.2)2 项发明专利技术，进行技术熟化，包括对磁处理方式、磁处理强度、频度等关键技术参数的熟化，提高种子发芽率和发芽整齐度，提高扦插生根率和生根质量。建设生物磁发生设施 1 套，实现磁场(磁化水)强度的动态调控。集建成南京椴种子磁处理和嫩枝扦插磁处理技术体系，饱满种子发芽率 90% 以上，嫩枝扦插生根率 80% 以上，编制相关生产技术规程 2 项。建成南京椴

种苗繁殖磁处理生产线2条，可年产苗量3万株。在南京林业大学及白马教学科研基地建成示范基地600m^2。

(11) 竹型材柱和弯拱与腹板梁层钉制造方法

应用“一种胶合竹层钉板的制造方法”(ZL201510068735.2) 发明专利技术进行技术熟化和工艺优化，设计和制备竹质结构构件2种（竹型材和腹板梁），形成产品设计和制造手册1套，在安徽太平试验中心国家竹藤工程中心组建工程竹建筑培训基地，培训竹建筑的设计、构件和建筑的组装。扩大竹材资源的利用，推动竹定向刨花板和胶合竹的生产。

(12) 薄壳山核桃容器嫁接苗培育技术

应用“一种薄壳山核桃营养袋苗培育方法”(ZL201410075201.8) 和“一种薄壳山核桃地苗嫁接方法”(ZL201410589350.6)2项发明专利技术，形成成熟、配套的薄壳山核桃容器嫁接苗培育和造林技术体系，改扩建标准化水培育苗床2000m^2、温室大棚1000m^2，培育薄壳山核桃良种容器嫁接苗30万株，嫁接成活率达80%以上，单株容器嫁接苗重量控制在2.5kg以内，研究制订薄壳山核桃容器嫁接苗质量标准和造林技术规程。

(13) 马尾松优良种群组培无性化育苗技术中试

应用“马尾松优良单株无菌外植体制备及初始芽诱导方法”(ZL201510163793.3) 和“一种繁育马尾松优良群体无性化组培苗的方法”(ZL201510502243.X) 2项发明专利技术，进行马尾松组培育苗技术体系优化，构建规模化繁育马尾松优良种群无性化育苗技术体系1套，在广西壮族自治区国有派阳山林场、三门江林场和博白林场建立高效的马尾松优良种群组培无性化壮苗繁育技术体系及规模化繁育基地，生产苗木20万株，新建马尾松优良种群无性化试验示范林300亩，造林保存率90%以上。

(14) 浓香营养油茶籽油加工技术示范推广

应用“一种浓香营养油茶籽油的加工方法”(ZL201310324096.2) 发明专利技术进行技术熟化和工艺优化，包括：油茶籽全籽炒籽技术、浓香油茶籽油压榨技术、浓香压榨油茶籽饼烘干粉碎技术、浓香油茶籽油干法冷脱胶技术、浓香油茶籽油脱水留香技术和浓香油茶籽油无沉淀冬化技术。在浙江久晟茶业科技股份有限公司，国家林业局油茶工程技术中心中试基地建成10t/天原料预处理—压榨、3t/天油脂精制—冬化示范生产线各一条，年产浓香茶油达到200t。加工的浓香茶油每吨加工成本较目前茶油加工工艺降低5%，加工的产品中维生素E、角鲨烯、多酚等微营养成分较目前的普通工艺提高10%以上。

(15) 水飞蓟素提取及纯化技术产业化开发

应用“一种纯化水飞蓟素的新方法”(ZL201210144895.7) 发明专利技术，进行技术熟化和工艺优化，至少10批次的水飞蓟素提取及纯化中试试验，确保工艺数据可靠稳定。在黑龙江省大兴安岭林格贝寒带生物科技股份有限公司建成年产120t的水飞蓟素生产线1条，产品中水飞蓟素含量≥85.0%、水飞蓟宾含量≥50.0%、水飞蓟素提取得率≥93%、水飞蓟素生产得率≥85%、溶剂残留≤25mg/kg。

(16) 榆林沙区煤矸石山快速复垦治理技术转化与示范

应用“半干旱风沙区煤矸石山快速复垦治理方法”(ZL201310364794.5) 发明专利技术进行技术熟化，包括：整形改造、垫土覆沙、设置集雨床面、搭设沙障、以草促灌及栽培或灌草结合及栽培、复垦管理、防止煤矸石复燃等，适合毛乌素沙地及半干旱风沙区煤矸石山快速复垦治理。项目将综合治理煤矸石山 50 亩，筛选快速恢复植被种 1～2 个，构建快速复垦治理技术 1～2 个，使煤矸石山植被成活率达 85% 以上、保存率达 80% 以上。

(17) 一种快速获得鸢尾杂交优良无性系方法的转化运用

应用“一种快速获得鸢尾杂交优良无性系的方法”（ZLCN201510773709.X）发明专利技术，进行不同类型鸢尾成熟胚诱导成苗技术熟化，涉及种子筛选、种胚消毒、初代（继代、生根）培养基筛选、炼苗和移栽技术，鸢尾种质保存和恢复技术。在河北省定州苗木花卉省级科技园区，建立 1～2 个类型鸢尾成熟种胚诱导成苗技术体系，定植并保存鸢尾新种质 5 个以上，建立新种质示范园 2 亩。

(18) 山茶新品种‘垂枝粉玉’的转化应用

授权新品种“垂枝粉玉”（品种权号：20130015）2013 年通过国家林业局植物新品种保护办公室审定，2017 年通过上海市林木良种审定。开展‘垂枝粉玉’扦插繁殖技术熟化，提高繁殖系数 50% 以上，结合‘垂枝粉玉’枝条垂软的特色，通过多头嫁接快速成型的精品苗培育技术，完善砧木主枝、一级乃至二级侧枝同时嫁接、多头嫁接的技术，开展束花茶花作为造型盆栽的产业化技术。繁育‘垂枝粉玉’扦插苗 2000 株，形成‘垂枝粉玉’多头嫁接精品苗 500 株（地径 1～3cm 的砧木），形成‘垂枝粉玉’造型盆栽 100 盆。

(19) 白蜡新品种繁育专利技术产业化

应用“一种鲁蜡 5 号硬枝扦插育苗的方法”（ZL201410532141.8）、“一种提高绒毛白蜡组培快繁增殖率的方法”（ZL201410546879.X）和“一种绒毛白蜡嫩枝无纺布容器扦插育苗方法”（ZL 201510217038.9）等 3 项发明专利技术，构建“鲁蜡 5 号”高效无性繁育技术体系，在山东省林业科学研究院东营分院和试验苗圃建立‘鲁蜡 5 号’采穗圃 10 亩，2 年生提供插穗 2 万根，形成采穗圃建设技术规程。建设‘鲁蜡 5 号’繁育圃 30 亩，形成年繁育 10 万株‘鲁蜡 5 号’新品种苗木能力。

(20) 红花玉兰新品种‘娇红 1 号’、‘娇红 2 号’产业化示范与推广

‘娇红 1 号’（品种权号 20120073）、‘娇红 2 号’（品种权号 20140050）于 2012 年、2014 年获国家林业局植物新品种授权，2014 年被湖北省林木品种审定委员会审定为良种。探索红花玉兰新品种‘娇红 1 号’、‘娇红 2 号’苗木规模化繁育、大苗移植培育新技术和新方法，制定相应的产业化配套技术体系和技术标准。在湖北渔阳关镇建立‘娇红 1 号’、‘娇红 2 号’嫁接繁育试验示范基地 14 亩，繁育‘娇红 1 号’苗木 5.85 万株、‘娇红 2 号’苗木 1.85 万株；在北京林业大学教学实习试验林场建立嫁接繁育示范基地 2 亩，繁育‘娇红 1 号’苗木 1500 株、‘娇红 2 号’苗木 1500 株；在湖北渔洋关镇建立‘娇红 1 号’、‘娇红 2 号’苗木培育试验示范基地 70 亩，培育‘娇红 1 号’、‘娇红 2 号’绿化大苗 7000 株；在湖北五峰及周边县市推广‘娇红 1 号’、‘娇红 2 号’苗木繁育、大苗培育技术，带动当地和周边农民发展‘娇红 1 号’、‘娇红 2 号’嫁接苗木繁育基地 300 亩，繁育‘娇红 1 号’、‘娇红 2 号’苗木 20 万株；带动湖北五峰及周边县市发展‘娇红 1 号’、‘娇红 2 号’大苗培育基地 1000 亩，培育‘娇红 1 号’、‘娇红 2 号’绿化大苗 10 万株。

(21) 仰韶牛心柿的产业化推进与示范

仰韶牛心柿 2010 年获国家农产品地理标志认证，2011 年国家质量监督检验检疫总局批准对仰韶柿饼实施地理标志产品保护。项目将开展仰韶牛心柿产业化配套技术相关试验研究，规范仰韶牛心柿的规模化繁育、标准化生产、先进技术加工、创新营销手段等技术和方法，制定相应的产业化配套技术体系和技术标准，在河南省三门峡市渑池县段村乡建立仰韶牛心柿嫁接繁育试验示范基地10亩，繁育仰韶牛心柿苗木3万株；开展仰韶牛心柿产业化配套技术培训，建立20家仰韶牛心柿产业化科技示范户；在渑池县及周边县市推广仰韶牛心柿培育技术，带动当地和周边农民发展仰韶牛心柿10000亩。

(22) 天然冰片药源龙脑樟产业化推广

“吉安天然冰片”2005年由国家质量监督检验检疫总局批准实施地理标志产品保护。2015年，国家质量监督检验检疫总局核准江西林科龙脑科技有限公司使用“吉安天然冰片”地理标志保护产品专用标志。利用公司自有的地理标志产品龙脑樟优良母株，剪取其枝条进行大田扦插或容器扦插，不使用任何生根粉之类的化学药品和激素，保证龙脑樟苗木的纯正品质。新建龙脑樟原料林基地200亩，龙脑樟原料林品种发生变异不超过10%，龙脑樟的鲜枝叶中精油含量在1%以上，精油主成分含量在80%以上；龙脑樟原料基地的种苗成活率在90%以上。

2.6项林业专利技术产业化项目通过验收

2017年，国家林业局科技发展中心组织专家组分别对“湿地用竹基纤维复合材料制造技术与推广应用”“PVC无酚热稳定剂制备关键技术开发与示范”和“竹束单板层积材制造轻质墙体技术产业化”等6个林业专利技术产业化项目进行了现场查定和验收。项目均完成了项目合同规定的考核指标，取得了良好的社会经济效益，促进了林业专利产业化（表3）。

表3　2017年通过验收的林业专利技术产业化项目

序号	实施年份	项目名称	承担单位
1	2015	湿地用竹基纤维复合材料制造技术与推广应用	中国林业科学研究院木材工业研究所
2	2015	PVC无酚热稳定剂制备关键技术开发与示范	中国林业科学研究院林产化学工业研究所
3	2015	竹束单板层积材制造轻质墙体技术产业化	国际竹藤中心
4	2015	采用竹纤维原料制备超细级微晶纤维素技术开发	福建省林业科学研究院
5	2015	细木工板生产技术及产业化开发	湖南福湘木业有限责任公司
6	2012	红叶石楠扦插繁殖等专利技术的转化应用	浙江森禾种业股份有限公司

(1) 湿地用竹基纤维复合材料制造技术与推广应用

中国林业科学研究院木材工业研究所以“一种大片竹束帘及其制造方法和所用的设备”（ZL200910077384.6）、“一种大片竹束帘人造板及其制造方法”（ZL200910078222.4）等5项专利技术为基础，进行技术研发和熟化，形成了湿地用竹基纤维复合材料制造技术和能够有效指导批量生产的技术体系。制备的产品经检测，静曲强度达到172.6MPa，弹性模量17600MPa，28h循环水煮后垂直加载水平剪切强度14.61MPa，28h循环水煮后吸水厚度膨胀率6.9%，28h循环水煮后吸水宽度膨胀率0.7%。在安徽宏宇竹业科技有限公司建成了年产5000m^3湿地用竹基纤维复合材料生产线一条，产品销往欧洲、东南亚等20多个国家，并在杭州西溪、上海崇明东滩、苏州太湖、新疆伊犁河、内蒙古乌梁素海、西安斗门水库的多家湿地进行示范应用。申请发明专利1项，相关技术入选《2017年国家重点节能低碳技术推广目录》。

(2) PVC无酚热稳定剂制备关键技术开发与示范

中国林业科学研究院林产化学工业研究所以“PVC无酚热稳定剂的制备方法”（ZL201010139561.1）发明专利技术为基础进行技术研发和熟化，提高了PVC无酚热稳定剂产品的性能，优化并确定了一步法清洁生产工艺，该工艺具有生产周期短、无废水排放等优点。在中国林业科学研究院南京科技园实施了年产100t的油脂基PVC无酚热稳定剂产品中试生产，生产出桐油源PVC无酚钙锌复合热稳定剂和油脂源增塑型PVC液体锌基复合热稳定剂2种产品。经检测，桐油源PVC无酚钙锌复合热稳定剂的指标为：钙锌总含量9.4 %，游离酚含量未检出，热稳定性（180℃，min）≥ 80。油脂源增塑型PVC液体锌基复合热稳定剂的指标为：钙锌总含量为6.5%，热稳定性(185℃，min）≥ 80。申请发明专利2项。

(3) 竹束单板层积材制造轻质墙体技术产业化

国际竹藤中心应用“一种整张化竹束单板和超长竹束单板层积材的制作方法”(ZL201310080506.3)和“纤维织物及纺织结构复合材料力学性能检测方法”（ZL200910236158.8）2项发明专利技术，改进了竹束/木单板复合材料制造工艺，形成了一套轻质高强墙体用竹束木单板复合材料制造技术。在福建和其昌竹业股份有限公司改建成年产能力3000m^3的竹束木单板复合板材生产线一条，改建后的竹束单板层积材及复合板轻质墙体设计产能达到每年12万m^2，并完成80m^2竹束木单板复合材墙体在装配式房屋的应用示范。经检测，竹束复合板的含水率为8.4%，顺纹MOR=135.5MPa，横纹MOR=67.5MPa，顺纹MOE=14.64GPa，横纹MOE=4.44GPa，甲醛释放量0.6mg/100g。浸渍剥离：无剥离无分层；墙板的物理力学性能满足GB/T 22349-2008木结构覆板用结构胶合板的性能指标。授权实用新型专利2项。

(4) 采用竹纤维原料制备超细级微晶纤维素技术开发

福建省林业科学研究院以“采用高温高压分段式制备微晶化纤维素的处理工艺”（ZL200610018993.0）发明专利技术为基础，对竹浆制备超细级微晶纤维素进行技术改进和工艺优化，生产微晶纤维素3t，经检测：600目过筛网率≥ 87.1%，膨胀体积≥ 51.2mL，白度≥ 80.1%。产品已在武夷山美华实业有限公司木塑复合材料生产中得到推广应用，通过注塑生产工艺生产木塑窗帘轨道。

(5) 细木工板生产技术及产业化开发

湖南福湘木业有限责任公司以“一种细木工板的生产工艺”（ZL200910309354.3）和“一种指接细木工板的生产工艺”（ZL200910309366.6）2项发明专利技术为基础，改进了细木工板生产工艺，完善了无醛级人造板用胶黏剂的研究与应用，形成了完整的产品生产技术体系。在湖南省湘阴县改建了年产2万m^3细木工板生产线1条，生产E0级生态免漆细木工板产品，主要应用于室内装饰装修和家具制作。申请发明专利1项，参与《细木工板》（GB/T 5849-2016）的修订。该技术已在湖南炎陵振盛木业有限公司、寰宇木业有限公司等企业转化推广应用。

(6) 红叶石楠扦插繁殖等专利技术的转化应用

浙江森禾种业股份有限公司应用“红叶石楠扦插繁殖方法”（ZL200410066566.0）

和“一种扦插栽培基质及其制备方法”（ZL200810162829.6）2项发明专利技术，优化了扦插技术，改进了基质配方，形成了采穗圃营建和扦插繁育技术体系，攻克了红叶石楠扦插繁殖成活率低的技术瓶颈，使成活率达到90%～95%。建立了红叶石楠采穗圃36亩，扦插繁殖示范区500亩，累计生产穴盘苗和网袋苗1500万株。在浙江、重庆、江苏等省(直辖市)建立了标准化生产基地20个，推广面积2万亩。制定了企业标准《红叶石楠生产技术规程》。（龙三群、刘婕、王地利）

促进林业授权植物新品种转化应用

1. 授权植物新品种转化应用试点

国家林业局科技发展中心（植物新品种保护办公室）组织实施了7个林业授权植物新品种转化应用试点项目，涉及9个授权植物新品种。授权植物新品种转化应用是展示新品种生产潜力、发挥新品种效益的重要途径。2017年，对执行到期的茶花授权新品种区域试验和黑青杨授权新品种应用试点项目进行了验收。

2. 植物新品种权转化应用调研

2017年3月30日，国家林业局科技发展中心（植物新品种保护办公室）参加了在武汉举行的“园林园艺植物自主知识产权新品种展示暨保护与推广高峰论坛”，介绍了林业植物新品种保护的最新进展和有关新的政策情况，对植物新品种转化应用起到了推动作用。本次论坛以植物新品种图文现场展示结合园林园艺植物新品种保护与推广，通过对“到底什么是植物新品种？”“如何对植物新品种进行保护？”“国内外新品种推广商业模式”“新品种应用与未来市场预期分析”等主题的概念解读与实践经验交流，力求共同推动和规范园林植物新品种市场及新品种权的保护，携手建立具有自主知识产权的园林植物新品种推广与应用全新模式。

国家林业局科技发展中心到中国林业科学研究院、北京林业大学等单位进行调研指导，调研指导植物新品种转化应用工作。

3. 植物新品种权转让

国家林业局植物新品种保护办公室发布的《林业植物新品种保护公告（第201703号）》涉及6个植物新品种权转让，品种权人范军科的6个授权新品种，栾树属新品种‘锦华栾’，毛白杨新品种‘锦茂杨’，榉属新品种‘锦晔榉’，朴属新品种‘锦烨朴’和楝属新品种‘锦业楝’，‘锦昱楝’转让给河南景艺园林绿化工程有限公司。《林业植物新品种保护公告（第201704号）》涉及4个植物新品种权转让，北京林业大学、国家花卉工程技术研究中心的3个蔷薇属新品种‘珍奇奶酪’‘红莲舞’‘香颂’转让给江苏苏北花卉股份有限公司；河南农商果业技术服务有限公司的石榴属新品种‘红如意石榴’，转让给‘河南榴开百子农业科技有限公司’。授权新品种的市场潜力越来越大。（王琦）

推进林业生物遗传资源获取与惠益分享试点

地球上绝大多数遗传资源都分布于发展中国家境内，而拥有经济和技术实力、能够对遗传资源进行开发的生物技术公司却大多来自发达国家。发达国家无偿地从发展中国家获取遗传资源，对其进行商业性开发利用，由此获得巨额经济利益。但是，提供了遗传资源的发展中国家并没有公平合理地分享到由此而产生的各种惠益。发展中国家将这种情况称为“生物剽窃”。经过多年协商和谈判，《生物多样性公约》第十次缔约国大会在 2010 年 10 月 30 日表决通过了旨在规定遗传资源利益分配的《名古屋议定书》，于 2014 年 10 月 12 日正式生效。2016 年 12 月，在墨西哥坎昆召开了《名古屋议定书》缔约方第二次会议，对公约生效 2 年来的工作进行了评估和审议。

为进一步加强林业遗传资源及相关传统知识管理，探索林业遗传资源的获取与惠益分享管理经验，为中国履行《名古屋议定书》提出对策建议，国家林业局于 2014 年决定在贵州省黔东南苗族侗族自治州实施林业生物遗传资源获取与惠益分享试点项目。2017 年国家林业局继续推动在贵州省黔东南苗族侗族自治州进行的试点工作，加强指导，对其进度、成果的运用提出具体要求，保证了项目的顺利实施，为林业遗传资源及相关传统知识管理提供依据，为履行国际公约提供支撑。(李启岭)

加强林业植物新品种权行政执法工作

1．参加全国打击侵权假冒工作现场考核

根据国务院办公厅关于印发《2017 年全国打击侵犯知识产权和制售假冒伪劣商品工作要点的通知》（国办发〔2017〕46 号）要求，按照全国打击侵权假冒工作领导小组办公室（以下简称“双打办”）的部署，国家林业局参加了全国打击侵权假冒工作现场考核，分别对辽宁、内蒙古进行了检查，现场打分，并向全国“双打办”正式汇报，顺利完成了任务。

2．组织全国林业系统植物新品种行政执法工作评分活动

为了配合全国“双打办”做好打击侵犯林业植物新品种权行为，进一步讨论完善了考核各省份打击林业植物新品种权工作考核体系，力求完整、准确评价各地“双打”情况，有效促进保护林业品种权工作。

3．组织开展打击侵犯林业植物新品种权专项行动

为了落实《国务院关于新形势下加强打击侵犯知识产权和制售假冒伪劣商品工作的意见》（国发〔2017〕14 号），国家林业局下发了《国家林业局科技发展中心关于继续开展打击侵犯林业植物新品种权专项行动的通知》（林技执字〔2017〕7 号），组织全国林业系统打击未经品种权人许可，生产或者销售林业授权品种的繁殖材料、假冒林业授权品种的行为，以及销售林业授权品种时未使用其注册登记名称的行为，尤其要对各种林木、花卉博览会、交易会等进行检查，按照有关法律、法规，严格查处有关违法行为，净化交易市场。专项行动期限为 4 月至 11 月。要求各省（自治区、直辖市）林业主管部门高度重视植物新品种权行政执法工作，切实加强领导，明确执法机构，培训执法人员，加强督促检查，抓好落实。要与本地打击侵犯知识产权和制售假冒伪劣商品工作牵头部门沟通协调，将打击侵犯植物新品种权工作纳入地方工作方案。

同时积极进行宣传，追踪报道，形成打击侵犯植物新品种权的强大态势，集中打击侵犯植物新品种权行为，切实保护品种权人和林农的合法权益，积极引导全社会合法使用植物新品种权，以利林业发展。

4．指导品种权人积极维权，营造较好的市场氛围

仔细解答品种权人的各种维权咨询，认真解释《中华人民共和国植物新品种保护条例》《中华人民共和国植物新品种保护条例实施细则（林业部分）》及《林业植物新品种保护行政执法办法》的有关规定，指导利害关系人积极维权。同时，对各省林业部门在实施《林业植物新品种保护行政执法办法》过程中的疑问，及时解答，认真指导，努力促进各地营造良好的新品种市场氛围。（周建仁）

开展林业植物新品种权行政执法试点

林业植物新品种权行政执法试点的目的是探索建立行政执法长效机制，推动试点地区建立品种权行政执法信息平台，促进新品种权行政执法与刑事司法的衔接，实现数据共享和协调配合。

2017 年，对已开展行政执法试点的河北省、陕西省和山东省进行具体工作指导，使这些省在行政执法体系建设、打击严重侵权案件、提高公众意识等方面取得了新的进展；加强了植物新品种权行政执法能力建设和宣传培训工作，加大了植物新品种保护执法力度，形成打击侵犯植物新品种权的强大态势，有效保护了育种者的合法权益；增强了全社会的植物新品种保护意识，共同营造了有利于植物新品种保护的法治环境。今后，将进一步督促试点单位完善执法机构，提高执法能力，健全规章制度，有效打击植物新品种权侵权行为，净化品种权交易市场。（周建仁）

开展2017年全国林业知识产权宣传周活动

2017 年 4 月 20～26 日是全国知识产权宣传周，主题为“创新创造改变生活 知识产权竞争未来”。4 月 26 日是世界知识产权宣传日。根据全国知识产权宣传周活动组委会的统一部署，国家林业局于 4 月 20 日正式启动了全国林业知识产权宣传周系列活动。在宣传周期间，国家林业局科技发展中心与有关司局和单位配合，通过媒体集中报道、出版科技图书、举办培训和座谈会等活动，向公众普及和宣传林业知识产权知识，展示林业实施知识产权战略取得的新进展、新成就。

国家林业局科技发展中心以中国林业网（国家林业局政府网）、中国林业知识产权网、《中国绿色时报》等媒体为载体，采取多种形式宣传了林业知识产权知识，其中突出宣传了《国务院关于新形势下加快知识产权强国建设的若干意见》《国家林业局贯彻实施〈国家知识产权战略纲要〉的指导意见》和《全国林业知识产权事业发展规划（2013—2020 年）》以及中国在提升知识产权质量方面的政策和举措，重点宣传了林业发明专利、植物新品种权等高质量的知识产权在推进生态文明和美丽中国建设中的显著成效。开通了“2017 林业知识产权宣传周”网站，图文并茂地展示林业知识产权成果和最新进展，营造了有利于林业知识产权创造、保护和运用的良好氛围。

国家林业局科技发展中心制定了林业知识产权宣传周活动方案，2017 年 4 月 26 日在《中国绿色时报》发表专栏文章《知识产权提升林业竞争力 全面创新助推林业转型》，全文由突破篇、亮点篇、举措篇、进展篇 4 个部分组成，全面介绍了 2016 年林业知识产权的工作进展和成就，扩大了林业知识产权的影响力。同时编辑出版了《2016 中国林业知识产权年度报告》《中国林业植物授权新品种 (2016)》和《木材用生物质胶黏剂专利与文献分析报告》等 3 种图书，编印了《林业知识产权动态》3 期。进一步完善了林业知识产权数据库，开展了林业知识产权信息咨询和预警服务，提高了林业知识产权信息资源的利用效率和服务水平，提倡全行业树立“尊重知识、崇尚创新、诚信守法”的知识产权文化理念，引导全行业从注重林业知识产权的数量向注重知识产权的质量、价值和效益转变。

按照国家林业局部署，中国林业科学研究院、国际竹藤中心等直属单位也结合自身特点和需求，开展了知识产权宣传周活动。(龚玉梅、王忠明)

出版《2016中国林业知识产权年度报告》

为实施国家知识产权战略，推进林业知识产权工作，全面总结2016年林业知识产权工作的主要进展和成果，国家林业局科技发展中心和国家林业局知识产权研究中心编写的《2016中国林业知识产权年度报告》于2017年4月22日正式出版。

报告中指出，2016年，国家林业局以实施知识产权战略为重点，全面落实《国家林业局关于贯彻实施〈国家知识产权战略纲要〉的指导意见》和《全国林业知识产权事业发展规划（2013—2020年)》，从组织实施《2016年加快建设知识产权强国林业实施计划》入手，全力推进林业知识产权工作，有效提高了林业知识产权创造、运用、保护和管理水平，取得了显著成效，加快了林业发展方式转变，增强了林业核心竞争力。2016年，国家林业局发布了《中华人民共和国植物新品种保护名录(林业部分)(第六批)》，使林业植物新品种保护名录的收录范围累计达到206个属（种)。国家林业局在上海组织召开了第三批全国林业知识产权试点单位验收会。委托第三方机构对3批共75家全国林业知识产权试点单位的试点工作进行了总结和绩效评估；为了推动林业知识产权联盟建设，在北京举行了“中国木门窗专利保护联盟”成立大会；组织实施了11项林业专利技术产业化推进项目；推进了全国油茶、核桃遗传资源调查编目工作；组织开展了2016年全国林业知识产权宣传周系列活动；加强了林业植物新品种权行政执法工作；对27个省（自治区、直辖市)、黑龙江省森林工业总局、吉林森工集团和长白山森工集团的林业知识产权工作进行了总结和展示。国家林业局植物新品种保护办公室在2016年共受理国内外植物新品种权申请400件，授予植物新品种权195件；国家知识产权局中国专利数据库公开的林业相关专利共计52477件，有两项林业发明专利荣获第18届中国专利优秀奖。

随着林业自主创新能力的不断增强，林业植物新品种权和林业专利、商标、林产品地理标志、版权数量稳步增长，质量明显提高，知识产权对现代林业发展的支撑作用日益显著。截至2016年底，林业植物新品种申请量2188件，授权量1198件；林业相关专利公开量283122件，其中发明专利151779件；林业科研院所专利公开量4893件，其中发明专利3705件；林业高等院校专利公开量14613件，其中发明专利9297件；林产品地理标志827件；林业软件著作权5231项。

报告全面总结了2016年林业知识产权工作的主要进展和成果，旨在通过对一年来林业知识产权工作主要进展和成果展示，让更多的人了解、关心和支持林业知识产权工作，共同推进林业知识产权的创造、运用、保护和管理，为推动现代林业科学发展提供支撑。(王忠明)

出版《中国林业植物授权新品种（2016）》

植物新品种保护制度的实施提高了社会对植物品种权的保护意识，同时带来了林业植物新品种的大量涌现，这些新品种已在我国林业生产建设中发挥重要作用。截至2016年底，国家林业局共受理国内外林业植物新品种申请2188件，其中国内申请1808件，占总申请量的82.6%；国外申请380件，占17.4%；共授予植物新品种权1198件，其中国内申请授权数量1017件，占84.9%；国外申请授权数量181件，占15.1%。授权的植物种类中，观赏植物759件，占63.3%；林木255件，占21.3%；果树115件，占9.6%；木质藤本7件，占0.6%；竹子6件，占0.5%；其他植物56件，占4.7%。2016年期间共受理国内外林业植物新品种申请400件，授权195件。这充分表明，林业植物新品种权的申请和授权数量在大幅增加，林业植物新品种保护事业已经进入快速发展时期。

为了方便生产单位和广大林农获取信息，更好地为发展生态林业、民生林业和建设美丽中国服务，国家林业局植物新品种保护办公室将2016年授权的195个林业植物新品种进行整理，编辑出版了《中国林业植物授权新品种（2016)》。该书的出版在生产单位、林农和品种权人之间架起了沟通的桥梁，使生产者能够获得所需的新品种，在推广和应用中取得更大的经济效益，同时，品种权人的合法权益能够得到有效的保护，获得相应的经济回报，使林业植物新品种在发展现代林业、建设生态文明、推动科学发展中发挥更大作用。（张慕博）

出版《木材用生物质胶黏剂专利与文献分析报告》

2017年4月，国家林业局知识产权研究中心编写的《木材用生物质胶黏剂专利与文献分析报告》由中国林业出版社出版发行。该报告主要对蛋白质类胶黏剂、淀粉类胶黏剂、木质素类胶黏剂、单宁类胶黏剂等4类木材用生物基胶黏剂技术进行了专利与文献计量分析。

胶黏剂在木材工业和木质人造板工业中起着重要的作用，胶黏剂的质量直接影响着木材产品的质量、产量和生产成本。随着人们可持续发展和健康环保意识的增强、国家环保法规的健全，面对石油储量的减少以及基于石油高分子材料带来的价格上扬和环境污染问题，社会对胶黏剂的要求也越来越高。生物基胶黏剂作为一种可再生、以生物有机资源为原料的环境友好型胶黏剂，由于其无醛或低醛的特性，得到了社会的极大关注，已成为全球研究的热点，开发和利用生物基胶黏剂已越来越受到重视。

本分析报告采用德温特世界专利索引(DWPI)和汤森路透公司的专利分析系统Thomson Innovation（TI）、Thomson Data Analyzer（TDA），全面收集了截至2014年底的全球木材用生物基胶黏剂技术专利文献1003件、SCI文献653篇，并进行了数据加工整理和分类标引，从木材用生物基胶黏剂的主要原材料、专利技术、SCI文献等方面进行了深入而全面的分析，专利分析包括发展趋势分析、申请受理国分析、国家技术实力分析、申请人分析、发明人分析、技术分类分析、法律状态分析、文本聚类分析、引证分析、同族分析等；SCI文献分析包括发展趋势分析、国家研究实力分析、国家合作分析、技术分类分析、研究机构分析、作者分析、期刊分析等。研究表明，全球木材用生物基胶黏剂技术的研发起步较早，目前能检索到的最早公开的相关专利和SCI论文均出现于20世纪60年代初期，但早期技术发展缓慢，2002年以后才逐步进入技术发展初期，技术和市场竞争刚刚开始，技术分布也比较分散。目前，美国、中国和欧洲无论是专利量还是SCI文献量均占据明显优势，是全球木材用生物基胶黏剂技术的主要推动者。从木材用生物基胶黏剂的主要原材料分类来看，在专利文献中淀粉和蛋白质类技术占比更多，在SCI文献中则是单宁和木质素类技术占比更大；近年来淀粉、蛋白质、单宁和木质素这4类技术的SCI文献量均呈现快速增长态势，SCI文献量的增长速度明显快于专利文献量，特别是单宁和木质素类技术，表明这4类技术均处于技术发展初期，还有许多产业化之前的前期技术需要研究。研究提出了中国木材用生物基胶黏剂技术和产业发展的建议，具有十分重要的指导意义。

报告中分析了全球木材用生物基胶黏剂技术的基本情况、主要竞争对手和发展趋势，为中国木材用生物基胶黏剂技术创造、运用、保护和管理提供必要的数据支撑和决策参考，有利于木材用生物基胶黏剂行业的核心技术研发和技术创新，对国内企业建立木材用生物基胶黏剂知识产权保护体系有重要参考价值。（付贺龙）

编印《林业知识产权动态》

为加强林业知识产权信息服务工作，跟踪国内外林业知识产权动态，实时监测和分析林业行业相关领域的专利动态变化，为国际履约和谈判提供信息支撑，2017年编印了6期《林业知识产权动态》，全年发表动态信息37篇、政策探讨论文6篇、研究综述报告6篇、统计分析报告6篇。

《林业知识产权动态》是国家林业局科技发展中心主办，国家林业局知识产权研究中心承办的内部刊物，旨在跟踪国内外林业知识产权动态、政策、学术前沿和研究进展，通过组织专家进行信息采集、分析、翻译和编辑整理，对世界各国的林业知识产权现状及相关政策进行深入解读，提供林业知识产权信息服务。该刊为双月刊，每期20页，设有动态信息、政策探讨、研究综述、统计分析等4个栏目，内容包括：各国林业知识产权动态、相关法律法规、国际履约相关问题研究、各国专利、植物新品种和生物遗传资源研究进展、林业重点领域专利分析研究、知识产权信息统计分析等。读者对象为知识产权相关的管理、科研、教学和企业人员。（马文君）

举办林业植物新品种保护培训班

为更好地贯彻实施《中华人民共和国种子法》，提高林业植物新品种保护工作水平，规范新品种申报、审核和测试等工作，国家林业局科技发展中心于2017年12月6～10日在云南举办了林业植物新品种保护培训班。各省（自治区、直辖市）林业厅（局）植物新品种保护工作主管部门、部分省林业科学（研究）院、苗木企业和个人育种者共 100 余人参加了培训。

培训班讲授了“林业植物新品种保护制度与现状”“月季 DUS 田间测试”“林业植物新品种权审批”“实质性派生品种的说明与分析”“林业植物新品种保护网站”“林业植物新品种保护信息系统”和“林业植物新品种权申请常见错误”。培训班的内容安排翔实丰富，创造了良好的互动环境，开展了参加充分的交流与讨论。（黄发吉、韩丛聪）

举办林业植物新品种测试技术培训班

为进一步加强植物新品种保护，国家林业局科技中心委托国家林业局管理干部学院于 2017 年 11 月 27 日至 30 日在北京举办了“植物新品种测试技术培训班”。来自国家林业局植物新品种测试指南制定任务的主要研究人员、国家林业局测试机构有关人员和其他有关育种人员等共计 60 人参加了此次培训。

这次培训班安排的课程主要有：UPOV 植物新品种测试技术、植物新品种分子测定技术、林木植物新品种测试指南编制、花卉植物新品种测试指南编制、已知品种数据库研制和在实际测试中的具体应用等。此外，培训班还就植物新品种测试指南编制的经验与问题进行了交流研讨。问卷调查结果显示，对所有教学课程的教学内容、教学方法和教学效果都得到了学员的较高评价，平均满意率为 97.85%。（周建仁）

加强林业知识产权宣传和媒体报道

2017 年充分利用报刊、电视和网络等媒体以及科普平台，结合世界知识产权日、知识产权保护宣传周等，多渠道、多层次扩大林业知识产权动态、政策法规、创新成果和典型案例的宣传面和普及率，积极培育尊重知识、崇尚创新、诚信守法的知识产权文化，营造有利于林业知识产权创造、保护和运用的良好氛围，提高了林业行业的知识产权保护意识，形成了全社会关注和支持林业知识产权工作的文化环境。全年在中国政府网、新华网、国家林业局网、国家知识产权网、中国林业知识产权网、中国林业信息网、中国林业植物新品种保护网等主要网站登载或转载有关林业知识产权的报道 300 多篇；在新华社、《中国绿色时报》和《中国知识产权报》上发表林业知识产权重点报道 35 篇（表 4）。2017 年重点报道包括：新华社 4 月 13 日发布的《林业局：具有自主知识产权的新技术新发明将为建设“健康中国”带来新的福祉》；《中国知识产权报》5 月 26 日刊发的《全国林业知识产权试点单位已达 75 家》，6 月 19 日刊发的《林业：呼唤懂知识产权的经纪人》，10 月 24 日刊发的《林业局：将制定森林生态标志产品品牌发展规划》；《中国绿色时报》4 月 6 日刊发的《我国地板业专利维权迎来好时机》，4 月 18 日刊发的《如何看待植物新品种保护权收费停征？》，4 月 26 日刊发的《知识产权提升林业竞争力　全面创新助推林业转型》，12 月 26 日刊发的《迎接植物新品种市场开发利用的春天》等。（王忠明、付贺龙）

表 4　林业知识产权主要媒体报道

序号	标　题	载　体	报道日期
1	我国去年授予植物新品种权 195 项	中国绿色时报	20170102
2	郑州引进 275 个月季新品种	中国绿色时报	20170110
3	国家林业局学习品牌建设多点开花	中国绿色时报	20170217
4	诚信塑造品牌　质量成就名牌	中国绿色时报	20170316
5	我国地板业专利维权迎来好时机	中国绿色时报	20170406
6	铁岭榛子品牌价值 62.35 亿元	中国绿色时报	20170406
7	供给侧改革背景下该怎样打好品牌战?	中国绿色时报	20170406
8	林业局①：具有自主知识产权的新技术新发明将为建设“健康中国”带来新的福祉	新华社	20170413
9	如何看待植物新品种保护权收费停征?	中国绿色时报	20170418
10	久盛地板：从传承开始“凯”启品牌新时代	中国绿色时报	20170420
11	知识产权提升林业竞争力　全面创新助推林业转型	中国绿色时报	20170426
12	国家林业局：启动林业知识产权示范工作	中国知识产权报	20170427
13	如何讲好林业产业的品牌故事?	中国绿色时报	20170511
14	打造林业产业品牌　任重道远	中国绿色时报	20170511
15	红安五大国有林场　联手创森林茶品牌	中国绿色时报	20170524
16	全国林业知识产权试点单位已达 75 家	中国知识产权报	20170526
17	我国林业植物新品种授权量达 1198 件	中国知识产权报	20170602
18	冠县培育出两种无絮毛白杨新品种	中国绿色时报	20170605
19	我国林业发明专利拥有量超过 15 万件	中国知识产权报	20170608
20	林业：呼唤懂知识产权的经纪人	中国知识产权报	20170619
21	中国木质林产品质量提升与品牌建设论坛举行	中国绿色时报	20170713
22	陕西打击侵犯植物新品种权行为	中国绿色时报	20170713
23	13 家涉林品牌入选中国 500 最具价值品牌	中国绿色时报	20170713
24	国家林业局成立林业品牌工作领导小组	中国绿色时报	20170720
25	林业知识产权数据库已收录专利 29.6 万余件	中国知识产权报	20170726
26	韩国和日本正式批准《名古屋议定书》	中国绿色时报	20170726
27	宁夏六条禁令　维护枸杞品牌形象	中国绿色时报	20170907
28	新品种吉德杨造林绿化价值何在	中国绿色时报	20170926
29	越南出台首个防止遗传资源外流法令	中国绿色时报	20170928
30	林业局①：将制定森林生态标志产品品牌发展规划	中国知识产权报	20171024
31	贵州林产品品牌认证　评定培训班举办	中国绿色时报	20171130
32	西安植物园睡莲新品种获国际大奖	中国绿色时报	20171219
33	迎接植物新品种　市场开发利用的春天	中国绿色时报	20171226
34	我国莲属新品种国际　登录数量独占鳌头	中国绿色时报	20171226
35	北林大②教授团队获新一届中国专利优秀奖	中国绿色时报	20171226

注：①全称为“国家林业局”；②全称为“北京林业大学”。

完善林业植物新品种测试体系

开展植物新品种 DUS 测试是植物新品种授权机关对申请品种进行实质审查的重要内容。通过建立健全林业植物新品种保护的技术支撑体系，加快测试指南编制，完善已知品种数据库，加强测试机构的合理布局和条件能力建设，有效提高了审查测试能力。

1. 林业植物新品种测试机构能力评估

测试机构能力是衡量测试体系功能的关键。国家林业局先后建立了 1 个植物新品种测试中心、3 个分中心、2 个分子测定实验室和 5 个专业测试站，这些测试机构能否满足林业植物新品种保护快速发展的需要，能否保障植物新品种保护科学规范，直接关系到中国植物新品种保护工作能否健康发展。为了做好测试机构的能力评估工作，国家林业局组织专家起草了《林业植物新品种测试机构能力评估办法》及其评估指标体系。评估指标体系分基础条件、测试设施、测试相关人员和制度建立 4 个方面，主要包括测试用地情况、收集栽种已知品种情况、建立已知品种数据库情况、基本办公条件；测试用温室、拍照设施设备情况；测试技术人员情况、技术专家组情况；测试管理制度、技术操作手册、测试流程等情况。通过开展评估工作，现已完成林业植物新品种测试机构能力评估报告初稿，进一步修改完善后，将予以公布，并作为今后管理测试机构的基础。

2. 编制测试指南

植物新品种测试指南是对申请品种权的林木新品种进行技术审查和描述的技术标准，也是开展植物 DUS 测试的基础。按照国际植物新品种保护联盟（UPOV）对品种审查的要求，品种测试需依据相应的指南进行。2017 年，国家林业局组织国内相关科研院所开展蔷薇属、丁香属等 6 项测试指南的制（修）订工作，力求通过明确技术路线和技术关键来保证测试指南的编制质量。截至 2017 年底，共开展了 137 项林业植物新品种测试指南的编制工作，已完成了槐属、蔷薇属、桉属、枸杞属、榆属和崖柏属等 44 项测试指南标准的制定，分别以国家标准或行业标准发布，有效提高了授权质量和审查测试能力（表5）。

表5　林业植物新品种DUS测试指南标准

序号	标准号	标准名称	发布日期
1	GB/T 24883-2010	植物新品种特异性、一致性、稳定性测试指南　连翘属	20100630
2	GB/T 24884-2010	植物新品种特异性、一致性、稳定性测试指南　梅	20100630
3	GB/T 24885-2010	植物新品种特异性、一致性、稳定性测试指南　桂花	20100630
4	GB/T 24886-2010	植物新品种特异性、一致性、稳定性测试指南　榛属	20100630
5	GB/T 24887-2010	植物新品种特异性、一致性、稳定性测试指南　鹅掌楸属	20100630
6	GB/T 26909-2011	植物新品种特异性、一致性、稳定性测试指南　核桃属	20110929
7	GB/T 26910-2011	植物新品种特异性、一致性、稳定性测试指南　柳属	20110929
8	GB/T 26911-2011	植物新品种特异性、一致性、稳定性测试指南　山茶属	20110929
9	GB/T 30362-2013	植物新品种特异性、一致性、稳定性测试指南　杏	20131231
10	GB/T 32344-2015	植物新品种特异性、一致性、稳定性测试指南　杨属	20151231
11	GB/T 32345-2015	植物新品种特异性、一致性、稳定性测试指南　牡丹	20151231
12	LY/T 1847-2009	植物新品种特异性、一致性、稳定性测试指南　紫薇	20090618
13	LY/T 1848-2009	植物新品种特异性、一致性、稳定性测试指南　榆叶梅	20090618
14	LY/T 1849-2009	植物新品种特异性、一致性、稳定性测试指南　丁香属	20090618
15	LY/T 1850-2009	植物新品种特异性、一致性、稳定性测试指南　一品红	20090618
16	LY/T 1851-2009	植物新品种特异性、一致性、稳定性测试指南　板栗	20090618
17	LY/T 1852-2009	植物新品种特异性、一致性、稳定性测试指南　杜鹃花属　映山红亚属和羊踯躅亚属	20090618
18	LY/T 1853-2009	植物新品种特异性、一致性、稳定性测试指南　杜鹃花属　常绿杜鹃亚属和杜鹃花亚属	20090618
19	LY/T 1868-2010	植物新品种特异性、一致性、稳定性测试指南　蔷薇属	20100209
20	LY/T 1869-2010	植物新品种特异性、一致性、稳定性测试指南　云杉属	20100209
21	LY/T 1870-2010	植物新品种特异性、一致性、稳定性测试指南　柿	20100209
22	LY/T 1871-2010	植物新品种特异性、一致性、稳定性测试指南　刺槐属	20100209
23	LY/T 2190-2013	植物新品种特异性、一致性、稳定性测试指南　枣	20131017
24	LY/T 2094-2013	植物新品种特异性、一致性、稳定性测试指南　臭椿属	20130315
25	LY/T 2095-2013	植物新品种特异性、一致性、稳定性测试指南　黄杨属	20130315
26	LY/T 2096-2013	植物新品种特异性、一致性、稳定性测试指南　桑属	20130315
27	LY/T 2097-2013	植物新品种特异性、一致性、稳定性测试指南　木兰属	20130315
28	LY/T 2098-2013	植物新品种特异性、一致性、稳定性测试指南　蜡梅	20130315
29	LY/T 2099-2013	植物新品种特异性、一致性、稳定性测试指南　枸杞属	20130315
30	LY/T 2283-2014	植物新品种特异性、一致性、稳定性测试指南　栾树属	20140821
31	LY/T 2284-2014	植物新品种特异性、一致性、稳定性测试指南　桦木属	20140821

（续）

序号	标准号	标准名称	发布日期
32	LY/T 2285-2014	植物新品种特异性、一致性和稳定性测试指南　槐属	20140821
33	LY/T 2286-2014	植物新品种特异性、一致性、稳定性测试指南　梓树属	20140821
34	LY/T 2287-2014	植物新品种特异性、一致性、稳定性测试指南　沙棘	20140821
35	LY/T 2288-2014	植物新品种特异性、一致性、稳定性测试指南　卫矛属	20140821
36	LY/T 2596-2016	植物新品种特异性、一致性、稳定性测试指南　榆属	20160118
37	LY/T 2597-2016	植物新品种特异性、一致性、稳定性测试指南　崖柏属	20160118
38	LY/T 2598-2016	植物新品种特异性、一致性、稳定性测试指南　松属	20160118
39	LY/T 2599-2016	植物新品种特异性、一致性、稳定性测试指南　蛇葡萄属	20160118
40	LY/T 2600-2016	植物新品种特异性、一致性、稳定性测试指南　桉属　双蒴盖亚属	20160118
41	LY/T 2739-2016	植物新品种特异性、一致性、稳定性测试指南　罗汉松属	20161019
42	LY/T 2740-2016	植物新品种特异性、一致性、稳定性测试指南　红豆杉属	20161019
43	LY/T 2741-2016	植物新品种特异性、一致性、稳定性测试指南　油桐	20161019
44	LY/T 2742-2016	植物新品种特异性、一致性、稳定性测试指南　油茶	20161019

为了提高植物新品种保护水平，国家林业局组织专家开展了测试指南编制技术研究、已知品种数据库建设情况调研、测试机构评估方法研究、欧美植物新品种保护体系比较研究等多方面研究工作，目的是通过研究促进林业植物新品种保护、测试和管理能力。

3. 品种测试工作

按照品种权审查进度，及时下达品种测试任务，组织并指导测试机构开展测试工作。2017年共安排91个品种测试，完成了30个品种的测试工作，并提交测试报告30份，为植物品种授权提供了科学的审查依据。

4. 田间测试

根据林业植物新品种测试工作的需要，委托有关机构新增了杜鹃花、绣球、山茶、油茶等植物品种的田间测试，使国家林业局新品种测试工作逐步向田间实测靠拢。

5. 品种 DNA 图谱数据库建设

开展了植物新品种测试新技术开发应用和DNA快速检测方法等测试技术研究，加强了品种DNA图谱数据库建设，继续完善月季和牡丹品种DNA图谱数据库构建工作，旨在为植物新品种权的行政执法取证提供技术支撑。（周建仁、马梅）

建设林业知识产权基础数据库和共享平台

科技创新的基础是知识的积累、传播、运用和创新，专利文献和科学数据是提供知识和技术的源泉，是科技创新的基础。为研究人员提供高水平的知识产权信息服务具有重要的意义。充分利用和整合国内外林业知识产权信息资源，建立林业知识产权数据库和公共信息服务平台将为林业科学研究和科技创新提供信息支撑。

1. 林业知识产权基础数据库建设

国家林业局知识产权研究中心系统收集和整理了国内外与林业知识产权相关的主要科学数据和文献资料，构建了知识产权信息资源的组织、收集和整合建设机制，加大了林业知识产权信息资源的整合、专家知识的搜集和数据库建设力度，整合了国内外林业知识产权信息资源，完善了林业专利、植物新品种权、林产品地理标志、商标、著作权、林业知识产权动态、案例、文献、法律法规和资源导航等林业知识产权基础数据库15个，2017年新增数据量7万多条，入库数据记录累计73万条。

2. 林业知识产权网站运维管理

维护和管理了中国林业知识产权网（http://www.cfip.cn）和中国林业植物新品种保护网（http://www.cnpvp.net）。网上信息每日更新，免费使用，扩大了林业知识产权信息资源的共享途径和使用范围。2017年网站的用户访问量超过10万人次，网站提供全年不间断、安全、稳定的在线检索服务，提高了林业知识产权信息资源的利用效率和服务水平。开通了“2017林业知识产权宣传周”网站，采取多种形式宣传林业知识产权知识和林业植物新品种保护成效，图文并茂地展示林业知识产权成果和最新进展，进一步扩大了林业知识产权的影响。申请了国家林业局植物品种保护办公室微信公众服务号，方便申请人通过手机及时获得有关信息。（王忠明）

国际合作

开展林业植物新品种履约与国际合作

国家林业局认真履行《国际植物新品种保护公约》，派员参加了 2017 年 4 月举行的 UPOV 日内瓦系列会议，依据会议的内容和国际发展趋势，结合国内情况，了解 UPOV 发展动态、积极研读相关文件，跟踪行政、法律以及技术进展，及时提出意见和建议，履行了成员国责任，维护了中国林业植物新品种保护的国际地位和国家利益。

5 月 30 日至 6 月 6 日，国家林业局就植物新品种保护测试技术出访美国和日本进行了考察，先后与美国专利商标局 (USPTO)、美国农业部植物新品种保护办公室 (US，PVP)、日本农林水产省植物新品种保护办公室 (PVP，MAFF)、日本国家种子和种苗中心 (NCSS) 的管理和技术人员进行了交流，了解了美国植物专利和植物新品种权的审查流程、美国蓝莓和观赏植物等现场测试情况，还访问了日本植物新品种测试站。此次技术交流对改进管理和完善测试体系均具有重要作用。

9 月 11～12 日，国家林业局参加了在缅甸内比都举办的第十届东亚植物新品种保护论坛会议和国际植物新品种保护研讨会。东亚植物新品种保护论坛（EAPVP）的成员国印度尼西亚、老挝、马来西亚、缅甸、菲律宾、泰国、越南、中国、日本、韩国及国际植物新品种保护联盟（UPOV）、欧盟植物新品种保护办公室（CPVO）、荷兰植物新品种保护局、日本 JATAFF 咨询公司（东亚植物新品种保护论坛秘书处挂靠机构）等机构的代表 100 余人参加了会议。与会代表交流了各自国家植物新品种保护领域的最新进展情况，讨论了第九届论坛会议以来取得的进展和本次会议之后拟开展的合作事宜。大会一致同意并确定由菲律宾举办第十一届东亚植物新品种保护论坛会议。

11 月 15 日，国家林业局植物新品种保护办公室与欧盟植物新品种保护办公室 (CPVO) 在北京签署合作协议。CPVO 于 1995 年成立，是专门实施欧盟植物品种保护相关法规的欧盟机构，负责审查及授予在欧盟 25 个成员国境内有效的植物新品种权。据

UPOV今年10月最新统计，CPVO是世界植物新品种保护申请量和授权量最大的机构，2012—2016年其申请量达全世界总量的21.4%，授权量占24.6%。国家林业局植物新品种保护办公室主任王焕良和欧盟植物新品种保护办公室主任Martin Ekvad出席了签字仪式。期间，国家林业局植物新品种保护办公室与CPVO机构代表进行业务交流，探讨了加强合作的领域和意愿，双方将加强在植物新品种管理和测试方面的技术交流，相互借鉴经验，提高管理和技术水平。这标志着我国未来在林业植物新品种保护领域将与欧盟开展更广泛和更深入的合作。

开展自贸区谈判与涉外知识产权工作，参加了中欧知识产权合作研究项目——促进中国加入UPOV 91文本可行性研究（IPK项目）北京圆桌会议，对IPK项目进行了总结，取得了一定成果。提供了“中国—欧亚经济联盟经贸合作协议”植物新品种保护对案。参加了“中加自贸区联合可行性研究暨按索性讨论第一次会议”。提供了“中瑞自贸区升级知识产权章节植物新品种保护方案”和“中日韩自贸区第十二轮谈判”植物新品种保护对案等。(王琦)

开展林业生物遗传资源履约

在切实履行好《生物安全议定书》和《名古屋议定书》的同时，积极参加国际履约会议，争取话语权，维护国家权益，在中国主办国际会议和培训，增加中国的国际影响力。

2017年1月29日至2月5日，国家林业局组团参加了在意大利罗马召开的联合国粮食与农业组织（FAO）粮食与农业遗传资源委员会第16次例会，团组由国家林业局科技发展中心和中国林业科学研究院的人员组成。参会人员按照参会对案，积极参与到负责的议题讨论中，会后形成报告，并提出工作建议。经过中国代表团的努力，中国政府再次当选为森林遗传资源政府间工作组成员，这是中国政府第三次当选工作组成员，同时中国政府发布的《中国林业遗传资源保护与可持续利用行动计划（2015—2015年)》也受到各国的关注，并得到FAO的赞赏。

2017年9月19～27日，第二届国际林木遗传资源培训班在山东滨州举办。培训对象是亚太地区从事林木遗传资源保护与可持续利用工作的专业人员。培训班由中国林业科学研究院、亚太森林遗传资源网络及中喜生态联合举办。全球20多个国家派出专家参加本次培训，就林木遗传资源保护、经验传承，品种交易等进行研讨和交流，共同促进生态产业大发展。国家林业局科技发展中心作为主管部门，十分重视此次培训，全过程进行了指导。本次培训邀请了国际知名学者传授林木遗传资源保护、评价和利用方面的理论知识与实践经验。通过培训显著提高了学员在林木遗传资源保护与利用方面的能力，推动了林木遗传资源全球行动计划的实施，这是中国履行FAO全球森林遗传资源保护与开发行动计划的一项重要内容。(李启岭)

北京市林业知识产权

1. 开展针对性检查，积极贯彻落实《中华人民共和国种子法》

2017年9月至10月，北京市人大常委会《中华人民共和国种子法》执法检查组抽查了延庆区和通州区的种子法落实情况，内容包括苗圃许可证办理情况、生产经营档案和标签执行情况及植物新品种保护现状等。

2. 多部门联合行动，开展“双打”专项行动

为进一步摸清北京市新品种研发及生产经营的底数，推进北京市林业植物新品种权保护工作，加大林业执法监管力度，北京市园林绿化局向各区园林绿化局、局属各单位下发了《关于继续开展打击侵犯林业植物新品种权专项行动的通知》，成立了以主管副局长为组长，科技处、市种苗站等为成员单位的专项行动领导小组。专项检查小组共抽查全市6个区9家单位的100余个植物新品种，占全市植物新品种权授予总数的50%以上，其中，作为良种推广的有10多个，未发现侵权现象。

3. 继续开展“双随机”检查

根据国办发〔2015〕58号文件《关于推广随机抽查规范事中事后监管的通知》要求，在北京市推广随机抽取检查对象、随机选派执法检查人员的“双随机”抽查机制。按照市里的统一要求，建立了检查对象库和执法人员库，制定了抽查内容，确定了抽查比例，每次抽查通过摇号的方法随机产生检查对象和检查人员。截至2017年11月，共抽查28家企业，出动执法人员28人次。每月的抽查结果都通过局政务网进行数据公开，同时录入北京市行政执法服务平台。对存在问题的企业第一时间送达整改通知书，并督促落实。

4. 组织宣传培训，普及法规知识

北京市种苗站、科技处在2017年9月联合举办了植物新品种保护专项培训，有来自全市和区种苗管理机构及重点苗圃、企业的50人参加。组织了全市种苗执法人员培训班。培训班从执法实践入手，重点讲解行政处罚文书的运用、执法形式、案件处理技巧、新品种保护等知识。动员全市各区种苗管理机构、在册生产经营单位、市民参加国家林业局组织的种子法知识竞赛活动。通过网络、手机微信客户端完成答题800份。

5. 修订处罚裁量基准，规范行政处罚工作

根据新《中华人民共和国种子法》，对《北京市园林绿化处罚裁量基准（种苗部分）》进行修订。按照北京市法制办《关于规范实施行政处罚裁量基准制度的若干指导意见》重新划分裁量档次、阶次及具体标准，按照编码准则对生产经营假种子、生产经营劣种子、侵犯植物新品种权、假冒授权品种等37个处罚事项编制新的编码。根据基准的确定完成公示文本的编写。（北京市园林绿化局）

天津市林业知识产权

1. 开展打击侵犯林业新品种权专项工作

打击侵犯林业植物新品种权行为对于维护种苗市场秩序，保护农民利益，提高农民收入，推动自主创新，具有十分重要的意义，同时也是全面实施以生态建设为主的林业发展战略和贯彻落实国家保护知识产权战略的需要。天津市林业局高度重视，迅速按照国家林业局相关部门的要求，对全市林业系统打击侵犯林业植物新品种权专项行动做出总体部署。

为加强对专项行动的组织管理，保证各项工作落到实处，及时下发了《天津市林业局关于印发〈2017年天津市开展打击侵犯林业植物新品种权专项行动方案〉的通知》（津林站〔2017〕10号），出台了《2017年天津市开展打击侵犯林业植物新品种权专项行动方案》，形成主要领导亲自抓、分管领导具体抓、职能部门协力抓、一级抓一级、层层抓落实的工作格局，全市打击侵犯植物新品种权专项行动全面铺开。办公地点设在市林业局，并公布了举报电话和电子邮箱。

2. 加强知识产权宣传培训

采取多种形式宣传《国家知识产权战略纲要》《全国林业知识产权事业发展规划（2013—2020）》《中华人民共和国种子法》《天津市实施〈中华人民共和国种子法〉办法》《林业植物新品种保护》等相关法律法规及政策，增强了公众对林木种苗和林业知识产权保护相关法律法规及政策的了解，提高了社会各界对打击侵犯植物新品种权工作的重要性和必要性的认识，进一步强化依法治种和科技兴种，营造了良好的林木种苗发展环境。各区（县）结合自身实际，编印了形式多样的宣传手册等资料，充分利用网络、报刊、简报、电视、标语和宣传牌等新闻媒体广泛开展宣传活动；在重点林区和种苗生产经营集中地的道口、房屋墙体等显著位置设置宣传栏和张贴宣传标语，大力宣传关于打击侵犯植物新品种权涉及的法律法规和相关政策措施。8月，天津市林业局举办了2017年林业植物新品种保护培训班。（天津市林业局）

河北省林业知识产权

1. 加强领导，确保工作责任落实到位

为了进一步加强对林业植物新品种保护工作的领导，明确目标责任，把打击侵犯知识产权工作落到实处，2017 年河北省林业厅针对打击侵犯林业植物新品种权违法行为，成立了新的“打侵”工作领导小组，并按种苗执法权事项进行了明确分工及授权。打击制售假劣林木种苗和侵犯植物新品种工作得到各相关部门的高度重视。2017 年河北省在林业执法经费中，专项划拨 10 万元用于保障林木种苗执法和新品种保护工作的开展，形成各有侧重、齐抓共管的良好局面。

2. 突出重点，确保知识产权保护工作取得实效

2016 年 1 月 1 日，我国开始实施新修订的《中华人民共和国种子法》，对林业植物新品种保护工作提出更高的要求，根据新法的有关规定，河北省林业厅组织部署全省林木种苗执法检查工作，全面开展了以无证、无标签生产经营林木种苗行为为重点整治内容，以种苗生产、经营集中地和制售假冒伪劣种苗案件潜在高发地为重点整治区域，以重点查处侵权、假冒植物新品种权等违法行为为“打击”内容的专项行动，并将执法检查结果进行了通报，起到了加大林木种苗行政执法力度，严厉打击新品种侵权假冒和无证生产行为，维护正常种苗市场秩序的预期效果。2017 年 3～5 月，河北省林业厅对全省 11 个设区市的林木种苗执法情况进行了重点抽查。共抽查了 25 个县(市、区)、3 个省厅直属单位，涉及 35 个生产经营单位、13 个造林单位（含个人），28 个树种（品种），98 个苗批，没有发现侵犯植物新品种权的违法行为。

3. 广泛宣传，提高公众守法意识

在全省范围内开展了打击侵犯林业植物新品种权宣传活动。全省继续以贯彻实施《中华人民共和国种子法》和《植物新品种保护条例》为入手点，结合当前林木种苗生产销售的新情况，进一步加强宣传工作。一是制定了宣传工作方案，提出明确要求，印发各级林木种苗管理机构执行。二是利用网络、电视台、广播电台、报纸等新闻媒体发布公告，公开林木种苗违法案件举办电话等形式加强宣传。三是通过张贴宣传画、入村入户发放“明白纸”等形式强化宣传效果。四是加强培训。沧州、秦皇岛、廊坊在省级培训基础上，组织基层执法人员和种苗从业人员学习相关法律法规，提高从业人员知识产权保护意识。全省共发放各类宣传材料近 20000 份，出动宣传车 300 多台次，参加培训者达到 500 多人。

4. 加强管理，力保“两法衔接”信息共享平台畅通

按照省打侵办的统一部署，省林业厅接通了打击侵权假冒领域行政执法与刑事司法衔接信息共享平台，实现了行政执法机关之间、行政执法与刑事司法机关之间、行政执法与执法监督部门之间的执法、司法信息共享，完善了依法严厉打击侵权假冒违法犯罪行为的长效机制，确保了涉嫌犯罪案件“网上移送、网上受理、网上监督”，有利于提高执法透明度，规范案件移送、受理，解决“有案不移、有案不立、以罚代刑”难题。

5. 狠抓落实，确保侵权假冒行政处罚案件信息及时公开

根据《国务院批转全国打击侵犯知识产权和制售假冒伪劣商品工作领导小组关于依法公开制售假冒伪劣商品和侵犯知识产权行政处罚案件信息实施意见（试行）的通知》

（国发〔2014〕6 号）有关要求，为切实做好制售假冒伪劣林木种苗和侵犯植物新品种权行政处罚案件信息公开工作，国家林业局制定了《国家林业局公开制售假冒伪劣商品和侵犯知识产权行政处罚案件信息工作实施细则》。按照该细则和省打侵办关于信息公开的有关要求，林业厅在厅网站开设了专栏，并链接到省政府网站打击侵权假冒的专栏，对办理的侵权假冒类案件及时公开。（河北省林业厅）

山西省林业知识产权

1. 加强知识产权保护，鼓励知识融合创新

加强林业科技重大专项和科技计划知识产权管理，将知识产权内容纳入林业科技计划管理、成果管理、成果转化及产业化等各个环节，促进自主创新成果知识产权化，突出林业知识产权在林业科技创新活动中的引领和导向作用。强化林业植物新品种和地理标志产品培育及运用的标准制订，完善以地方标准为主的林业标准体系建设。

2. 加强优良品种创新培育，大力推广精品示范园区

加强林业遗传资源的保护，促进林业植物新品种和地理标志产品的培育。通过优良阔叶乡土树种选优，在山西省南中北不同立地区开展 15 个优良乡土阔叶树种优树的区域化试验，加强优良林木新品种繁育技术体系建设，建设适宜不同区域、不同利用目的的优良林木新品种繁育中心和示范基地。同时，加大核桃、红枣、仁用杏等干果经济林树种地理标志产品的培育。

3. 加强植物新品种保护力度，切实保障林业知识产权合法权益

加大林业植物新品种权保护力度，保护林业知识产权。山西省林业厅成立了打击制售假冒伪劣林木种苗、新品种侵权领导组，在全省范围开展“双打”执法专项行动，2017 年 11～12 月组织专门人员对全省 11 个市和省直九大林局的重点区域林业植物新品种侵权案件进行了抽查、检查、查处，保护林业新品种权人的利益不受侵害。

4. 开展宣传培训教育，提高大众认知影响力

广泛开展知识产权保护的宣传教育和相关培训工作。山西省林业厅于 8 月 2～4 日针对县级以上林业科技人员举办了“林业植物新品种保护暨林业知识产权保护”培训班，这次培训邀请了国家林业局科技中心有关领导及大专院校的专家为学员授课，就植物新品种保护、林业知识产权保护、生物安全、森林认证等林业科技理论知识和知识产权保护的前沿发展动向做了细致的讲解分析，为更好地开展相关工作打下了坚实的理论基础。

5. 加强能力建设，培养优秀人才队伍

加强平台建设，注重人才培养，升级林业知识产权信息服务，有效促进知识产权运用规模化。山西省今年完善了六大林业科技创新团队，促进产学研结合和老中青梯队科技人才队伍的建设。分别在多地组织了全省干果经济林管理技术服务团队培训班及现场观摩会议，为基层人才队伍建设打下坚实的理论基础，通过不断加强队伍建设，提高管理水平来支撑全省林业科技的发展。（山西省林业厅）

内蒙古自治区林业知识产权

1. 开展林业植物新品种保护工作

为了摸清全区林业植物新品种申请及保护情况，进一步打击侵犯林业植物新品种权行为，自治区林业厅印发了《内蒙古自治区林业厅关于继续开展打击侵犯植物新品种权专项行动的通知》（内林办发〔2017〕175号），公布了侵犯植物新品种权行为举报电话、电子邮箱，将林业植物新品种保护执法工作作为各级林业主管部门年度林业重点工作之一。各地积极行动，有效防范了本地区侵权事件的发生。摸底调查结果显示，内蒙古共取得了8项林业植物新品种权，其中有呼和浩特市北方绿化研究所培育的蒙林蓝柏、内蒙古蒙草生态环境（集团）股份有限公司培育的‘翠锦’1～4号、包头市林源生物技术有限公司培育的碧云杨和碧玉杨、通辽市汇丰林业发展有限公司自主培育的‘汇林88号杨’。调查过程中未发现侵犯植物新品种权案件及被侵权情况。

2. 加速知识产权成果应用

为进一步提高知识产权成果转化率，建立了林业科技成果信息发布制度，开展了项目库、科技需求库和成果库的“三库”建设；全区150余项科技成果、林木良种、专利入选国家林业科技成果库；对全区“十二五”期间林业科技成果进行了收集整理，从中筛选出135项编印成《内蒙古林业“十二五”科技成果集》；2017年重点推广了防沙治沙、经济林丰产栽培、节水智能滴灌等技术13项，推广示范面积5000余亩，建立科技示范点16个，培养经济林科技示范户100余户。

3. 强化知识产权宣传培训

利用会议、文件、新闻媒体等形式广泛宣传保护林业知识产权和打击侵犯植物新品种权专项行动，大力宣传贯彻国家、自治区知识产权相关法律法规和政策。同时，结合林业科技培训、送科技下乡、专题培训等活动，大力宣传专利、植物新品种、林产品地理标志和林业生物遗传等知识产权保护知识，提高林业科技人员保护林业知识产权和打击植物新品种侵权行为的意识，组织参加了“内蒙古自治区知识产权宣传周”和“内蒙古自治区科技活动周暨全区科普活动宣传周”等活动。2017年，全自治区共培训林业管理人员、技术人员、专业造林队伍、林业合作社、专业大户和农牧民10万余人次，通过报刊、电视、网络等发布林业科技信息3500余条，逐步提高林业知识产权创造运用、保护和管理能力。（内蒙古自治区林业厅）

辽宁省林业知识产权

1. 加强林业知识产权宣传培训

认真贯彻落实《国家林业局贯彻实施〈国家知识产权战略纲要〉的指导意见》《全国林业知识产权事业发展规划（2013—2020年）》和《辽宁省人民政府关于在新形势下加快知识产权强省建设的实施意见》精神，全面贯彻知识产权相关法律法规和政策；结合林业科技培训、送科技下乡、林业技术推广等，大力宣传专利、植物新品种、林产品地理标志、注册商标等知识产权知识；结合知识产权宣传周活动，利用有关农业、林业新产品、新技术展销会，技术推广培训，科普活动等，加大林业知识产权的宣传力度，增强创造和保护林业知识产权的意识，营造良好氛围。

2. 加强专利的申请和利用转化

结合科研项目，加强林业新技术、林木良种等的研发，并积极申请专利；对选育出的大扁杏、醋栗、核桃、榛子、板栗等经济林树种，红松、落叶松、杨树等用材林树种，核桃楸、黄菠萝、水曲柳等珍贵阔叶树种的良种和配套栽培技术等进行专利申请，获得的授权专利 5 个；新培育大果沙棘、杨树、爬地柏、柽柳、紫叶矮樱、花楸、梓树、桑树、黄杨、红瑞木等 80 多万株，提高了嫩枝扦插和造林成活率。

3. 加强行业监管，开展“打击侵权”执法行动

一是加大信息公开力度，将林业打击制售假劣种苗、侵权和假冒植物新品种权案件纳入政府信息公开范围，公开专项行动工作进展和成效，曝光典型案例；二是将林木种苗质量纳入绩效考核范围，促进各级林业主管部门抓好种苗质量管理；三是定期开展圃地苗木质量抽查，并通报结果，坚决打击制售假冒伪劣种苗等侵权行为；四是将良种苗木培育纳入林木良种补贴范围，通过政策引导、资金补贴、技术指导等手段，降低良种育苗成本与销售价格，压缩制售非良种苗木、劣质苗等侵权行为的市场空间。（辽宁省林业厅科技处）

吉林省林业知识产权

1. 健全组织，加强领导

吉林省林业厅根据国际、国内打击侵犯林业植物新品种权工作形势和要求，成立了林业植物新品种权保护工作领导小组，由主管厅长挂帅，相关部门领导参与，统一领导、指挥林业植物新品种权保护工作，确保了全省植物新品种权保护工作的全面贯彻落实。

2. 明确职权，分工负责

根据新品种权保护执法工作涉及多个部门的实际情况，明确全省由科技产业部门负责牵头林业植物新品种权保护执法工作，省林木种苗管理站、省林政稽查局、省森林病虫害防治检疫站共同配合植物新品种权保护的执法工作；同时要求各地、各单位要划分好各部门的工作权限，既要保证与省厅的畅通对接，又要保证各部门之间的密切协作，形成合力，共同抓好林业植物新品种权保护工作。

3. 统一部署，集中打击

吉林省林业厅把植物新品种权保护工作纳入了年度重点工作，列支了专项经费，统一部署了集中打击侵犯植物新品种权保护行动。同时，按要求公开了打击侵犯植物新品种权保护行为举报电话、电子信箱，并指定专人负责。

4. 强化培训，人才先行

目前有效的 799 件林业植物新品种权植物，大多属于南方树种，适宜在吉林省内生长繁育的极少。但吉林省林业厅着眼未来需要，要求各级有针对性地选拔一些专业人才充实执法队伍，同时要聘请本地区专家、教授建立人才库，做好了林业植物新品

种权保护工作的技术支撑，同时定期组织各层次培训，提高了从业人员素质。（吉林省林业厅）

黑龙江省林业知识产权

1. 制定 2017 年知识产权战略实施推进计划

落实《国家林业局贯彻实施〈国家知识产权战略纲要〉的指导意见》和《全国林业知识产权事业发展规划（2013—2020）》，认真学习、消化理解《黑龙江省知识产权战略纲要》和《实施黑龙江省知识产权战略纲要任务分解》。年初，黑龙江省林业厅及时召开专门会议，向厅直属科研院所及有关单位认真传达贯彻，并重点对植物新品种和特定领域知识产权的内容进行了细致的学习和讨论。林业厅科技处还向厅主管领导作了专题汇报，争取在政策和资金上的支持，并制定了“2017 年知识产权战略实施推进计划”。

2. 举办植物新品种权执法与保护培训班

为普及植物新品种知识，省林业厅聘请国内植物新品种领域专家，对植物新品种权保护及执法工作进行全面的政策解读，还发放了统一印制的《林业植物新品种保护行政执法办法》《中华人民共和国植物新品种保护条例》《中华人民共和国植物新品种保护条例实施细则（林业部分）》。通过培训，相关执法人员初步了解和熟悉了植物新品种的概念及相关政策、法律法规，提高了打击侵犯植物新品种权行为的能力，为今后知识产权保护和打假工作奠定了坚实的基础。（黑龙江省林业厅）

上海市林业知识产权

1．林业知识产权创新创造

2017 年，上海市林业系统共获得发明专利 8 项、实用新型专利 8 项，新增山茶属‘上植华章’‘上植欢乐颂’和‘上植月光曲’3 个植物新品种授权，植物新品种国际登录 4 项，取得软件著作权 8 项，获得第二十九届上海市优秀发明奖银奖和铜奖各 1 项；实现植物新品种的普通许可收入 200 万元；许可企业形成规模化生产基地 1200 余亩，种苗 600 万余株。2016—2017 年，在法国 Stervinou Nursery 开展茶花新品种试种，推进中国自主培育植物新品种的国际转化。

2. 林业知识产权执法保护

上海市落实林业植物新品种保护执法工作经费 2 万元，主要用于开展打击侵犯植物新品种权专项行动和执法人员培训。针对本市上年度森林资源减量的监测结果，上海市林业局开展了以打击非法占用林地、迁移林木、侵犯植物新品种权等涉林违法犯罪行为的稽查专项行动（以下简称“专项行动”），市林业局于 2017 年 3 月 23 日下发《关于开展涉林违法案件稽查专项行动的通知》（沪绿容〔2017〕106 号），组织全市林政执法人员开展专项行动。市林政稽查办在各区全面自查的基础上开展核查，对检查中发现的问题及相关处置建议通报各区，进一步开展案件查处工作。今年未收到举报和查处侵犯植物新品种权案件。

3. 林业知识产权宣传培训

上海市林业总站和上海植物园等单位，采取多种形式、多种渠道，充分发挥报刊、互联网等媒体的宣传辐射作用，加大打击制售假劣种苗和侵犯植物新品种权专项行动的宣传力度，普及优良品种和植物新品种保护知识，发放《林业植物新品种保护条例》手册及导读等资料累计3000余册。组织全市林政执法人员开展培训，全年共组织2期培训，学习新修订的《林业行政案件类型规定》、案卷制作规范、植物新品种保护的行政执法以及统计分析系统操作等内容，提升林政执法人员的专业素质。同时，建成了“上海市林业植物新品种数据库和信息共享平台”，为上海的植物新品种的管理和执法搭建了数字化管理平台。（上海市林业局）

江苏省林业知识产权

1. 加强林业植物新品种保护行政执法工作

2017年3月，江苏省林业局印发了《关于开展打击制售假劣林木种苗和保护植物新品种权工作的通知》（苏林办种〔2017〕2号），对打击侵权假冒工作进行了部署，明确了工作目标、工作重点和要求。各市、县组织对种苗市场相对集中的地区，开展了执法检查，整治和查处侵犯植物新品种权和制售假劣种苗行为。江苏省林业局把植物新品种保护执法工作纳入年度重点工作，并于2016年12月发文明确由江苏省林木种苗管理站行使省林木植物新品种保护行政执法工作。在江苏省林业网上公布了打击侵犯林业植物新品种权和制售假劣林木种苗举报方式，包括举报电话、电子信箱、江苏林业网举报投诉、联系人。组织各级林业主管部门开展了本辖区林业植物新品种权摸底调查。截至2017年底，江苏省共取得林业植物新品种授权50余项，新品种授权主要集中在南京林业大学、省林业科学研究院、省农科院等几家涉林科研教学单位。截至2017年12月底，没有收到林木植物新品种权案件调查申请或举报。

2. 开展林业知识产权培训工作

为提高林木种苗执法人员工作水平和实际操作能力，履行好《中华人民共和国种子法》赋予的职权，江苏省林业局于11月22～23日在无锡市举办了全省林木种苗行政执法及植物新品种保护培训班，培训市林业站站长和市、县具体从事林木种苗管理工作人员。（江苏省林业局）

浙江省林业知识产权

1. 加强宣传培训，夯实执法基础

针对全省林业植物新品种执法力量不足，种苗执法人员业务水平不高，种苗生产经营企业法制意识不强等突出问题，进一步加强依法治种宣传，加快林业种苗执法队伍建设，强化林业种苗行政执法技能培训，积极探索强化林业种苗行政执法的新路子、新措施。首先是加强林业种苗行政执法能力建设。2017 年 7 月份，在杭州举办了全省林业种苗行政执法培训班，讲解《中华人民共和国种子法》《中华人民共和国行政处罚法》等法律法规和假冒种苗、新品种侵权等典型案例及其行政执法操作实务，进一步提升种苗执法人员的法律素养和办案能力。全省各市、县（市、区）有 123 名种苗行政执法人员参加了培训。其次是加强林业种苗的普法教育。按照国家林业局场圃总站的统一部署，积极组织种苗干部职工、种苗从业人员参加《中华人民共和国种子法》网络知识竞赛，全省有 800 多人次参与了本次知识竞赛。同时，市、县种苗管理部门还通过举办培训班、发放宣传资料等形式普及有关种苗管理的法律知识。湖州市、温州市种苗管理部门通过举办林木种苗行政管理培训班，深入宣传贯彻《中华人民共和国种子法》《林木种子生产经营档案管理办法》和《林木种子包装和标签管理办法》等法律法规章。三是大力加强行政执法队伍建设。浙江省林业厅将种苗行政执法工作列入全省林业综合执法改革试点，积极探索强化种苗行政执法工作的新路子。2017 年 12 月初，省林业厅又专门在长兴县召开了全省林业综合行政执法改革推进会，部署林业行政综合执法试点工作，整合各方执法力量形成合力，不断强化林业行政执法工作。

2. 完善配套规章制度，规范种苗行业管理

认真贯彻落实《中华人民共和国种子法》的新规定、新要求，组织修订配套规章和规范性文件，进一步完善林业种苗管理制度。一是组织修订《浙江省实施〈中华人民共和国种子法〉办法》。通过认真调研讨论，与农业部门会商沟通，形成了修订初稿和修订论证报告上报省政府法制办公室进行立法评估，争取列入 2018 年省政府立法计划。二是加强林业种苗档案、标签等管理工作。三是组织修订种质资源库与品种审定管理制度。根据新修订的《种子法》的有关规定，省林业厅修订出台了《浙江省林木种质资源库管理办法》（浙林种〔2017〕31 号），明确了各级林业部门对种质资源库建设与管理的相关职责和要求，公布了浙江省第一批公共林木种质资源库目录，并要求有关林业部门依法设立保护标志，将包括良种基地在内的种质资源全部纳入保护范围。省林木品种审定委员会还组织专家修订出台了《浙江省林木品种审定技术规范》，进一步规范品种审定的技术要求。

3. 开展林业植物新品种权保护专项行动，加强种苗执法和新品种权保护

按照《国务院办公厅关于印发 2017 年全国打击侵犯知识产权和制售假冒伪劣商品工作要点的通知》精神和国家林业局有关部门的要求，将林业知识产权保护工作和种苗质量抽查工作作为 2017 年度重点工作，列入省政府对各市政府森林浙江建设目标责任书考核内容。5 月，省林业厅连续下发了浙林办种〔2017〕14 号、浙林办便〔2017〕153 号两个文件，对加强种苗执法和新品种权保护工作做出部署。开展林业植物新品种权保护专项行动。省林业厅要求各地林业部门开展授权品种繁殖、生产、销售场所的走访调查摸底，及时收集、汇总侵权假冒违法行为线索，严肃查处未经品种权人许可，以商业目的生产、销售授权品种，假冒授权品种以及销售授权品种时未使用其注册登记名称的违法行为，并公布了报送打击侵权假冒行政处罚案件网址和林业植物新品种侵权行政处罚案件举报电话及联系人。省打击侵犯知识产权和制售假冒伪劣商品工作领导小组办公室等 13 个部门下发了《关于印发浙江省外商投资企业知识产权保护行动方案的通知》，同时也对开展林业植物新品种权保护专项行动做了部署。截至2017年底，全省共有林业植物授权新品种117个，有效授权新品种106个，从各地检查情况看，新品种权人保护意识都比较强，新品种权均得到了有效保护，未发现侵权行为。(浙江省林业厅)

安徽省林业知识产权

1. 出台林业知识产权相关的政策文件

安徽省林业厅根据有关要求并结合安徽省的实际情况组织制定了《植物新品种保护条例行政处罚自由裁量权基准表》并印发各地执行，同时在省林业厅网站“安徽省林业厅现行有效规范性文件清单”专栏公开，进一步规范植物新品种保护的行政执法权利。另外，省政府出台的《实施创新驱动发展战略进一步加快创新型省份建设配套文件》(皖政办〔2015〕40号）明确规定：企业获国家审定的动植物新品种，省对每个新品种补助30万元。省林业厅也将对获得国家林业局审定的植物新品种，从项目、技术、资金、政策等各方面给予支持，以促进植物新品种培育和保护事业健康发展。

2. 开展打击侵犯林业植物新品种权专项行动

根据国家林业局要求，及时制定印发了《2017年安徽省林业厅打击侵犯林业植物新品种权专项行动方案》，并以林科函〔2017〕338号文印发全省各地组织实施。各市、县林业行政主管部门根据专项行动要求，负责组织开展本行政区域的林业专项行动。明确打击范围为：未经品种权人许可，以商业目的生产和销售林业授权品种的繁殖材料、假冒林业授权品种的行为，以及销售林业授权品种时未使用其注册登记名称的行为。重点打击对各种林木、花卉博览会、交易会等进行检查，严厉查处有关违法行为。

3. 调查摸底林业植物新品种权保护情况

通过实地查勘、电话咨询、查阅公告文件等方式进行了调查摸底。经调查，截至2017年底，安徽省有4个木本植物新品种获得了国家林业局授权，分别是由阜阳市颍泉区枣树行种植专业合作社申请的‘玉铃铛’枣、黄山市徽雅园艺有限公司申请的‘徽雅一号’冬青、安徽泓森高科林业股份有限公司申请的‘泓森楸’和‘泓森柳’。省林业厅科技处与种苗总站专门派人赴阜阳市颍泉区了解授权植物新品种的推广应用，以及侵权、假冒等情况。

4. 培训林业植物新品种保护行政执法人员

林业植物新品种保护行政执法人员应当熟练掌握植物新品种保护的相关法律法规和规章制度，以及相应的执法程序。2017年5月31日至6月2日，省林业厅在合肥举办第二期全省《中华人民共和国种子法》培训班，邀请国家林业局有关专家专题解读《中华人民共和国种子法》。培训班围绕贯彻施行修订后的《中华人民共和国种子法》，结合林业植物新品种权保护、林业系统打击侵犯知识产权和制售假冒伪劣商品工作，展开有关行政案例分析、林业“打假”工作等内容的讲解。(安徽省林业厅科技处)

福建省林业知识产权

1. 加大宣传培训力度，全社会林业知识产权意识有效提高

围绕“加强知识产权保护运用，加快知识产权强国建设”的主题，组织开展了2017年全省林业知识产权宣传周活动，并在福建省林业厅办公大楼一楼大厅设立了宣传栏，大力宣传国家、省知识产权相关法律、法规和政策。同时，结合新《中华人民共和国种子法》培训，邀请专家对植物新品种保护、行政处罚、行政处罚程序等内容进行讲解。各地、各单位结合开展林业系统科技活动周、文化科技卫生“三下乡”、全国科普日等活动，通过广播、电视、报刊、网络等媒体以及发放小册子的方式，全方位、多层次宣传林业知识产权保护工作的重要意义、主要任务、取得成效及相关法律法规。据统计，2017年全省共举办林业植物新品种保护与利用等方面内容的座谈、培训20多场，1000多人次参加活动，发放宣传资料5000多册。通过宣传培训，进一步增强了社会各界尊重知识、崇尚创新、诚信守法的知识产权意识，提高了林业知识产权创造、运用、保护和管理能力。

2. 注重知识产权运用，林业植物新品种推广示范成效明显

加强育种趋势预测、品种供需状况等综合信息提供的同时，鼓励和支持新品种研发单位（企业）通过完善基础设施、建设标准化示范基地、实施科学种植等措施，加快授权新品种推广应用。从目前情况看，福建省的授权新品种都得到了较好转化应用，例如，泉州市泉美生物科技有限公司现已建成红掌新品种标准化示范基地2万m^2，累计生产优质种苗4200万株（盆），产值5000万元以上，产品主要销往浙江、上海、广东、福建、北京、山东、河南等省（直辖市）以及日本、美国、丹麦、英国等国家；推广温室大棚种植面积达60万m^2，取得了明显的经济、社会效益。

3. 开展打击侵犯植物新品种权专项行动，林木种苗市场稳中向好

结合工作实际，各地认真落实《中华人民共和国种子法》《国务院关于新形势下加强打击侵犯知识产权和制售假冒伪劣商品工作的意见》和《国家林业局科技发展中心关于继续开展打击侵犯林业植物新品种权专项行动的通知》等，按要求成立专项活动领导小组，制定具体行动实施方案，明确目标、严格步骤，做到科技、种苗、执法等业务主管机构协同负责、密切配合，深入开展打击侵犯林业植物新品种权专项行动暨林木种苗执法工作检查。同时，在林业厅门户网站开通了行政执法报案平台，鼓励群众对侵犯植物新品种权案件和制售假劣林木种苗案件举报、信访和留言，并要求各地公布举报渠道，广泛征集案件线索及时报送至福建省林业执法总队。专项行动中未发现侵犯植物新品种权的案件，全省林木种苗市场环境呈现稳中向好的态势。（福建省林业厅）

江西省林业知识产权

1. 开展林业植物新品种保护调查摸底工作

积极贯彻落实《国家林业局科技发展中心关于继续开展打击侵犯林业植物新品种权专项行动的通知》（林技执字〔2017〕7号）文件要求，出台了《2017年江西省林业厅打击侵犯林业植物新品种权专项行动方案》，切实做好林业植物新品种保护各项工作。做好调查摸底，厘清全省情况。根据国家林业局提供的数据，截至2017年9月，江西省共有植物新品种16个。针对这16个植物新品种目前的授权、应用、许可使用和侵权等情况，江西省林业厅进行了全面的调查摸底。从调查摸底情况看，与去年相比，江西省在植物新品种应用种植和许可使用方面取得了较大的发展。‘福禄紫枫’、‘龙脑1号’、‘齐云山1号’等8个品种获得了较大规模的推广种植。在许可使用方面，德兴市荣兴苗木有限责任公司的‘福禄紫枫’在国内授权许可宁波、嘉善两家公司繁育推广，在国外授权许可法国萨博公司进行试种，并与瑞士苏黎世大学开展合作试验。调查摸底中未发现侵权假冒行为。

2. 加强林业植物新品种保护执法能力建设

继续做好新修订的《中华人民共和国种子法》的学习工作，重点是修订增设的关于植物新品种保护的章节。该章对植物新品种权的内容和归属、授予条件、授权原则、品种命名、保护范围及例外、强制许可等做了原则性规定。对植物新品种侵权行为的行政处罚由省级以上林业主管部门扩大到县级以上林业主管部门，大幅提高了对侵权假冒行为的民事赔偿标准和行政处罚力度。为了做好新《中华人民共和国种子法》的学习，特别是加强林业植物新品种保护的执法能力，省林业厅科技处协同法规处、省林木种苗局等相关业务部门继续抓好新种子法的培训宣传工作，同时在江西林科网开通专栏，设置林业植物新品种保护远程教育课程，要求各设区市、省直管县组织本地区县级以上林业执法人员认真学习，提高执法人员办案能力。

3. 提供有针对性的知识产权保护指导

上饶德兴市荣兴苗木公司选育开发并拥有品种权的枫香属林业植物新品种‘福禄紫枫’具备常彩叶、全色叶、紫红色、生长快等特点，具有极高的观赏价值和经济价值。近年来，多家国外研究机构和企业上门寻求合作。为了开展林业植物新品种对外合作，省林业厅多次到‘福禄紫枫’试验繁育基地考察调研，就该公司与瑞士苏黎世大学、法国萨福公司合作开展繁育试验、欧洲市场推广等进行指导，针对对外合作中知识产权保护、惠益分享等方面应该注意的问题加强宣传教育，并积极履职将该合作项目上报国家林业局。同时，省林业厅2017年牵头组织了考察团赴法国和瑞士，就合作方资质、试验条件、引种苗木生长情况等进行了实地考察调研，为了做好新品种资源保护、合作试验惠益分享、共同开发欧洲彩叶绿化苗木市场等工作进行了深入的沟通交流。目前，江西省首批送至法国试种的500株‘福禄紫枫’一年生嫁接小苗，在萨博公司法国基地生长良好，各种特异性表现正常，与原产地荣兴苗木公司基地一样得到稳定一致表达。在法国与北美枫香的嫁接试验显示，‘福禄紫枫’利用北美枫香作为砧木进行嫁接育苗切实可行，试种获得成功。双方现已正式进入授权推广洽谈阶段。

4. 开展打击侵犯植物新品种侵权专项行动

根据要求，省林业厅在下半年部署开展了一次全省集中打击侵犯植物新品种侵权行动，并主动将举报方式等在省林科网上公布。通过上下联动、部门联动，形成了打击侵犯植物新品种权行为的高压态势，取得了较好的影响。集中行动中未收到林业植物新品种侵权举报，也未发现相关侵权行为。

5. 做好《江西省林木种子条例》林业植物新品种部分修订

协同省种苗局做好《江西省林木种子条例》林业植物新品种部分的修改，参照《中华人民共和国种子法》《中华人民共和国植物新品种保护条例》《中华人民共和国植物新品种保护条例实施细则（林业部分）》《林业植物新品种保护行政执法办法》和《关于加强对外合作与交流中生物遗传资源利用与惠益分享管理的通知》（环发〔2014〕156号）等法律法规和相关文件，结合江西省林业植物新品种保护的实际情况逐条研究，制定相关条文，并且结合省政府法制办意见进行讨论和修改。新修订的《江西省林木种子条例》中新品种保护部分一章四节于2018年1月1日起施行。

6. 林业专利产业化推进项目进展顺利

吉安市江西林科龙脑科技股份有限公司承担的国家林业局2016年度林业专利产业化推进项目“天然右旋龙脑提取设备产业化推广应用”进展顺利，建成天然右旋龙脑粗加工厂房1760m²，建立了年生产天然右旋龙脑40t的生产线，提升龙脑樟鲜枝叶的提取率到1.08%，如期完成任务合同约定的各项考核指标。（江西省林业厅科技与国际合作处）

山东省林业知识产权

1. 召开全省林业科技创新大会

2017年10月16日，在济南召开全省林业科技创新大会，会议全面总结“十二五”以来全省林业科技发展成就，在加强林业知识产权管理和植物新品种保护方面做出了重要安排部署，为今后一个时期内林业知识产权工作指明了方向。会上印发了《山东省林业厅关于进一步加强林业科技创新工作的指导意见》（鲁林科发〔2017〕37号），以“新品种、新技术、新标准、新模式、新产业”为重点，通过实施林业知识产权管理等六大工程，重点加强林业植物新品种保护、林业生物种质资源保护、林业专利技术保护和林产品地理标志保护，进一步提升林业知识产权创造、保护、管理和应用水平。

2. 开展林业植物新品种保护专项行动

根据《国务院关于新形势下加强打击侵犯知识产权和制售假冒伪劣商品工作的意见》(国发〔2017〕14号)、《国务院办公厅关于印发2017年全国打击侵犯知识产权和制售假冒伪劣商品工作要点的通知》(国办发〔2017〕46号)、《国家林业局科技发展中心关于继续开展打击侵犯林业植物新品种权专项行动的通知》（林技执字〔2017〕7号）等要求，山东省林业厅成立了由分管厅领导任组长、林政处、科技处、公安局、种苗站、信息中心、林业科学研究院等有关单位主要负责人为成员的领导小组，印发了《山东省林业厅关于印发〈2017年打击侵犯林业植物新品种权专项行动方案〉的通知》，在全省范围布置开展打击侵犯林业植物新品种权违法行为专项行动，通过加强组织领导，健全执法机构，强化督导检查，依法严厉查处植物新品种侵权假冒等违法行为，确保林业植物新品种权保护工作落到实处。

3. 开展林业植物新品种权督导检查

山东省林业厅于2017年11月8日下发《关于开展林业“双打”检查调研工作的通知》（鲁林科函字〔2017〕28号），省林业厅科技处会同种苗站、林业科学研究院先后赴潍坊、淄博、东营、济宁、泰安、临沂、烟台等市进行工作调研和检查督导，采取听取有关工作情况汇报、座谈交流、现场察看等方式，实地检查了相关育苗企业，详细了解了种苗生产经营、植物新品种权保护等情况，并就做好林业“双打”工作，提出了意见和建议，达到了预期效果。截至2017年底，山东省林业植物新品种授权数量累计180件，位居全国前列，其中2017年新增林业植物新品种授权数量27个。2017年11月13～16日，山东省组织开展全省打击侵犯假冒伪劣绩效现场考核，根据工作安排，山东省林业厅与省工商局等单位一起赴聊城、德州两地开展绩效现场考核，省林业厅同时对17个地市的“双打”工作进行考核打分。

4. 强化林业植物新品种宣传培训

山东省林业厅高度重视林业植物新品种宣传培训。一是建立宣传专栏，在省林业厅网站开辟了“林业双打信息”专栏，公布举报电话及联络方式，及时发布有关工作动态。目前已经发布宣传各类林业植物新品种保护信息26条，全省未发现侵犯植物新品种权和假冒授权品种的情况，也未收到群众的投诉和举报电话。二是强化信息报送，坚持林业部门查办案件统计月报制度、林业行政处罚案件信息公开月报制度、林业“双打”动态信息报送和山东省互联网领域侵权假冒行为治理统计上报制度，强化“两法”平台衔接。三是强化培训，为进一步加强全省林业植物新品种保护工作，全面提升林业植物新品种保护执法水平。2017年12月4～6日，省林业厅在济南举办全省林业植物新品种保护和标准化工作培训班，邀请了有关专家讲授林业植物新品种权申请与相关法规、林业行政执法与《林业植物新品种保护行政执法办法》解读等内容。各市林业局负责林业植物新品种保护执法工作的（科）站长、业务骨干，各有关林业科研院所负责人、业务骨干，省林业厅有关处室单位执法人员共80余人参加了培训。

5. 组织参加全国《中华人民共和国种子法》网络知识竞赛

为进一步学习宣传贯彻落实新《中华人民共和国种子法》，推动促进种苗管理人员掌握相关种苗法律知识，使广大林木种苗从业人员知法、懂法和依法从业，从而更好地加强和促进种苗管理工作，国家林业局于2017年5月15日至6月28日在国家种苗网举办“《中华人民共和国种子法》网络知识竞赛”活动。山东省通过印发文件通知、QQ群等多种形式在全省范围内组织市、县两级林业主管部门人员、种苗机构人员、国有场圃人员、广大种苗生产经营者以及社会各界关心支持种苗事业人士积极踊跃参与竞赛活动。山东省共有5556人参与答题活动，参赛人数全国第二，全省有25人获奖，其中一等奖4人、二等奖6人、三等奖15人，达到了预期的学习宣传效果。（山东省林业厅科技处）

河南省林业知识产权

1. 开展打击侵犯林业植物新品种权专项行动

根据国家林业局《关于继续开展打击侵犯林业植物新品种权专项行动的通知》，结合《林业植物新品种保护行政执法办法》和河南省《2017年度（区、市）打击侵犯知识产权和制售假冒伪劣商品违法犯罪活动绩效考核办法的通知》安排和部署，河南省林业厅把植物新品种保护工作纳入重要议事日程，下发了《2017年打击侵犯林业植物新品种权专项行动方案的通知》（豫林科〔2017〕83号），从2017年5月至10月在全省范围内组织开展了为期6个月的打击侵犯植物新品种权和假冒伪劣种苗的专项行动，并成立了由主管厅长牵头，科技处主要负责协调，省种苗站、省林业科学研究院、省森林资源数据管理中心等单位领导参加的“河南省林业厅打击侵犯知识产权和制售假冒伪劣商品工作领导小组”，同时要求全省各省辖市及直管县林业主管部门也成立工作领导小组，坚决打击侵犯知识产权和制售假冒伪劣种苗行为。

2. 加强林业知识产权宣传

为进一步做好林业知识产权保护工作，充分利用新闻媒体、宣传图版、过街条幅等形式广泛宣传保护林业知识产权的意义和重要性，宣传有关法律法规，形成保护林业知识产权和打击侵犯植物新品种侵权、制售假冒伪劣种苗行为的高压态势，积极引导全社会力量依法保护林业知识产权，合法使用植物新品种权。结合送科技下乡和专题培训活动，宣传知识产品保护方面的知识，提高林业科技人员保护林业知识产权和打击侵犯植物新品种权行为的意识。2017 年，河南省林业厅科技处多次组织省林业科学研究院、河南农业大学、驻马店农业科学研究所等单位有关林业科技专家赴驻马店市上蔡、南阳桐柏县开展扶贫科技下乡服务活动，在送科技下乡活动中多次举办知识产权保护专题辅导讲座。

3. 强化林业植物新品种保护执法

2017 年，河南省林业厅严格按照《中华人民共和国森林法》《中华人民共和国种子法》和《中华人民共和国植物新品种保护条例》等法律法规的规定，认真贯彻落实《林业植物新品种保护行政执法办法》，规范行政执法程序，强化林业植物新品种保护执法，服务林业发展。坚持大力宣传林业植物新品种保护法律法规，2017 年 1 月，河南省林业厅组织负责植物新品种保护工作的人员，参加河南省行政执法考试，由河南省人民政府法制办办理了河南省行政执法证书。2017 年 5 月举办了有 86 人参加的全省林业系统植物新品种保护执法人员培训班，进一步规范了植物新品种保护行政执法行为，促进了严格规范公正文明执法。2017 年 5 月上旬，河南省林业厅种苗站组织人员对全省保护林业知识产权和打击制售假冒伪劣林木种苗工作开展情况进行督查，对植物新品种侵权假冒情况进行摸底调查。2017 年 10～11 月，河南省林业厅科技处组织 3 个检查组对全省各地林业系统打击侵犯植物新品种和打击制售假冒伪劣林木种苗工作开展情况进行了考评验收。2017 年，河南省未发现侵犯植物新品种及制假、售假林木种苗的违法行为，也未发现侵犯林业知识产权的侵权违法行为。（河南省林业厅）

湖北省林业知识产权

1. 加强知识产权战略实施组织领导

认真贯彻落实《国家林业局贯彻落实〈国家知识产权战略纲要〉的指导意见》《全国林业知识产权事业发展规划（2014—2020）》《湖北省知识产权十三五发展规划》精神，成立了以分管厅长为组长、相关处（室）负责人为成员的领导小组，明确目标任务，落实工作责任。向社会公布了全省林业系统“打击制售假劣林木种苗和侵犯植物新品种权”举报电话和邮箱，将林业知识产权保护执法工作纳入林业科技年度重点工作，并划拨 10 万元专项经费用于植物新品种保护工作。

2. 着力提升林业科技创新能力

2017年，共申报“一种罗田甜柿专用肥配方”“一种核桃白条天牛防治方法”等国家发明专利9项、实用新型专利5项；“一种植物蛋白胶刨花板及其制备工艺”“一种湿地松大树针叶束水培育苗方法”等2项国家发明专利获授权，“一种湿地松大树针叶束水培育苗方法”等6项实用新型专利获得授权。专利申报数比2016年增加27.3%，授权数比2016年增加125%。获国家植物新品种授权的“楚林保魁”核桃是湖北省首个核桃植物新品种。

3. 扎实开展植物新品种执法专项行动

严格落实《中华人民共和国种子法》及《林业植物新品种保护行政执法办法》等相关规定，在全省范围内开展了为期6个月的打击侵犯林业植物新品种权专项行动，分别对林木种苗生产经营企业、个体育苗户以及种苗交易市场、种苗集散地等区域进行了重点清查，依法打击未经品种权人许可、以商业目的生产或者销售林业授权品种的繁殖材料、假冒林业授权品种的行为，严查销售林业授权品种时未使用其注册登记名称的行为。通过专项行动的开展，及时发现和制止侵权行为，依法维护种苗生产经营秩序，保护品种权人的合法权益，提高了广大群众对林业知识产权的认识，增强了全社会对知识产权的保护意识、维权意识。

4. 加大法规宣传贯彻力度

一是深入开展贯彻实施新修订《中华人民共和国种子法》学习培训活动，分别在潜江、仙桃、随州、神农架、孝感、恩施、黄冈举办了《中华人民共和国种子法》培训班，培训人数500余人。2017年5～6月组织全省林业系统干部职工和林木种苗行业从业人员参加了《中华人民共和国种子法》网络知识竞赛，7月湖北省代表队参加国家林业局场圃总站举办的《中华人民共和国种子法》现场知识竞赛并获得二等奖。10月在宜昌举办了“全省林业植物新品种保护培训班”。二是广泛开展《中华人民共和国种子法》宣传活动，通过印制宣传资料、悬挂横幅、制作展板、实地宣讲等活动，利用网络、报刊杂志、电视等各种媒体广泛宣传。三是开展《中华人民共和国种子法》执法检查，10月下旬，省人大常委会副主任王玲一行实地检查了宜昌市长阳县高家堰和龙舟坪镇清江盆景园、板桥铺林业苗木基地《中华人民共和国种子法》实施情况，检查结束后，省人大常委会召开了专题汇报会，听取了农业厅、林业厅贯彻实施《中华人民共和国种子法》情况汇报。（湖北省林业厅）

湖南省林业知识产权

1. 健全知识产权保护工作机制，落实相关文件精神

湖南省林业厅高度重视知识产权保护工作，根据岗位人员变动及时调整了打击侵犯植物新品种权专项行动领导小组成员，落实了林业植物新品种保护专项工作经费，明确了省级林业行政执法权由省森林公安局行使、相关处（室）配合开展打击侵犯植物新品种权专项行动的工作机制；认真学习贯彻国家林业局《2017年加快建设知识产权强国林业实施计划》《林业植物新品种保护行政执法办法》和湖南省打击侵犯知识产权和制售假冒伪劣商品工作领导小组《2017 年湖南省打击侵犯知识产权和制售假冒伪劣商品工作要点》等一系列有关知识产权的文件，扎实落实有关文件精神并及时反馈问题和建议。

2. 开展打击假冒侵权专项行动，营造公平竞争的市场环境

根据国家林业局和省林业厅的统一部署，在全省扎实开展了打击假冒侵权专项行动，省、市、县三级都设立了专项行动举报电话、电子邮箱，明确专人负责，及时收集、汇总侵权案件线索，接受社会监督。截至 2017 年底，全省林业系统未发现侵犯知识产权案件。省林业厅一是印发了《湖南省林业厅办公室关于进一步加强林业行业打击侵犯知识产权和制售假冒伪劣商品工作的通知》，制定了《湖南省林业厅打击制售假劣林木种苗和保护植物新品种权专项行动实施方案》，在全省开展了林木种苗行政执法抽查和打击侵犯知识产权林木种苗专项整治行动，将打击假冒侵权工作的重点放在源头管控上，同时建立了林木种苗质量的可追溯机制，坚决打击各类侵犯知识产权违法行为，净化林木种苗市场，维护了林木种苗生产者和植物新品种权人的合法权益；二是组织开展了全省打击侵犯植物新品种权专项行动，进一步规范了植物新品种权管理工作，对全省已获得授权的 23 个植物新品种和种苗生产经营单位的质量情况通过湖南林业门户网站向社会进行公示。各地结合实际开展了摸底调查，重点检查了已授权品种的繁殖、生产、销售环节，包括苗圃、繁殖场、种苗（花卉）交易市场、经营门店等场所，确保无侵犯植物新品种权案件发生。2017 年 12 月，省林业厅对全省专项行动开展情况进行了总结，形成了《湖南省林业厅打击植物新品种权专项行动工作总结》及林业植物新品种侵权假冒案件统计表。

3. 开展 2017 年知识产权宣传周活动，组织特色活动

根据国家林业局、省双打办通知要求并结合湖南省林业的实际情况，制定了活动方案，认真组织开展了一系列宣传活动。一是在厅办公楼电子显示屏及湖南林业电子政务网以 2017 年知识产权宣传周活动为主题进行了专题宣传，并在湖南林业科技网站发布了近年来湖南省林业领域主要科研成果、标准、专利技术；二是在“湖南林业微信公众号”上发布了 2 期专栏宣传，在厅办公楼放置宣传展板 18 块，发放宣传手册和宣传单 1000 余份，重点宣传推介湖南省近年来获授权的 23 个林业植物新品种、知识产权林业领域的法律法规、专业知识和湖南省林业知识产权工作的突出成果；三是在中部林业产权交易服务中心发布了湖南省 100 项拟转让的林业专利技术和科研成果；四是安排部署厅直各单位根据实际情况，围绕知识产权宣传周活动主题，开展知识产权讲座、展板宣传、悬挂宣传横幅等特色活动。

4. 加强培训，努力提高依法行政工作能力

2017 年，湖南省林业厅举办了“全省林业植物新品种权保护暨林木种苗行政执法培训”和“全省打击侵犯知识产权和假冒伪劣商品工作培训班”，省厅和各市（州）林业局“双打办”负责人、科技科科长、种苗站站长、林业科学所所长和厅直各单位科研处处长及部分承担项目的科研人员共 200 余人次参加培训。为拓展视野，提升管理能力，湖南省林业厅还积极组织参加了国家林业局举办的关于林业植物新品种保护的培训班。(湖南省林业厅)

广东省林业知识产权

1. 加强林业知识产权保护宣传与普及

在广东林业网林业知识产权双打信息公开专栏转载《国家知识产权战略纲要》《中华人民共和国专利法》《中华人民共和国种子法》《中华人民共和国植物新品种保护条例》等有关知识产权的法律法规和有关规定，介绍广东省地理标志产品、林业发明专利和已授权的林业植物新品种，鼓励和引导有关单位和科技人员积极从事专利、植物新品种和地理标志产品的申请、运用和保护。根据国家林业局和省知识产权局的统一部署，结合庆祝第 17 个世界知识产权日，广东省林业厅于 2017 年 4 月下旬开展了以“注重林业创新效益，加快知识产权创造”为主题的知识产权宣传周活动，利用“送林业科技政策种苗下乡暨林业知识产权宣传活动”，现场发放《林业知识产权宣传手册》，并提供咨询服务，大力宣传知识产权知识，提高了公众的知识产权保护意识。另外，广东省林业厅每年参与《广东知识产权年鉴》的编写工作，让社会更进一步了解林业知识产权工作。

2. 开展打击侵犯林业植物新品种权专项行动

根据国家林业局要求，广东省林业厅制定并于 2017 年 5 月印发了《2017 年广东省林业厅打击侵犯林业植物新品种权专项行动方案》，对全省开展专项行动工作进行了具体部署，明确专项行动的目标任务、打击范围、行动安排及工作要求；同时，在广东林业科技网上公开了打击侵犯林业植物新品种权专项行动举报电话、电子邮箱及联系人，及时收集侵权假冒行为线索；于 7 月份印发了《关于开展 2017 年林业植物新品种权实施情况摸底调查的通知》，在全省组织对已授权林业植物新品种权的实施情况进行全面调查摸底，基本掌握了广东省授权林业植物新品种的推广应用和侵权、假冒情况。

3. 举办林业植物新品种保护培训班

为保证林业植物新品种保护行政执法人员能熟练掌握植物新品种保护的相关法律、法规和规章制度及相应的执法程序，省林业厅于 2017 年 11 月初举办了植物新品种保护培训班，对县级以上执法人员开展植物新品种保护培训，使执法人员的办案能力得到提高；省林业厅指导全省相关执法部门严格按照法律开展工作，统一尺度，保证相关法律的有效实施。在摸底调查的基础上，执法检查工作小组在 11 月中旬开展了林业植物新品种权保护执法检查，重点检查授权品种的繁殖、生产、销售环节，包括苗圃、繁殖场、种苗（花卉）经营、交易场所。打击侵犯林业植物新品种权专项行动开展以来，广东省未发现林业植物新品种权侵权行为。（广东省林业厅科技处）

广西壮族自治区林业知识产权

1. 专利申请与授权数量持续增长

2017 年，广西林业系统共申请专利 44 件，全部为发明专利，获得专利授权 37 件，其中发明专利 31 件、实用新型专利 6 件。同时，在专利资助与奖励方面也有所进步，办理南宁市专利资助 24 项（14 项专利资助，10 项奖励），共计 47455 元。

2. 专利成果转化成效显著

着重推进授权专利技术的转化及应用，为企业解决生产技术难题，为企业发展做科技支撑，加快科技成果转化。2017 年，广西林业科学研究院“从杉木油中提取柏木烯和柏木醇的方法”“一种柠檬桉油单离香茅醛的方法”“一种利用沼渣栽培姬菇的方法”等 3 项专利转让给相关企业，转让价格 32.5 万元；“八角有效成分莽草酸提取的开发研究”成果转让给广西国有六万林场下属企业建设八角综合加工利用项目，转让价格 240 万元，该项目于 2017 年 10 月 12 日竣工投产。

3. 开展打击侵犯植物新品种权专项行动

2017 年 9 月，有关部门采取以市、县级联合自查为主和自治区级抽查为辅的方式，在全自治区范围内组织开展打击侵犯植物新品种权专项行动，目的是有效遏制侵权、假冒植物新品种违法行为，保护品种权人合法权益。全自治区共出动执法人员 160 人次，检查育苗单位 140 个，检查行动中未发现侵权案件。

4. 加强林业知识产权宣传培训

通过多种渠道开展林业植物新品种保护宣传活动，形成尊重知识、尊重人才、激励发明创造、依法维护权益的良好氛围和各方面支持林业植物新品种保护的环境。2017 年，从厅机关、广西林业科学研究院选派了 4 名干部参加国家林业局举办的林业植物新品种保护培训班；全区涉及林业植物新品种保护宣传的报刊报道 5 条、电台报道 7 条、网络报道 35 条、板报宣传 71 期，举办集中宣传活动 89 期，发放宣传资料 7 万多份，张贴标语横幅 650 条，出动宣传车 433 车次。（广西壮族自治区林业厅）

海南省林业知识产权

1. 加大新品种研发和引进力度

大力培育新品种。全省新研发花卉新品种 20 多个，已申报待批新品种保护的品种 4 个（蝴蝶兰 1 个、石斛兰 1 个、红掌 2 个），推广应用石斛兰 5 个。加大新优品种引进力度。共引进新品种 13 个，其中蝴蝶兰品种 8 个，景观树种 5 个。

2. 加快林木新优品种培育和审定工作

海南省林木品种审定委员会在加快林木新优品种培育中继续发挥重要作用。2015 年 6 月 15 日印发了《海南省林业厅关于成立海南省林木品种审定委员会的通知》（琼林〔2015〕102 号），正式成立了海南省林木品种审定委员会，负责海南省区域内林木品种审定（认定）工作。委员会下设办公室、观赏植物专业审定组、经济林专业审定组和生态用材林专业审定组。办公室设在海南省林木种子（苗）总站，负责受理林木品种审定日常工作。观赏植物专业审定组、经济林专业审定组、生态用材林专业审定组承担相应林木品种审定的审（认）定工作。2016 年 4 月 18 日印发了《海南省主要林木品种审定办法》（琼林〔2016〕73 号），进一步加强了全省林木品种管理，规范了林木品种引进、选育和推广工作，为公正、公开、科学、及时审定或认定适宜推广的林木品种，促进海南省林木良种推广使用发挥了积极作用。目前正在开展第二批林木良种审定工作。（海南省林业厅）

重庆市林业知识产权

1. 召开重庆市林业科技创新大会，把知识产权保护纳入重点工作

重庆市林业科技创新大会全面总结了全市“十二五”林业科技创新工作成效，充分肯定了林业知识产权保护取得的成果，要求全市林业系统提高对知识产权保护工作重要性的认识，积极采取措施加大对林业知识产权的保护力度，认真做好依法打击制售假冒伪劣林木种苗和侵犯植物新品种权行为的工作。会议出台的《关于深入实施创新驱动发展战略促进林业科学发展的实施意见》(渝林科〔2017〕5 号)、《重庆市“十三五”林业科技创新发展实施方案》(渝林科〔2017〕3 号）等重要文件，均把林业知识产权保护工作纳入了重点工作范畴。林业植物新品种权保护工作已被列为重庆市知识产权工作“十三五”规划的重点。

2. 扎实开展打击侵犯制售假冒伪劣林木种苗和林业植物新品种权执法工作

2017 年年初，重庆市林业局印发了《重庆市林业局关于做好 2017 年度打击制售假冒伪劣林木种苗和侵犯植物新品种权行政执法工作的通知》（渝林科〔2017〕6 号），全面部署了执法检查工作。重点开展了对无证生产、经营林木种苗行为，生产经营假冒伪劣林木种苗行为，虚假林木种苗广告行为和违反油茶良种壮苗生产“四定三清楚”行为等的执法以及林木种苗档案建立、完善、管理制度执行情况等的检查。6 月 10 日至 8 月 10 日期间，重庆市林业局组织督导组对潼南区、铜梁区、秀山县、彭水县、忠县、丰都县等 6 个区（县）的林业知识产权保护工作情况开展了市级督导，并根据督导结果做出了《关于 2017 年打击制售假冒伪劣林木种苗和侵犯植物新品种权行政执法督导情况的通报》（渝林科〔2017〕30 号）。2017 年 9 月，重庆市林业局下发了《重庆市林业局关于开展林木种苗执法专项行动的通知》（渝林科〔2017〕26 号），再次对无证生产，经营种苗，生产经营档案不全，超范围生产、经营种苗，生产、经营假冒伪劣种苗，乱引滥繁，虚假广告，未审先推等违法行为进行了重点查处，收到了较好的效果。10 月 31 日至 11 月 1 日，由市林业局领导带队，联合市政府法制办、市检察院、市知识产权局对巫山县、奉节县 2017 年开展打击侵权假冒工作的情况进行了现场检查，重点检查了打击制售假冒伪劣林木种苗和侵犯植物新品种权行政执法情况。

3. 认真开展林业知识产权培训和宣传

2017 年 10 月 30～31 日，组织开展了全市林木种苗执法及植物新品种保护培训，邀请国家林业局场圃总站和国家林业局科技发展中心的专家来渝授课，就《中华人民共和国植物新品种保护条例》、林业植物新品种保护行政执法办法、违反林木种苗及植物新品种管理法规行为的有关解释等内容对各区（县）相关负责人进行了培训。12 月，组织人员参加了国家林业局科技发展中心举办的林业植物新品种保护培训班。

4. 认真开展林业知识产权的摸底调查工作

2017 年 8 月，有关部门下发了《关于开展 2017 年林业植物新品种权摸底调查工作的通知》，集中在 8 月、9 月对林业植物新品种权开展摸底调查工作，重点调查授权植物新品种的繁殖、生产、销售各环节，包括苗圃、繁殖场、种苗（花卉）交易市场、经营门店等场所，查清侵权、假冒等违法行为以及申报植物新品种权情况。经调查核实，重庆市目前已授权林业植物新品种 1 项，即重庆比德夫园林有限公司拥有自主知识产权的‘银碧双辉’桂花；已申报正在审查过程中的有 1 项，即嘉陵 20 号桑树植物

新品种。通过调查摸底，不但进一步掌握了全市依法使用植物新品种权的现状，而且使各区（县）和各单位进一步加深了对依法保护使用植物新品种权的认识和理解。

5. 扎实开展核桃遗传资源调查编目工作

在国家林业局科技发展中心的指导下，重庆市林业局组织力量调查掌握各类数据、信息，并对具有特异性状的资源开展实地调查、确认和标记。截至2017年底，全市已完成16个区（县）57个乡（镇）的219个核桃单株的调查；收到并完成161份核桃样品的室内基础数据的测量，其中157份样品已完成营养成分检测；基本完成了重庆市核桃遗传资源调查编目实施方案所确定的目标任务。（重庆市林业局）

四川省林业知识产权

1. 加强林业知识产权宣传培训

结合省知识产权局举办的“4·26”知识产权宣传周活动，广泛宣传《国家知识产权战略纲要》《中华人民共和国植物新品种保护条例》和《全国林业知识产权事业发展规划（2013—2020年）》，并将知识产权宣传工作贯穿于林业科技创新中。通过大力宣传林业专利、植物新品种权等知识产权保护知识，提高全省林业行业知识产权保护意识。省林业科学研究院邀请资深专利代理人为科技人员进行了林业领域专利申请技巧培训。

2. 注重知识产权管理和保护

四川省林业厅把知识产权保护纳入了林业科技研究、推广、开发、产业发展的全过程，规定重大林业科技项目在立项前要经过专利检索；同时，指导省林业科学研究院出台了《四川省林业科学研究院科技成果转化管理办法》（川林研〔2017〕8号），从加强科技成果转化的管理，规范科技成果使用、处置和收益管理等方面进行了规定，以利于维护产权人的合法权益。

3. 开展打击侵犯林业植物新品种权专项行动

2017年4月，四川省以“川林科函〔2016〕371号”文，安排部署了打击侵犯林业植物新品种权专项行动，并作为“双打工作”重点之一。文件要求各地在专项行动中注重林业植物新品种权人的举报与申诉，重点检查授权品种的繁殖、生产和销售环节，严厉打击未经品种权人许可，以商业目的生产或者销售林业授权品种繁殖材料或假冒授权品种的违法行为，以及销售林业授权品种时未使用其注册登记名称的行为。截至目前，全省未发生侵犯林业植物新品种权的案件。（四川省林业厅）

贵州省林业知识产权

1. 开展打击侵犯林业植物新品种权专项行动

按照国家林业局科技发展中心《关于继续开展打击侵犯林业植物新品种权专项行动的通知》文件要求，省林业厅制定了《贵州省林业厅2017年打击侵犯林业植物新品种权专项行动方案》。2017 年 7 月 6 日，省林业厅科技处联合贵阳市林业局种苗站，深入清镇市的相关单位、企业开展植物新品种权保护执法检查工作，采取听取汇报和现场抽查相结合的方式，详细了解了清镇市林业局对植物新品种权保护工作的情况，并对在此项工作中存在的问题和下一步的工作进行了指导；现场抽查了清镇市宜信绿化苗木基地等场所，详细检查了植物新品种权保护情况，检查中未发现侵犯林业植物新品种权违法行为。同时检查组也对监管单位管理中需要改进的问题提出了整改意见，并在检查过程中着重宣传了新修订的《中华人民共和国种子法》和《林业植物新品种保护行政执法办法》。

2. 举办林业植物新品种保护行政执法和质量管理培训班

为进一步学习贯彻落实《中华人民共和国种子法》及其配套法规，全面提高林木种苗、林业植物新品种保护执法能力，2017 年 8 月 23～25 日，省林业厅在贵阳举办了全省林木种苗、林业植物新品种保护行政执法和质量管理培训班。市（州）、县两级林业种苗站站长共 120 余人参加培训。北京林业大学专家以案说法讲解了行政处罚程序规范；国家林业局南方林木种子质量检验中心专家讲解了林木种苗质量抽查程序及往年贵州省林木种苗质量存在的问题和建议；省林业厅科技处讲解了林业植物新品种保护相关内容；省种苗站分别讲解了《中华人民共和国种子法》条文释义、林木良种选育及申报程序、林木种苗管理制度暨质检员网络培训平台，还现场演示了林木种子生产经营许可证管理信息系统操作。（贵州省林业厅科技处）

云南省林业知识产权

1. 加强林业知识产权工作组织领导

2017 年，云南省人民政府建立了知识产权战略实施工作联席会议制度，把云南省林业厅纳入成员单位，通过联席会议制度进一步加强了与各部门的工作联络交流，共同推进云南省知识产权战略实施。云南省林业厅以《全国林业知识产权事业发展规划（2013—2020 年）》为指导，结合《云南省人民政府办公厅印发关于新形势下加快知识产权强国建设实施意见重点任务分工方案的通知》（云政办函〔2017〕5 号）《2017 年云南省知识产权战略实施推进工作指导意见》等文件要求，根据云南省林业特点和实际，抓好林业知识产权重点工作和重大活动的组织实施，切实有效地推进本地区的知识产权保护工作。

2. 促进知识产权创造，提升林业知识产权数量和质量

（1）提升林业知识产权创造能力

为提高云南省林业科研创新集成能力，增加科技成果产出，云南省林业厅着力推进林业产业和重要生态系统保育两大技术体系建设，选择核桃（薄壳山核桃）、澳洲坚果、油茶、西南桦（旱冬瓜）、云南松、思茅松、华山松、秃杉、沉香、龙竹（甜龙竹）等 10 类树种，热带雨林、热带季雨林、季风常绿阔叶林、亚热带常绿阔叶林、温性针叶林、天然竹林、寒温性针叶林、干热河谷、喀斯特森林、高原沼泽湿地等 10 个云南省重要或特有生态系统作为主要研究对象，依托科技创新平台，形成由首席科学家、岗位科学家组成的创新团队，探索建立长期稳定的技术创新体系财政投入机制，促进云南省林业全产业链、生态链长期、持续的科技创新和成果推广示范。

（2）积极培育和申请国家植物新品种权

2017年，云南省共有云南云秀花卉有限公司、云南省农业科学院花卉研究所、云南锦苑花卉产业股份有限公司、大理苍山植物园生物科技有限公司、云南特色木本花卉工程技术研究中心、中国科学院昆明植物研究所等6家单位的12个品种获得国家林业局授予的植物新品种权，云南省获得国家授予的植物新品种累计已达到139个。

（3）做好云南省植物新品种注册登记工作

根据《云南省园艺植物新品种注册保护条例》，云南省林业厅植物新品种注册登记办公室继续推进植物新品种注册登记工作。2017年，共审查受理了云南省农业科学院花卉研究所、云南农业大学、云南英茂花卉产业有限公司等单位的50件申请，经审查后授予注册登记品种45件，云南省林业植物注册登记新品种累计达到441个。

（4）推进核桃遗传资源调查编目工作

2017年，云南省积极推进林业生物遗传资源保护，在前期核桃资源调查收集的基础上，进行查缺补漏，收集核桃种质资源3属9种1327份，并开展了资源遗传多样性和叶绿体基因组测序，在基因银行登记注册与核桃抗寒相关的基因9个。目前正在构建云南核桃种质资源DNA条形码，同时在昆明树木园开展50亩核桃种质资源收集圃的建设工作。项目组参加了全国核桃遗传资源调查编目工作研讨培训，并就核桃遗传资源编目的调查范围、组织实施、技术路线、取得成效及下一步工作计划等内容进行了经验交流。

（5）加大地理标志产品保护力度

云南省进一步加强对特色林产品的保护力度，林产品地理标志注册登记工作成绩显著，截至2017年底，云南省经国家质监局批准的地理标志保护林产品达到8件，经农业部登记的地理标志林产品也达到8件，工商总局地理标志证明商标注册林产品达30件，涉及木本油料、林下药材、林化等多种林产品。

3. 加强知识产权保护，开展专项行动打击侵权假冒违法行为

（1）积极开展专项整治行动

按照《2017年云南省打击侵犯知识产权和制售假冒伪劣商品工作要点》（云打假办〔2017〕12号）和《国家林业局科技发展中心关于继续开展打击侵犯林业植物新品种权专项行动的通知》的有关部署，云南省林业厅于5月向各州（市）林业主管部门印发了《云南省林业厅办公室关于开展2017年全省打击侵犯林业植物新品种权和制售假冒伪劣林木种苗专项整治活动的通知》。各州（市）根据通知要求，逐级落实工作责任，加强种苗生产经营秩序整顿和质量监管，及时报送了专项整治活动方案及活动情况总结报告，确保专项行动的顺利实施。

（2）摸底调查植物新品种侵权行为

根据国家林业局有关工作部署和《外商投资企业知识产权保护行动方案》等要求，2017年7～10月，由省种苗站组织开展了侵权情况摸底调查，向云南省内获得国家植物新品种权的企事业单位发放问卷调查了解被侵权品种、主要侵权人、侵权起止时间、侵权地点、繁殖材料获取的方式（市场购买、偷盗和其他）、扩繁规模或经营数量、所获得的经济效益、对侵权事件的处理情况等。为方便社会各界参与专项行动，提供侵权假冒行为的线索，公布了举办电话、邮箱和联系人，努力维护品种人合法权益。

(3) 重点加强执法检查

各州（市）全面开展种苗质量检查，认真查处无证生产经营种苗，超许可范围生产、经营种苗，生产经营假劣种苗（以非良种种苗冒充良种种苗、不合格种苗冒充合格种苗），调运和销售无证无签林木种苗，发布虚假广告，侵犯植物新品种权等种苗违法行为。2017 年 6～7 月，国家林业局林木种苗质量检验检测中心（长沙）、云南省林木种苗工作总站对昆明市、曲靖市、楚雄彝族自治州、玉溪市、红河哈尼族彝族自治州、文山壮族苗族自治州等 6 个州（市）下属 10 个县（区）19 家育苗单位的 71 个苗批开展了国家级苗圃地抽查；8 月对昆明市、玉溪市、红河哈尼族彝族自治州、曲靖市下属 6 个县 18 个苗批开展了造林地苗木质量抽查，对普洱市、西双版纳傣族自治州、保山市、德宏傣族景颇族自治州、临沧市下属 9 个县（区）12 家育苗单位的 14 个苗批开展了省级检查。全年共查处种苗违法案件 5 起，涉案类型 2 类，涉案苗木 6.0219 万株，涉案金额 20.26 万元，有力打击了林木种苗违法行为，维护了林木种苗生产、经营、使用者的合法权益。

4. 加强宣传和培训

2017 年 4 月，云南省林业厅以知识产权宣传周为契机，以“创新创造改变生活，知识产权竞争未来”为主题，加强网络宣传，充实有关知识产权的法律法规政策文件，发布了有关知识产权工作的信息共计 6 篇，宣传了知识产权强国战略新目标新任务、云南省林业植物新品种授权等有关内容，有关信息在云南省人民政府门户网站、云南日报、新华网等平台转载。为进一步规范林业行政执法，提高林业行政执法队伍整体素质，省林业厅于 2017 年 9 月 4～6 日召开了全省林木种苗和植物新品种保护执法人员培训会议，培训对象为全省县级以上部门的有关执法人员，培训内容包括《中华人民共和国植物新品种保护条例》《中华人民共和国植物新品种保护条例实施细则》等法律法规的讲解、申请书填写、品种选育报告撰写等内容。通过培训，既加强了新品种保护的宣传，也强化了队伍的能力建设，对于引导新品种培育者积极培育和申请植物新品种保护工作具有重要意义。

5. 加大经费政策支持

不断强化财政对知识产权保护和技术研发的资助政策，2017 年 3 月，省政府印发了《实现 2020 年全省 R&D 经费投入占 GDP2.5% 实施方案（试行）》，促进财政资金向科技成果产权化、知识产权产业化方向倾斜。省科技厅、省林业厅主要领导参加了第一次会商工作会议，建立了两厅协同创新决策机制，推动云南省科技厅设立了林业重大专项和林业重点研发项目，并在云南省林业科学院开展改革试点，实现了林业研发投入显著增长，加强了林业知识产权创造的经费保障。云南省林业厅向省科技厅报送了“授权林业植物新品种、审定林木品种补助项目实施方案”，积极争取对获得林业植物新品种权和品种审定证书的单位进行财政补助，支持育种者继续开展林木品种选育工作、积极推广优良新品种，构筑林业知识产权优势。（云南省林业厅）

西藏自治区林业知识产权

西藏自治区林业厅组织多个工作组在全区范围内，对林业重点工程开展了为期 2 个月的种苗质量检查和打击违法销售假冒伪劣林木种苗的专项整治行动。2017 年

4月9～25日，对拉萨市、山南市、日喀则市、林芝市开展林木种苗质量、三证一签抽查。

根据《关于开展2017年打击侵权假冒重点工作督导检查的通知》（藏打假办〔2017〕9号）文件，西藏自治区林业厅作为打击侵权假冒工作领导小组成员单位参加了此次打击侵权假冒重点工作的督导检查，检查中未发现林木种苗假冒伪劣和侵犯植物新品种权案件。

为贯彻落实《国务院关于新形势下加强打击侵犯知识产权和制售假冒伪劣商品工作的意见》（国发〔2017〕14号）精神，进一步加强打击制售假劣林木种苗和保护植物新品种权工作，维护公平竞争的种苗交易秩序。根据工作需要和人员变动情况，自治区林业厅调整了厅打击侵犯知识产权和制售假冒伪劣商品工作领导小组成员。领导小组的办公室设在林业厅造林绿化处，负责打击制售假劣林木种苗和保护植物新品种权日常工作，领导小组下设机构有秘书组、督察组、法规组，明确了各部门的主要职责。（西藏自治区林业厅）

陕西省林业知识产权

1. 开展知识产权宣传活动

陕西省林业厅结合全省打击侵权假冒工作电视电话会议要求，将知识产权法律法规列入“七五”普法年度计划，大力宣传关于打击制售假冒伪劣林木种苗和保护植物新品种权工作涉及的法律法规和相关政策；在陕西省林木种苗网开设《中华人民共和国种子法》宣传栏，结合科技下乡活动，深入基层宣传，向育苗单位和农户印发宣传资料1000份，通过送法上门，普及法律知识，引导生产经营者树立法制意识，依法开展生产经营活动；榆林、汉中等市（区）在春季种苗交易期间向生产经营者宣讲制售假冒伪劣林木种苗应承担的法律责任；组织各级林业部门、种苗管理机构，以及良种基地、苗圃的干部职工、从业人员参加国家林业局组织的《中华人民共和国种子法》知识竞赛，全省参赛人数达1300多人；9月对市县种苗管理机构执法人员进行种苗行政执法专题讲座培训，邀请森林公安执法骨干指导模拟现场执法，要求种苗执法人员做到熟悉法律条文、掌握执法程序和文书制作规范，进一步提高了种苗管理执法人员的业务水平；2017年11月开展全省林业行政处罚案卷评查暨执法人员植物新品种执法培训，进一步规范林业执法行为，提高林业执法水平。

2. 积极组织开展打击侵犯植物新品种权工作

陕西省林业厅印发了《陕西省林业厅2017年打击侵犯知识产权和制售假冒伪劣商品工作要点》和《陕西省林业厅2017年陕西省打击侵犯林业植物新品种权专项行动实施方案》，从强化重点治理、加强林产品质量监管、加大打击力度、推进协作执法、健全奖惩机制、推进法治文化建设等方面对2017林业系统双打工作做出部署；同时明确了打击侵犯林业植物新品种权专项行动目标、任务和时间节点。为确保打击侵犯植物新品种权工作顺利开展，陕西省林业厅设立打击侵犯植物新品种权活动领导小组，公布了侵权举报电话。根据国家林业局植物新品种保护管理办公室公布授权的植物新品种情况，省林业厅组织人员对相关单位和个人进行摸底调查，摸清林业植物新品种情况，梳理侵权范围及危害程度，从严管林木种苗生产准入入手，推动植物新品种保护，确保工作取得成效。（陕西省林业厅）

甘肃省林业知识产权

1. 加强组织领导，制定详细工作方案

甘肃省林业厅将保护植物新品种，打击侵犯植物新品种权作为知识产权保护与管理的重要内容并予以高度重视，由省林业厅分管科技工作的领导亲自抓新品种保护与管理工作，在科学技术处设立新品种保护与管理办公室，负责日常工作；认真贯彻落实国家林业局关于植物新品种保护有关要求，召开专题会议研究落实方案，集中开展林木种苗打假和植物新品种保护专项整治工作，稳步推进“两法衔接”信息平台建设运用。

2. 加快知识产权制度体系建设

甘肃省林业厅认真贯彻落实《甘肃省知识产权战略实施纲要》，积极开展知识产权保护工作，与省知识产权局、省打击侵权假冒办公室等部门密切配合，不断加大打击侵权违法力度，打击林木、种子方面的侵权行为，维护知识产权所有人的合法权益。2017年10月，按照省知识产权局关于《协助提供开展实施知识产权战略十周年评估材料的函》要求，对省林业厅实施知识产权战略十周年工作进行了全面总结，报送了评估材料。

3. 认真开展打击侵犯植物新品种权行动

一是开展打击侵犯植物新品种权工作。省林业厅打假工作领导小组召开了专题会议，明确了2017年植物新品种工作目标、重点任务，在对全省植物新品种权实施情况进行摸底调查的基础上，组织开展了全省打击侵犯观赏植物和经济林植物新品种权，重点整治违规使用注册商标、仿冒伪造生产经营许可证、质量认证标志、虚假标识及未经权利人授权，盗用已授权品种、专利、地理标志进行营利性种植、繁殖、生产和销售的侵权违法行为。二是举办植物新品种培训班。省种苗管理局分别在庆阳、天水、徽县举办了植物新品种保护、林木种质资源调查、良种基地建设负责人培训班，解读了《中华人民共和国种子法》实施后在植物新品权保护方面的变化，包括制度、法律法规、保护措施等，并组织作了《林业植物新品种行政执法办法》的系统讲座。

4. 加强执法检查，积极创建合法经营环境

按照国家林业局《关于贯彻实施〈林业植物新品种保护行政执法办法〉的通知》精神，省林业厅打假工作领导小组召开了专门会议，明确了年度植物新品种工作目标、重点任务。在对全省植物新品种权实施情况进行摸底调查的基础上，组织开展了全省打击侵犯观赏植物和经济林植物新品种权，重点整治违规使用注册商标、仿冒伪造生产经营许可证、质量认证标志、虚假标识及未经权利人授权，盗用已授权品种、专利、地理标志进行营利性种植、繁殖、生产和销售的侵权违法行为的专项行动。行动期间，甘肃省林木种苗管理局组织人员到全省主要林木种苗和花卉生产基地和销售市场，对生产销售假冒、伪劣的行为进行专项检查，及时查处违法行为。在对侵权假冒行为形成有力震慑的同时，不仅有效保护了新品种权所有者的合法权益，也广泛宣传了新品

种权保护与知识产权保护工作。

5. 加强部门协作，突出打击行动成效

为使专项打击行动取得良好成效，在行动期间，省林业厅加强与省打假办、省知识产权战略实施工作联席部门间的沟通协调，进一步完善行政执法与刑事司法衔接，落实有关制度规定，将打击侵犯植物新品种权专项行动与其他有关的专项活动有机结合，形成合力效应，有效打击侵犯植物新品种权行为。同时，及时将行政执法中查办的涉嫌构成犯罪的案件移送司法机关处理，防止以罚代刑。有效遏制侵权、假冒植物新品种违法行为，规范植物新品种交易市场，保护品种权人合法权益，激励创新，促进植物新品种培育，推动植物新品种保护事业健康发展。

6. 加大市场监管力度，维护市场秩序

认真学习贯彻落实新《中华人民共和国种子法》。省林业厅结合甘肃省实际，制定印发了《甘肃省林业厅贯彻落实新修〈中华人民共和国种子法〉工作方案》，对贯彻落实新《中华人民共和国种子法》总体要求、重点任务和具体措施做了安排部署。开展对植物新品种使用的监督检查。加大整治和查处侵犯授权品种、专利和地理标志，进行营利性生产和销售的违法行为，严厉打击未经品种权人许可，以商业用途为目的侵权的单位和个人。

7. 采取有效形式，广泛宣传专项行动

利用各种形式和途径，有效发挥“两法衔接”信息平台作用，及时发布开展打击侵犯、假冒林业植物新品种权违法行为专项行动的有关信息。省林业厅、市（州）林业（农林、生态建设管理）局充分利用门户网站、新闻媒体，对专项行动进行跟踪报道，形成打击植物新品种侵权、假冒行为的舆论氛围和高压态势，积极引导全社会尊重知识产权，合法使用植物新品种。在甘肃林业网“办事指南”专栏中，加载《中华人民共和国植物新品种保护条例》《中华人民共和国植物新品种保护条例实施细则（林业部分）》、《林业行政处罚程序规定》《植物新品种申请流程》等信息，让更多公众了解有关植物新品种权的基本知识和信息。（甘肃省林业厅）

青海省林业知识产权

1. 大力宣传国家知识产权战略和林业植物新品种保护

利用科技活动周、科普宣传日、党员活动日、举办培训班、基层调研及林业植物检疫执法等活动，重点宣传了《青海省贯彻落实国家知识产权战略行动计划（2014—2020 年）实施意见》《中华人民共和国种子法》《植物新品种保护条例》《林业植物新品种保护行政执法办法》及《林业行政处罚程序规定》等法律法规，进一步提高了公众法律意识；积极引导全社会尊重知识产权，合法使用植物新品种，形成打击植物新品种侵权、假冒行为的舆论氛围和高压态势。林农初步认识到了知识产权保护制度对建设创新型国家有着至关重要的意义，知识产权保护意识不断增强。2017 年省林业厅结合全省知识产权工作推进计划（2017—2020 年），举办了标准化建设、森林认证等多期培训班，培训人员达210余人次。发放宣传资料1000多份。

2. 开展打击侵犯植物新品种权专项行动

为进一步加强林业植物新品种权行政执法，贯彻落实国务院打击侵犯知识产权和制售假冒伪劣商品的决策部署，促进植物新品种培育，推动植物新品种保护，省林业厅根据《2017年国家林业局打击侵犯林业植物新品种权专项行动方案》，制定印发了《2017年青海省林业厅打击侵犯植物新品种权专项行动方案》，通过青海省林业信息网站向社会公布侵权举报电话、投诉地址及电子邮箱；2017年4月，结合全省林木种苗工作检查，厅科技处和省林木种苗站组织相关工作人员深入基层开展调查摸排侵权专项行动，重点核查国有林场、苗圃、企业及花卉交易市场、经营门店等场所，排查中未发现侵权案件；与基层林业行政执法人员、专业技术人员、林农座谈，宣传植物新品种保护相关政策法规，使更多的人关心和支持品种权保护。

3. 推进软件正版化工作

认真贯彻落实《国务院办公室关于印发政府机关使用正版软件管理办法的通知》，巩固软件正版化工作成果，省林业厅印发《2017年推进使用正版软件工作实施方案》，组织人员对全厅所有计算机操作系统、办公软件和杀毒软件进行检查，清理卸载盗版软件，安装正版软件，并将软件正版化经费纳入部门预算，确保软件正版化工作资金到位，为进一步确保网络信息安全、提升和巩固使用正版软件工作成效奠定了基础。（青海省林业厅）

宁夏回族自治区林业知识产权

1. 知识产权专项政策法规执行与战略布局

2017年，认真贯彻执行《国家林业局贯彻实施〈国家知识产权战略纲要〉的指导意见》和《全国林业知识产权事业发展规划（2013—2020年）》，紧密围绕产业发展、国家级研发平台的社会需求和在前沿技术上的突破，以特色枸杞、葡萄、生态经济与生态景观植物优新品种选育、种苗繁育、特色枸杞产品精深加工和葡萄脱毒与病毒检测技术、葡萄无毒苗木培育等作为专利的布局点，从产业需求到研发需求进行专利技术申报，并结合林业特点，以枸杞、葡萄，生态型、生态经济型、生态景观型等特色植物新品种、新技术的开发为着眼点，全面开展新品种保护、林木良种审定、地方标准制定等知识产权的申报。

2. 修订完善林业知识产权管理规章制度

重新修订完善了知识产权相关管理办法，将知识产权的申报与新产品开发、科技创新、科研成果奖励等结合，将科研项目产出科技成果与生产一线产出科研成果相结合，以科技服务生产，以生产促进研发，形成互助、有效的激励机制，鼓励科技人员不断地创新，为产业提供技术与品种支撑。

通过知识产权管理制度的建立完善，明确了知识产权工作办公室的工作职责以及知识产权管理工作流程，提高了知识产权管理效率。明确了知识产权奖惩办法以及知识产权工作考核办法，将知识产权工作纳入职工的年度考核指标中，提高了在林木植物新品种、林木良种、专利、地方标准等方面的申请量与产出。

3. 开展林业知识产权培训交流工作

积极组织对林业知识产权相关工作人员进行业务培训，尽最大努力为他们创造学习交流的机会，帮助知识产权管理和技术人员在实践中增长才干，多出成果。在培训中注重外训与内训的结合，外训主要指参加自治区有关部门举办的各项知识产权专业知识培训和聘请有关专家进行知识产权专项讲座，内训主要以技术业务培训为主。2017 年，有多人参加了由自治区知识产权局、银川市兴庆区科技局、自治区科技信息所等组织的知识产权相关培训，自办知识产权专业知识培训 8 场次，培训 300 余人次。通过培训提高了科研人员及技术人员对植物新品种保护、专利申请、标准申报重要性认识，充分调动了科技人员科研创新的积极性。（宁夏回族自治区林业厅）

新疆维吾尔自治区林业知识产权

1. 加强林业知识产权管理，支持和鼓励发明创造

为提升林业知识产权创造、保护、管理和运用水平，将知识产权保护、利用与科技管理工作有效结合，一是在科技计划项目立项中强调知识产权保护，要求项目承建单位始终把注重知识产权保护贯彻项目建设全过程各环节，加强技术创新的同时，创造更多具有自主知识产权技术，并及时申请专利等；二是在科技合作中要求各合作方以书面形式明确界定在合作中产生的知识产权权属问题，针对林业科技推广示范项目，申报者如有使用非本人或本单位科技成果，要求务必在项目申报书后附成果使用协议，充分保护成果完成人利益。2017 年，新疆未发生科技成果侵权行为。随着全国科技体制改革深入发展，新疆主要涉林科研机构出台并实施了《科技成果管理办法》等一系列激励措施，科技人员创新能力进一步提升，专利等林业知识产权数量不断增加。2017 年，新疆林业系统共获授权专利 52 项，较去年同期增长 35%，其中，发明专利 23 项、实用新型专利 29 项，其中有 1 项专利获批国家林业局专利产业化推进项目；另外，还获得计算机软件著作权 11 项，出版论著 5 部。

2. 加大林业知识产权保护力度

修改完善《新疆维吾尔自治区实施〈中华人民共和国种子法〉办法》，相继制定出台《新疆维吾尔自治区林木良种补贴工作管理办法（试行）》《新疆维吾尔自治区林木良种补贴检查验收办法》《新疆维吾尔自治区林业保障性苗圃管理办法》《新疆维吾尔自治区林业保障性苗圃考核办法》等一系列文件，全面加强种苗“两证一签”管理，防止低劣种苗进入市场；对全疆 3 个地州市、15 个县、市（区）生态工程造林苗木质量、侵犯林业植物新品种权进行督查，共涉及 13 个树种（品种）、31 个苗批，苗批合格率达 93.5%，有力保障了林业重点工程建设质量。

3. 加强林业知识产权执法队伍建设

新疆维吾尔自治区林业厅先后培训知识产权执法人员 5 人次；通过网络教育平台对全疆 331 名种苗质检员进行了系统的培训；举办 2 期林木种苗管理人员实用技术现场培

训，培训人数 160 余人。近年来，新疆一直未发生过知识产权执法纠纷。

4. 扎实开展知识产权宣传

全面加强林业科技知识产权宣传，积极营造有利于知识产权产出和保护的舆论环境。2017 年，新疆林业厅以“世界知识产权宣传日”主题活动、科技“三下乡”、“林业实用技术进村入户”等为契机，组织 60 余名工作者开展林业知识产权宣传活动，发放各类宣传资料 2 万余份，相关书籍 3000 册，设置展板 60 块，受教育群众 1.5 万人次。(新疆维吾尔自治区林业厅)

黑龙江省森林工业总局林业知识产权

1. 将积极申报和用好专利渗透到企业经营行为中

2017 年度新申请专利 69 项，其中，发明专利 21 项，实用新型专利 48 项；获得专利授权 28 项，其中发明专利 11 项；获得软件著作权 4 项；组织 2017 年专利资助资金项目的申报，推荐 23 项，获得资助项目 16 项，其中，发明专利 10 项；共获得黑龙江省知识产权局奖励资金 1.1485 万元；围绕知识产权工作积极开展专利周和送科技下乡等活动，严格贯彻落实中央和省委关于实施知识产权战略，支持创新驱动发展的精神，把规范知识产权状况、用好知识产权资源落到实处；建立以企业为主体、市场为导向的知识产权转移方式，通过研发和购买专利实现产品升级换代，达到产业转型的目的。

2. 强化知识产权试点工作，加强人才培养和培训

重点做好黑龙江省带岭林业科学研究所、黑龙江省林副特产研究所、黑龙江省牡丹江林业科学研究所的省级和国家部委级知识产权试点单位的工作，推动知识产权工作在全林区的开展；落实了林业植物新品种和良种保护管理条例，提高了林业植物新品种保护意识，促进了新品种的转化应用；组织相关人员，积极参加知识产权方面的专题培训，更广泛地开展了知识产权文化建设；严格贯彻落实中央和省委关于实施知识产权战略，支持创新驱动发展的精神。

3. 制定和完善落实调动科技人员积极性、创造性的政策

充分调动科技工作者申报和持有专利的积极性，通过专利的转移促进科研院所与企业、高校的知识流动，促使全系统的人才培养和科技资源共享。(黑龙江省森林工业总局)

大兴安岭林业集团公司林业知识产权

1. 加强知识产权创造、运用和保护

大兴安岭林业集团公司制定了《大兴安岭 2017 年专利事业发展战略推进工作实施方案》，使专利事业发展有方向、有保障、有长远规划，将集团公司的工作纳入到黑龙江省和国家林业局专利事业发展的大盘子中；对 1 家省级专利试点企业进行了验收；通过多方谋划，组织 2 家企业申报了 2017 年黑龙江省专利优势企业创建项目。

2. 加大知识产权宣传力度

联合工商局、质监局、公安局、烟草专卖局等部门举办了“4·26”全国知识产权宣传周大兴安岭活动；开展了迎庆“十九大”大兴安岭地区“十八大”以来知识产权成就展活动；全面总结了“十八大”以来大兴安岭地区专利事业的发展成绩以及企业在创建专利优势企业过程中起到的带头示范作用；通过宣传展示、发放资料、现场咨询、电台行风热线答疑等方式，向广大群众详细讲解了专利申请的途径、流程、受理范围、专利保护运用以及如何识别假冒专利、商标等；弘扬了知识产权文化，加强了社会各界知识产权保护意识，进一步激发创新创造热情，营造更加包容开放的创新环境；提高了知识产权工作的显示度，增加对专利的关注度和保护意识；加强了执法部门之间的沟通，为下一步的联合执法奠定了基础；向黑龙江省知识产权局上报了2次活动的总结情况，积累了宣传经验；在黑龙江省知识产权局网站上发布了2条信息，使我区工作与黑龙江省知识产权局有了及时沟通交流。

3. 推进知识产权执法工作

把知识产权执法作为重点工作；与编制办公室多次沟通，签发了大兴安岭地区行署地科技局变更为大兴安岭地区行署科技与知识产权局的申请；积极参加了黑龙江省知识产权局举办的知识产权执法培训，提升了大兴安岭地区行署科技与知识产权局工作人员的执法能力；与黑龙江省知识产权局签订了实行严格专利保护的委托合同；推进全省专利行政执法“全覆盖”；与省知识产权局多次沟通学习执法程序，在执法案源中多方寻访，发现一些产品标识不规范的企业，力争实现执法案件零突破；转变优化政府职能，按照省政务服务事项标准化和地区编制办公室政务公开的要求，梳理了专利侵权裁决等行政权力清单，进行了专利资助资金等政务服务事项办事指南信息网上录入工作；启动再造工作流程，从体制机制上推动工作流程简化、优化，提升服务质量效率。（大兴安岭林业集团公司科技信息部）

内蒙古大兴安岭重点国有林管理局林业知识产权

1. 健全知识产权制度

内蒙古大兴安岭重点国有林管理局（以下简称“管理局”）高度重视知识产权保护工作，进一步健全和完善知识产权制度，建立健全知识产权培训和奖励制度，加大对知识产权的资助和补助力度；加强知识产权的管理，建立林业知识产权管理体系，由科技处牵头作为林业知识产权管理的职能部门，明确管理细则，做好服务保障工作，在涉及知识产权纠纷时，帮助知识产权所有人维权。

2. 提升知识产权能力建设

为了进一步加强林业知识产权工作，保护科研人员的智力成果，管理局向内蒙古自治区人力资源和社会保障厅申请了“内蒙古大兴安岭生态建设及产业发展”专家服务基地，专门从事专家服务活动（包括对专家的知识产权的保护）。该基地在2015年经自治区人力资源和社会保障厅批准，成为内蒙古自治区首批5个专家服务基地之一。专家服务基地的建设推进了管理局林业知识产权工作的深入发展，建立健全了管理局知识产权的长效机制，优化了专家服务基层工作平台，为专家服务基层智力的成果提供了有力的支持和保障。这个基地在 2017 年 7 月晋升为国家级专家服务基地，并于 10 月 13 日在管理局正式挂牌成立，标志着管理局的知识产权保护体系日趋完善。

3. 加强林业知识产权宣传、培训工作

加强林业知识产权的宣传和培训力度。一是通过电视、报纸、悬挂横幅、设立咨询台、发放宣传单等多种形式进行林业知识产权方面知识的宣传，新闻报道 120 余次，悬挂横幅 40 个，设立咨询台 2 个，向职工发放林业知识产权、商标法等宣传单 5000 余份，宣传活动取得了预期效果；二是举办多种形式的知识产权培训活动，将管理人员送出去培训，邀请专家对知识产权战略、专利权保护等内容进行培训，培训人员 17000 人次以上。通过培训，极大地提高了技术人员和管理人员对知识产权的保护意识，同时提高了管理人员对知识产权方面的认识和处理能力，懂得了技术创新和知识产权的关系，促进了技术创新课题的开展和成果的保护。（内蒙古大兴安岭重点国有林管理局科技处）

吉林森工集团林业知识产权

1. 建立知识产权工作专项资金

为做好林业知识产权工作，吉林森工集团累计投入资金 200 万元，专门用于单位内部知识产权创造、运用、保护和管理各环节工作，切实保障知识产权工作有效运转，其中，技术研发费用 60 万元，知识产权获取、维持费用 20 万元，知识产权实施费用 20 万元，信息网络建设费用 30 万元，知识产权宣传培训费用 20 万元，知识产权奖励费用 30 万元，知识产权战略研究等费用支出 20 万元。2017 年，吉林森工集团通过不懈的努力，在知识产权方面取得了显著的成果：申请发明专利 2 项，获授权 1 项；申请实用新型专利 5 项，获授权 3 项；申请外观设计专利 10 项，获授权 8 项。知名品牌有泉阳泉牌矿泉水、金桥牌实木地板、露水河牌刨花板、红宝石牌中密度板、创达牌中密度板。驰名商标有露水河牌刨花板、金桥牌实木地板、泉阳泉牌矿泉水。

2. 完善知识产权管理规章制度

吉林森工集团积极深入研究知识产权制度，建立了吉林森工集团知识产权管理机制。先后编写了《中国吉林森林工业集团有限责任公司科技研发工作管理办法》和《吉林森工集团知识产权管理办法》，指导、鼓励集团积极开展科技创新和技术成果转化，为进一步推进集团知识产权工作提供了强有力的制度保障。根据管理规定，企业购买的专利产品、专利技术，应将有关产权转让协议、合同，随同专利产品档案、专利技术文件一并归档；企业有关专利产品专利技术申报、科技成果申报和审批及奖励等文件，随同产品档案一并归档；平时加强对档案的安全保管，设置专用的档案库房，实行专人管理，防止知识产权和商业秘密的失（泄）密。集团已经建立档案工作责任追究制度，对不按规定归档而造成文件丢失、拒绝归档，或对档案进行涂改、抽换、仿造、盗窃、隐匿和擅自销毁而造成档案损坏的直接责任者，依法进行处理。

3. 加大知识产权管理力度

2017 年，吉林森工集团不断加大知识产权管理力度，切实抓好每个环节的知识产权管理工作。投入专项资金对专利技术进行研究，培育开发植物新品种、地理标志林产品等知识产权；对所有权申请、维持、放弃进行明确；对专利、植物新品种权等知识产权进行一系列实施、评估、保护等工作；建立自主知识产权的档案管理体系；执行吉林森工集团保密制度；加强知识产权信息利用等工作。

4. 加强知识产权工作的宣传培训

吉林森工集团结合单位自身实际情况，采取多种形式宣传普及知识产权知识，提高全体员工，特别是决策人员和科技人员对知识产权创造、运用和保护的认知程度，营造鼓励自主创新、自觉维护知识产权拥有者的合法权益的良好环境；为了深入贯彻实施国家知识产权战略，集团印制了《国家知识产权战略纲要》读本，下发至各企业局、子公司，加强了对知识产权战略的宣传力度，更有效地指导企业按照《国家知识产权战略》来制定和研究本企业的知识产权战略；充分发挥信息网络平台对于推动知识产权工作的作用，广泛宣传吉林森工集团知识产权工作情况；为提高管理人员和技术人员的业务素质，不断加强队伍建设，集团积极组织有关技术人员参加国家、省科技部门举办的业务培训、技术讲座等活动，全年组织100人次参加各类学习4期；2017年，组织了2期培训，共培训200人次。

5. 建立知识产权工作考核评价机制

吉林森工集团结合自身实际情况，建立了科学的考核评价体系，赏罚分明，形成有效的激励体制，充分调动了职工自主创新的积极性。对于在知识产权形成、保护、管理及科技成果转化工作中有突出贡献的，或有效制止侵权、维护公司知识产权合法权益成绩显著的人员，将依据国家和集团的具体规定，给予包括发放奖酬金、提职、提级、职称评定等物质和精神方面的奖励。集团根据知识产权实施的收益情况给予技术成果的发明人、设计人、品牌策划人相应数额的奖金；对于为集团知识产权申请、实施、管理等方面工作做出突出成绩、突出贡献的人员给予相应的经济奖励；对于剽窃、窃取、篡改、非法占有或者以其他方式侵犯集团知识产权的，或造成单位知识产权被侵犯的，侵害人为集团员工的，应责令其改正，根据情节的轻重和造成损失的大小处以直接责任者记过、扣减当年奖金、开除等处分，并追究部门主要负责人的过失；侵害人为集团外部人员的，依法追究其法律责任；对于违反集团档案管理制度规定，造成集团知识产权秘密泄露的直接责任人员，根据情节轻重处以扣减个人当年奖金、开除等处分。（吉林森工集团）

长白山森工集团林业知识产权

1. 加强植物新品种保护行政执法工作

延边林管局高度重视林业植物新品种保护行政执法工作，将林业植物新品种保护执法工作列为延边朝鲜族自治州林业系统年度重点工作，专门印发了《关于打击制售假劣林木种苗和保护植物新品种权专项行动实施方案的通知》（延林局〔2017〕200号），对林业植物新品种保护执法做了具体部署；进一步调整了植物新品种权工作领导小组，由集团副总裁任组长，由森林经营部牵头，林政稽查处、森防站、科技产业处等部门共同配合，办公室设在森林经营部，并将植物新品种权工作组织机构报省林业厅种苗站；落实了林业植物新品种保护执法工作经费；组织开展了以打击侵犯林业植物新品种权行动为主的林业“双打”工作，成效明显，顺利通过了吉林省双打办的年度检查，受到省、州双打办的好评。

2. 开展林业植物新品种权实施情况摸底调查

印发了《延边林管局关于调查植物新品种工作的通知》（营便字〔2017〕13 号，要求所属各单位全面开展植物新品种权摸底调查工作。从调查结果看，2017 年全州未发现侵犯林业植物新品种权的案件。

3. 重视品牌建设工作

长白山森工集团注册的“长白山天池”牌商标（CBSSGJT 及图，注册证号 13221021）被省工商局认定为吉林省著名商标；申请的“长白山森工”牌商标正式获得国家工商行政管理总局颁发的商标证；为推动集团所属分子公司林特产品品牌化发展，将集团注册的“美人松”牌商标授权白河中药材有限公司使用；按照州政府的要求，完成了《长白山森工集团关于品牌创建工作情况的汇报材料》。（长白山森工集团）

统计分析

林业专利

专利分为发明专利、实用新型专利和外观设计专利3种类型。发明专利是指对产品、方法或者其改进所提出的新的技术方案。实用新型专利是指对产品的形状、构造或者其结合所提出的适于实用的新的技术方案。外观设计专利是指对产品的形状、图案或者其结合以及色彩与形状、图案的结合所做出的富有美感并适于工业应用的新设计。

一、林业相关专利分析

国家林业局知识产权研究中心组织专家，研究整理了一批与林业相关的关键词和国际专利分类号，采用关键词与国际专利分类号相结合的方式从国家知识产权局中国专利数据库中检索数据，并进行数据清洗和整理，建成林业相关专利数据库，形成最终的林业相关专利数据进行统计分析。

1. 总量分析

2017年，国家知识产权局中国专利数据库公开的林业相关专利量首次突破6万件，达到65260件，比2016年增长了24.00%。近5年来（2013—2017年）的林业相关专利共221242件，同比增长207.98%。截至2017年底，林业相关专利公开量共计351705件（表6，图1）。

表6 1985—2017年林业相关专利公开量统计 单位：件

年份	专利总量	发明专利	实用新型	外观设计
1985	8	6	1	1
1986	198	112	85	1
1987	396	195	191	10
1988	506	177	320	9
1989	619	229	366	24
1990	620	279	300	41
1991	752	250	442	60
1992	1130	322	731	77
1993	971	405	485	81
1994	1383	605	711	67
1995	1378	566	681	131
1996	1505	676	625	204
1997	1688	691	706	291
1998	1962	769	784	409
1999	2702	772	1336	594
2000	2791	872	1295	624
2001	3275	1134	1356	785
2002	3769	1246	1465	1058
2003	4755	1758	1621	1376
2004	4507	1856	1526	1125
2005	6506	3452	1808	1246
2006	7645	3388	2488	1769
2007	9560	4334	3052	2174
2008	11452	5322	3928	2202
2009	13739	6355	3968	3416
2010	13651	5466	3785	4400
2011	14232	7640	4776	1816
2012	18763	11449	6256	1058
2013	26453	14293	9636	2524
2014	31835	20065	9620	2150
2015	45066	27518	14199	3349
2016	52628	31086	18458	3084
2017	65260	40717	21337	3206
合计	351705	194005	118338	39362

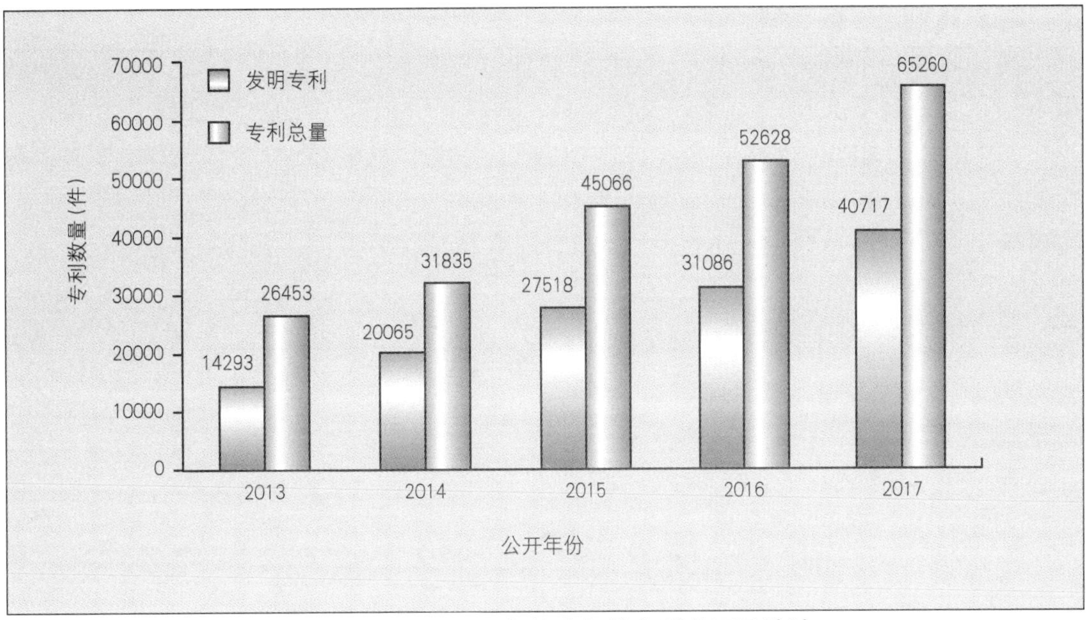

图 1　2013—2017 年林业相关专利公开量统计

2. 发展趋势分析

林业相关专利申请始于 1985 年。这一年我国刚刚开始实施专利法和建立专利制度。1985—1998 年，林业专利技术发展十分缓慢，每年公开的林业相关专利量不超过 2000 件；1999—2011 年，林业专利量平稳增长，每年公开的林业相关专利量从 1999 年的 2000 多件逐渐增长为 2010 年的 1 万多件；2012—2017 年，林业专利量迅猛增长，每年公开的林业专利量由 2012 年的 1 万多件攀升到 2017 年的 6 万多件，目前发展势头良好（图 2）。

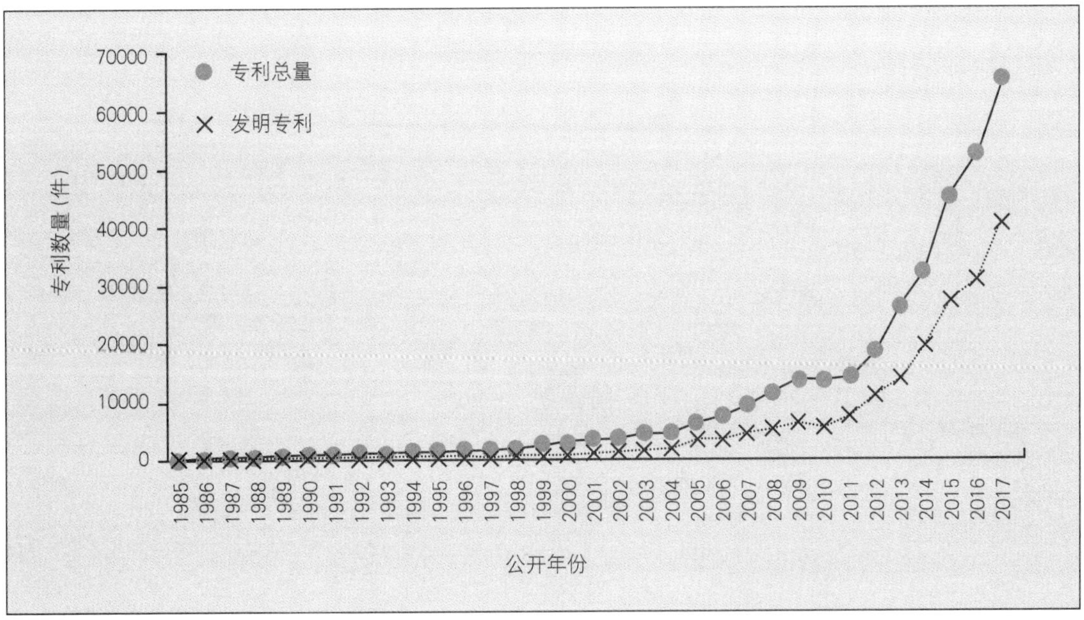

图 2　1985—2017 年林业相关专利公开量发展趋势

3. 专利类型分析

2017 年，林业相关专利共 65260 件，其中，发明专利 40717 件（62.39%），实用新型专利 21337 件（32.70%），外观设计专利 3206 件（4.91%）（图 3）。2011 年以来，林业相关专利中发明专利所占比重均保持在 50%～64%，相对稳定。截至 2017 年底，林业相关专利共 351705 件，其中，发明专利 194005 件，占林业相关专利总量的 55.16%，实用新型专利 118338 件（33.65%），外观设计专利 39362 件（11.19%）。

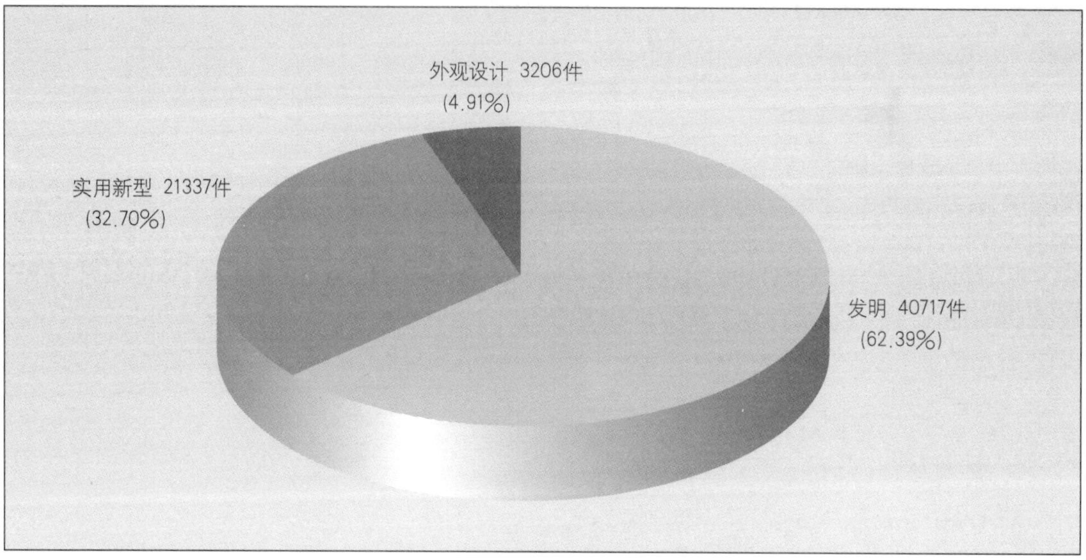

图 3　2017 年林业相关专利的专利类型统计

4. 申请人构成分析

林业专利的创造主体主要是企业。2017 年林业相关专利申请人中企业、高等院校和科研院所所占比重分别为 50.70%、16.22% 和 11.08%（图 4）。截至 2017 年底，林业相关专利申请人中企业、高等院校和科研院所所占比重分别为 45.50%、15.72% 和 10.91%。

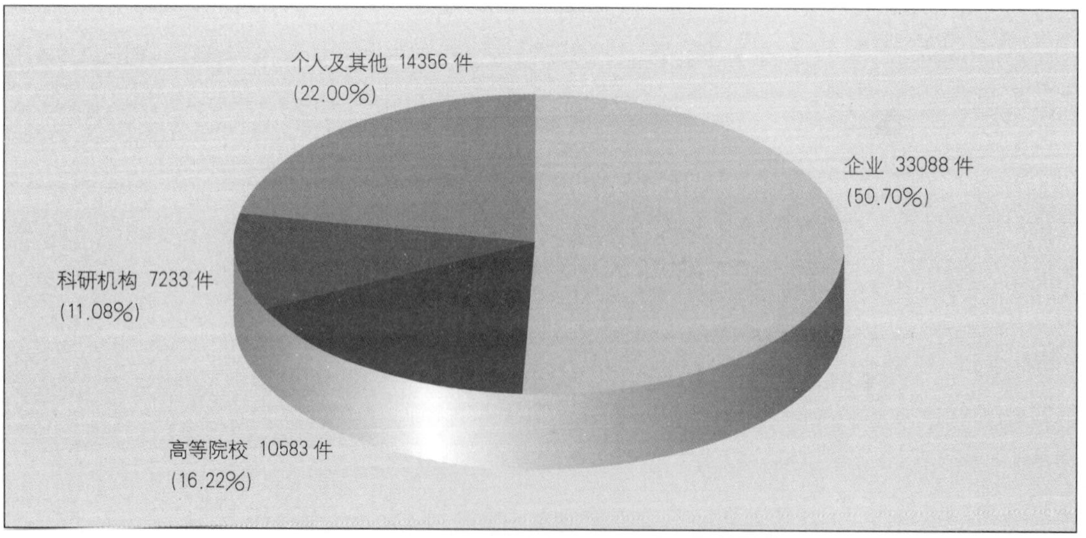

图 4　2017 年林业相关专利申请人构成统计

5. 地域分析

对全国31个省（自治区、直辖市）的林业相关专利申请公开量的分析结果显示，2017年，各省（自治区、直辖市）公开的林业相关专利中，江苏、山东和浙江的专利量最多，分别为6818件、6553件和6031件，排在其后的是广东（4698件）、广西（4264件）、北京（4036件）、福建（3413件）、安徽（2683件）、上海（2607件）、河南（2588件）和四川（2014件），均在2000件以上。截至2017年底，浙江和江苏遥遥领先，分别是39957件和39766件，其次是广东（26000件）、山东（22950件）、北京（22759件）、安徽（19531件）和福建（16101件），均在1.5万件以上（表7）。

表7　1985—2017年全国各省（自治区、直辖市）的专利公开量统计　　单位：件

排名	省（自治区、直辖市）	专利总量	公开年份				
			2013	2014	2015	2016	2017
1	浙　江	39957	3841	3921	5365	5592	6031
2	江　苏	39766	4046	4581	5609	6356	6818
3	广　东	26000	1472	1577	2435	3063	4698
4	山　东	22950	1501	2760	4165	5619	6553
5	北　京	22759	1660	2151	3261	3666	4036
6	安　徽	19531	1556	1788	2198	2456	2683
7	福　建	16101	1134	1331	2116	3278	3413
8	广　西	13724	808	1459	2864	2543	4264
9	上　海	11855	805	992	1377	1861	2607
10	四　川	11029	1011	1152	1454	1698	2014
11	黑龙江	10229	729	754	889	966	1077
12	陕　西	10050	867	1073	1278	1426	1882
13	湖　南	10013	857	960	1089	1328	1860
14	河　南	9643	539	745	1400	1417	2588
15	辽　宁	7774	569	663	1009	1219	1559
16	湖　北	7651	593	686	730	755	781
17	天　津	7050	470	606	765	1028	1565
18	云　南	6815	507	684	1000	1151	1103
19	河　北	6513	364	535	1178	1436	1657
20	重　庆	6190	312	429	656	766	1125
21	吉　林	5133	239	390	723	896	1828
22	江　西	4319	289	285	604	748	990
23	贵　州	4171	303	292	380	480	628
24	山　西	3334	265	338	479	673	777
25	新　疆	3260	316	266	376	461	597
26	甘　肃	3255	296	328	383	390	518
27	宁　夏	1813	138	107	159	258	403
28	内蒙古	1585	105	134	173	193	226
29	海　南	978	99	91	117	131	119
30	青　海	788	63	72	137	134	167
31	西　藏	138	3	8	7	16	27

6. 林业重点领域专利分析

按森林培育、木材加工、林业机械、竹藤产业、木地板产业、林产化工和林业生物质能源7个主要领域对林业相关专利进行统计分析。2017年，森林培育领域专利公开量为9209件、木材加工6620件、林业机械5546件、竹藤产业5999件、木地板产业910件、林产化工2304件、林业生物质能源1094件。

截至2017年底，专利量最多的是森林培育、竹藤产业和木材加工，分别为41204件、38441件、37172件，其次是林业机械和林产化工，专利量均在1万件以上。7个林业重点领域中发明专利比重较高的是林产化工、森林培育和林业生物质能源，分别为75.42%、69.99%和67.04%，其次是林业机械（46.55%）、木材加工（46.05%）、竹藤产业（37.70%）和木地板产业（26.43%）（表8，图5）。

表8　1985—2017年林业重点领域专利公开量统计　　单位：件

领域分类	专利总量				2017年专利量			
	发明专利	实用新型	外观设计	合计	发明专利	实用新型	外观设计	合计
森林培育	28840	11801	563	41204	6525	2618	66	9209
木材加工	17117	20040	15	37172	3648	2971	1	6620
林业机械	11015	12580	67	23662	2984	2552	10	5546
竹藤产业	14492	10581	13368	38441	2894	1317	1788	5999
木地板产业	2563	4568	2566	9697	436	450	24	910
林产化工	10909	3335	220	14464	1820	472	12	2304
林业生物质能源	5317	2551	63	7931	734	357	3	1094

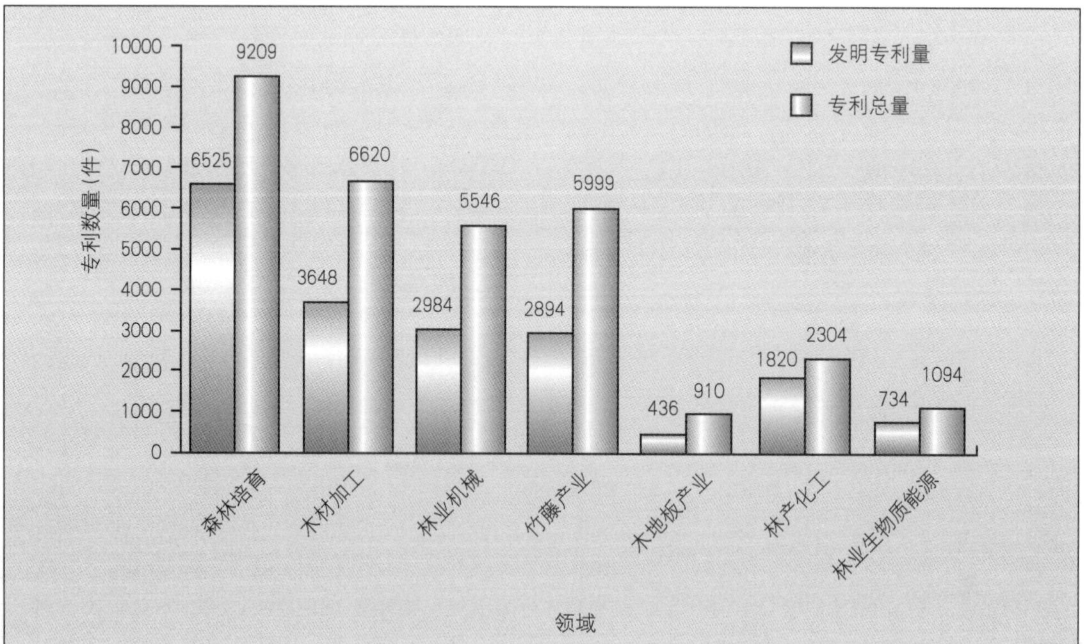

图5　2017年林业重点领域专利公开量统计

二、林业科研院所和高等院校专利分析

林业科研院所是指林业系统的科研和开发机构，主要包括国家、省（自治区、直辖市）、市、县4级林业科研和开发机构，不包括各类农林科研院所。林业高等院校包括各类林业高校和农林高校。林业高等院校专利分析包括林业高校和农林高校的所有专利，主要是因为许多农林高校，如西北农林科技大学、浙江农林大学等农林高校的前身均为林业高校，拥有大量的林业领域专利。此外，许多林业高校的专业越来越趋于综合化，也拥有大量其他领域专利。为保证各高校专利统计数据的客观性和准确性，本报告对林业高校和农林高校的所有专利进行了统计分析。

1. 总量分析

2017年，全国林业科研院所的专利公开量为1282件，其中发明专利公开量为966件，占其专利公开总量的75.35%；林业高等院校的专利公开量为4582件，其中发明专利2794件，占其专利公开总量的60.98%。截至2017年底，林业科研院所的专利公开量共计6820件，其中发明专利公开量5043件，占其专利公开总量的73.94%；林业高等院校的专利公开量共计23903件，其中发明专利公开量15128件，占其专利公开总量的63.29%（表9，图6）。

表9　1985—2017年林业科研院所和高等院校的专利公开量统计　　单位：件

公开年份	科研院所				高等院校			
	发明专利	实用新型	外观设计	合计	发明专利	实用新型	外观设计	合计
1985	1	0	0	1	0	0	0	0
1986	9	5	0	14	1	1	0	2
1987	12	8	0	20	3	5	0	8
1988	9	12	0	21	6	2	0	8
1989	11	7	0	18	3	9	0	12
1990	13	13	0	26	6	4	0	10
1991	14	6	2	22	3	11	0	14
1992	12	22	1	35	13	8	0	21
1993	9	5	0	14	10	8	0	18
1994	11	9	0	20	3	7	0	10
1995	14	7	1	22	6	6	0	12
1996	10	6	3	19	8	11	0	19
1997	10	10	1	21	6	6	0	12
1998	11	3	0	14	9	10	0	19
1999	9	11	0	20	5	10	0	15
2000	5	14	0	19	12	14	0	26
2001	12	18	0	30	12	21	0	33
2002	9	1	0	10	21	14	0	35
2003	24	17	1	42	49	18	0	67
2004	31	17	3	51	58	22	0	80
2005	41	12	4	57	161	33	0	194
2006	66	17	1	84	194	39	0	233
2007	106	13	1	120	305	31	2	338
2008	172	56	1	229	440	63	55	558

（续）

公开年份	科研院所				高等院校			
	发明专利	实用新型	外观设计	合计	发明专利	实用新型	外观设计	合计
2009	200	62	0	262	569	102	48	719
2010	197	68	11	276	685	164	22	871
2011	280	101	3	384	845	382	82	1309
2012	396	96	7	499	1328	485	298	2111
2013	451	128	10	589	1476	882	445	2803
2014	561	136	2	699	1813	692	343	2848
2015	699	215	13	927	2050	921	363	3334
2016	672	285	16	973	2234	1121	227	3582
2017	966	304	12	1282	2794	1400	388	4582
合计	5043	1684	93	6820	15128	6502	2273	23903

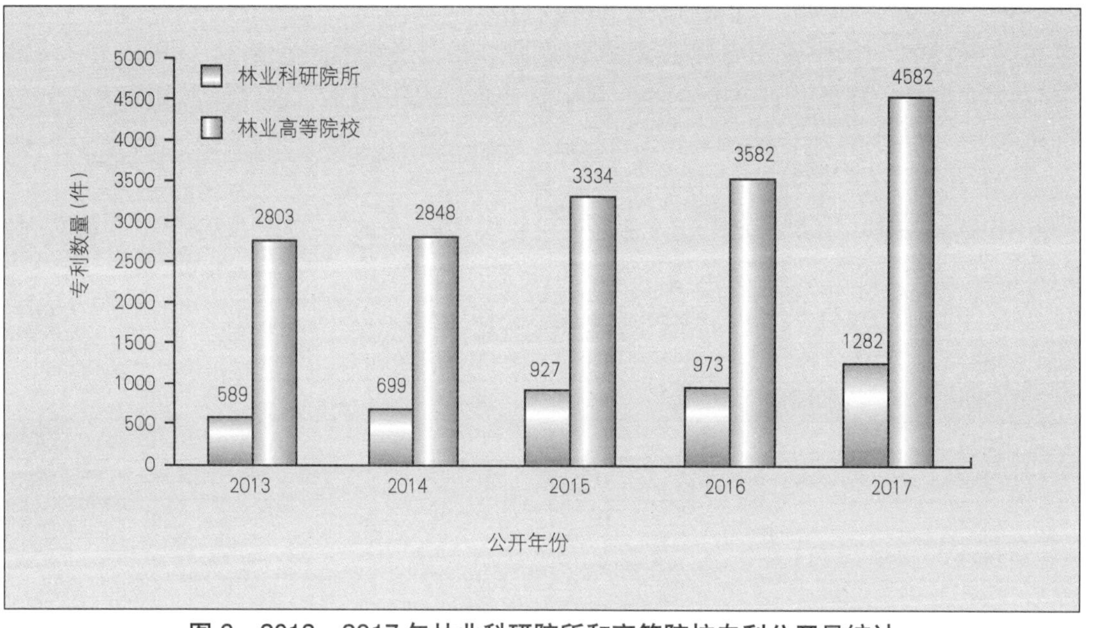

图 6 2013—2017 年林业科研院所和高等院校专利公开量统计

2. 发展趋势分析

林业科研院所和高等院校的专利发展趋势可以划分为 3 个阶段，第一阶段为 1985—2003 年，每年的专利量不足 100 件，增长十分缓慢；第二阶段为 2004—2010 年，每年专利量 200～1000 件，增长较为迅速；第三阶段为 2011—2017 年，专利量迅猛增长，由 2011 年的 1500 多件增至 2017 年 5000 多件。自 2011 年以来，林业高等院校的专利增长速度明显超过了林业科研院所，二者专利量之间的差距逐步拉大（图 7）。

3. 申请人分析

申请人分析包括每件专利的所有共同申请人，并对申请人（机构）的不同写法、历史变迁和异名进行了规范化加工整理，以保持统计数据的完整性和准确性。

2017 年，在林业科研院所中，中国林业科学研究院的专利公开量为 392 件，占林业科研院所专利总量的 30.58%，其次是广西壮族自治区林业科学研究院和新疆林业科学院。在林业高等院校中，专利公开量排名前 3 的分别是福建农林大学、东北林业大学和西北农林科技大学。近年来，农林类高职院校的专利量增长较快（表 10）。

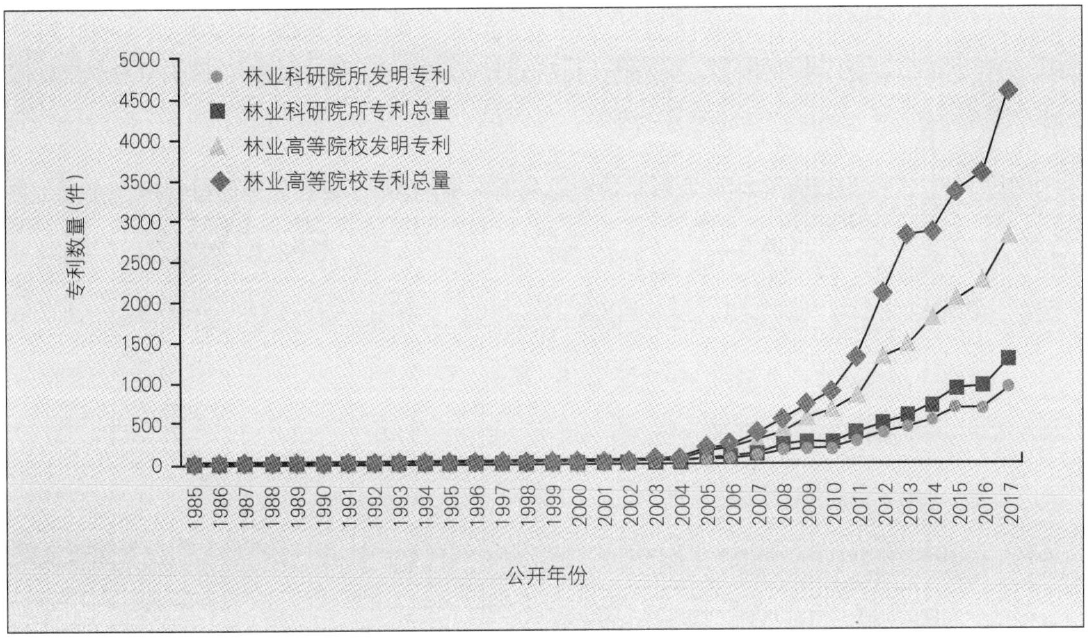

图 7　1985—2017 年林业科研院所和高等院校的专利公开量发展趋势

表 10　2017 年林业科研院所和高等院校专利公开量排行榜　　单位：件

分类	排名	申请人	发明专利	实用新型	外观设计	合计
科研院所	1	中国林业科学研究院	336	54	2	392
	2	广西壮族自治区林业科学研究院	82	8	0	90
	3	新疆林业科学院	38	17	0	55
	4	甘肃省治沙研究所	21	26	0	47
	5	湖北省林业科学研究院	21	26	0	47
	6	浙江省林业科学研究院	36	10	0	46
	7	山东省林业科学研究院	32	4	0	36
	8	国际竹藤中心	21	7	0	28
	9	江苏省林业科学研究院	23	2	0	25
	10	四川省林业科学研究院	23	2	0	25
	11	云南省林业科学院	17	2	6	25
高等院校	1	福建农林大学	543	356	11	910
	2	东北林业大学	318	390	43	751
	3	西北农林科技大学	493	198	2	693
	4	南京林业大学	405	113	59	577
	5	浙江农林大学	237	68	252	557
	6	北京林业大学	348	44	6	398
	7	中南林业科技大学	200	28	10	238
	8	江苏农林职业技术学院	157	35	0	192
	9	信阳农林学院	31	90	0	121
	10	西南林业大学	54	44	3	101

2017 年中国林业科学研究院各研究所（中心）专利公开量最多的是中国林业科学研究院林产化学工业研究所，共 115 件，其次是中国林业科学研究院木材工业研究所(52 件)（表 11）。

表 11　2017 年中国林业科学研究院各研究所（中心）专利公开量排行榜　单位：件

排名	申请人	发明专利	实用新型	外观设计	合计
1	中国林业科学研究院林产化学工业研究所	114	1	0	115
2	中国林业科学研究院木材工业研究所	51	1	0	52
3	中国林业科学研究院热带林业研究所	24	7	1	32
4	中国林业科学研究院林业研究所	27	0	0	27
5	中国林业科学研究院亚热带林业研究所	25	1	0	26
6	中国林业科学研究院森林生态环境与保护研究所	16	9	0	25
7	中国林业科学研究院资源信息研究所	14	4	0	18
8	中国林业科学研究院资源昆虫研究所	14	3	0	17
9	国家林业局哈尔滨林业机械研究所	7	9	1	17
10	中国林业科学研究院林业新技术研究所	14	2	0	16
11	国家林业局竹子研究开发中心	12	4	0	16
12	国家林业局北京林业机械研究所	10	4	0	14
13	中国林业科学研究院热带林业实验中心	7	6	0	13
14	国家林业局泡桐研究开发中心	3	1	0	4
15	国家林业局桉树研究开发中心	3	0	0	3
16	中国林业科学研究院华北林业实验中心	0	1	0	1

截至 2017 年底，在林业科研院所中，中国林业科学研究院的专利公开量共计 2659 件，占林业科研院所专利总量的 38.99%，是最主要的林业专利技术贡献者。其次是广西壮族自治区林业科学研究院（443 件）、浙江省林业科学研究院（274 件）、黑龙江省林业科学院(233 件)、山东省林业科学研究院(174 件)、甘肃省治沙研究所(173 件)。近年来，省级林业科研院所的专利公开量增长较快。在林业高等院校中，南京林业大学的公开专利量排名第 1，共计 4080 件，占林业高等院校专利总量的 17.07%，其次是东北林业大学(3596 件)、西北农林科技大学（3500 件)、浙江农林大学（3184 件)、北京林业大学（3172 件)、中南林业科技大学（2638 件)、福建农林大学（2011 件）（表 12)。

截至 2017 年，中国林业科学研究院各研究所（中心）专利公开量最多的是中国林业科学研究院林产化学工业研究所，共 875 件，其次是中国林业科学研究院木材工业研究所（451 件）（表 13)。

表 12　1985—2017 年林业科研院所和高等院校专利公开量排行榜　　单位：件

分类	排名	申请人	发明专利	实用新型	外观设计	合计
科研院所	1	中国林业科学研究院	2158	488	13	2659
	2	广西壮族自治区林业科学研究院	399	44	0	443
	3	浙江省林业科学研究院	193	81	0	274
	4	黑龙江林业科学研究院	74	153	6	233
	5	山东省林业科学研究院	149	25	0	174
	6	甘肃省治沙研究所	101	72	0	173
	7	新疆林业科学院	125	34	0	159
	8	国际竹藤中心	126	32	0	158
	9	湖南省林业科学院	94	52	0	146
	10	河北省林业科学研究院	90	30	22	142
高等院校	1	南京林业大学	2954	1099	27	4080
	2	东北林业大学	1792	1378	426	3596
	3	西北农林科技大学	2551	937	12	3500
	4	浙江农林大学	2235	764	185	3184
	5	北京林业大学	1246	569	1357	3172
	6	中南林业科技大学	2216	404	18	2638
	7	福建农林大学	1140	648	223	2011
	8	信阳农林学院	624	184	9	817
	9	江苏农林职业技术学院	103	300	3	406
	10	西南林业大学	232	75	9	316

表 13　1985—2017 年中国林业科学研究院各研究所（中心）专利公开量排行榜　单位：件

排名	申请人	发明	实用新型	外观设计	合计
1	中国林业科学研究院林产化学工业研究所	831	44	0	875
2	中国林业科学研究院木材工业研究所	336	115	0	451
3	中国林业科学研究院林业研究所	198	19	0	217
4	中国林业科学研究院亚热带林业研究所	160	15	9	184
5	中国林业科学研究院资源昆虫研究所	149	24	0	173
6	中国林业科学研究院森林生态环境与保护研究所	108	38	0	146
7	国家林业局北京林业机械研究所	53	68	0	121
8	中国林业科学研究院热带林业研究所	89	28	1	118
9	国家林业局泡桐研究开发中心	77	11	2	90

（续）

排名	申请人	发明	实用新型	外观设计	合计
10	国家林业局竹子研究开发中心	62	23	0	85
11	国家林业局哈尔滨林业机械研究所	19	61	1	81
12	中国林业科学研究院资源信息研究所	66	14	0	80
13	中国林业科学研究院林业新技术研究所	54	19	0	73
14	中国林业科学研究院热带林业实验中心	21	10	0	31
15	国家林业局桉树研究开发中心	14	6	0	20
16	中国林业科学研究院华北林业实验中心	6	4	0	10
17	中国林业科学研究院林业科技信息研究所	2	3	0	5
18	中国林业科学研究院亚热带林业实验中心	1	2	0	3

4. 授权发明专利分析

2017 年，林业科研院所发明专利授权共计 390 件，林业高等院校发明专利授权共计 1287 件。

截至 2017 年底，林业科研院所共获得发明专利授权 2197 件，占林业科研院所发明专利申请总量的 32.21%；林业高等院校共获得发明专利授权 7636 件，占林业高等院校发明专利申请总量的 31.95%（表 14，图 8，图 9）。

表 14　1985—2017 年林业科研院所和高等院校的发明专利授权量统计　单位：件

授权年份	科研院所	高等院校	授权年份	科研院所	高等院校
1985	1	0	2002	4	5
1986	0	0	2003	8	6
1987	2	1	2004	11	25
1988	3	1	2005	13	41
1989	9	2	2006	26	61
1990	4	3	2007	39	87
1991	5	2	2008	32	158
1992	9	4	2009	75	229
1993	4	3	2010	105	298
1994	2	6	2011	160	533
1995	4	3	2012	181	719
1996	2	3	2013	234	825
1997	1	1	2014	239	931
1998	2	1	2015	296	1122
1999	4	5	2016	324	1262
2000	3	6	2017	390	1287
2001	5	6	合计	2197	7636

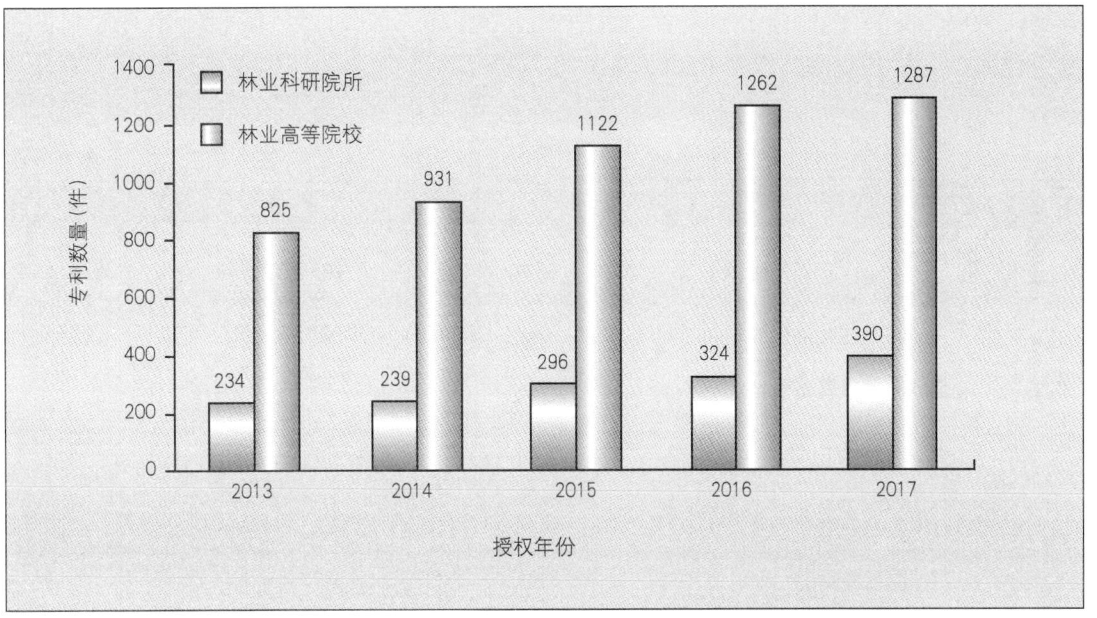

图 8　2013—2017 年林业科研院所和高等院校发明专利授权量统计

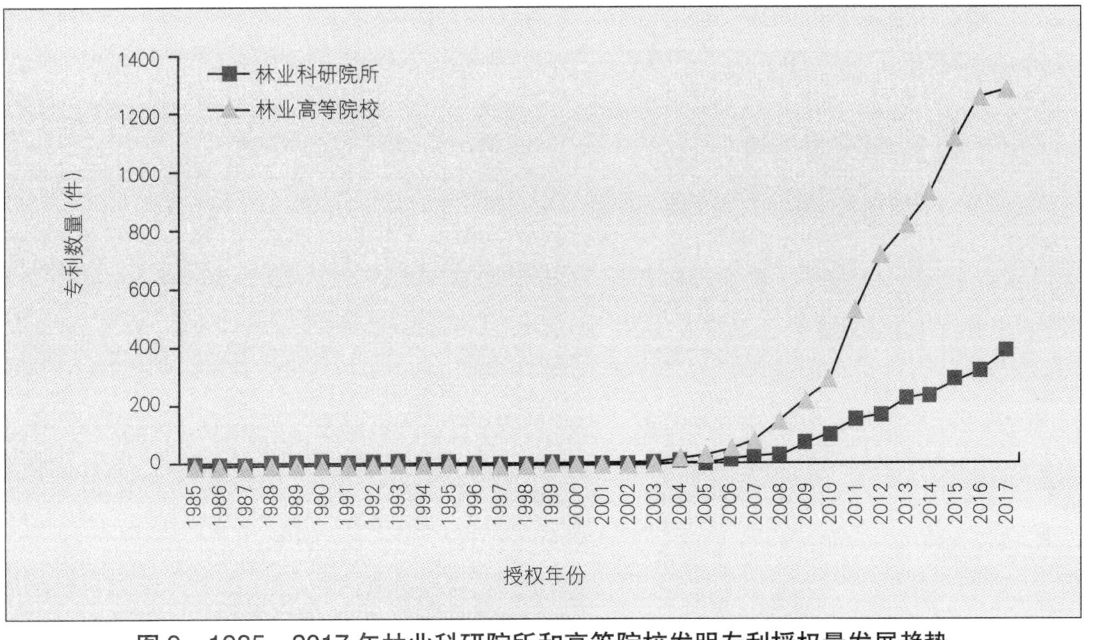

图 9　1985—2017 年林业科研院所和高等院校发明专利授权量发展趋势

授权专利的专利权人分析包括每件专利的所有共同专利权人，并对专利权人（机构）的不同写法、历史变迁和异名进行了规范化加工整理，以保持统计数据的完整性和准确性。

2017 年，在林业科研院所中，中国林业科学研究院的发明专利授权量为 163 件，占林业科研院所发明专利授权总量的 41.79%，其次是广西壮族自治区林业科学研究院、浙江省林业科学研究院和山东省林业科学研究院。在林业高等院校中，排名前 3 的分别是南京林业大学、北京林业大学和福建农林大学。

截至 2017 年底，林业科研院所发明专利授权量排名第一的是中国林业科学研究院，共 1082 件，占林业科研院所发明专利授权总量的 49.25%，其次是广西壮族自治区林业科学研究院和浙江省林业科学研究院。在林业高等院校中，排名前 3 的分别是西北农林科技大学、福建农林大学和南京林业大学（表 15）。

表 15　1985—2017 年林业科研院所和高等院校的发明专利授权量排行榜　单位：件

分类	排名	授权总量		2017年授权量	
		专利权人	发明专利	专利权人	发明专利
科研院所	1	中国林业科学研究院	1082	中国林业科学研究院	163
	2	广西壮族自治区林业科学研究院	193	广西壮族自治区林业科学研究院	35
	3	浙江省林业科学研究院	98	浙江省林业科学研究院	24
	4	山东省林业科学研究院	72	山东省林业科学研究院	20
	5	国际竹藤中心	67	河北省林业科学研究院	14
	6	新疆林业科学院	53	新疆林业科学院	12
	7	河北省林业科学研究院	42	国际竹藤中心	12
	8	江苏省林业科学研究院	41	黑龙江省林业科学院	8
	9	湖南省林业科学院	40	江苏省林业科学研究院	8
	10	云南省林业科学院	27	云南省林业科学院	7
高等院校	1	西北农林科技大学	1243	南京林业大学	215
	2	福建农林大学	1097	北京林业大学	173
	3	南京林业大学	1032	福建农林大学	165
	4	北京林业大学	948	中南林业科技大学	116
	5	东北林业大学	646	西北农林科技大学	110
	6	浙江农林大学	596	东北林业大学	101
	7	中南林业科技大学	577	浙江农林大学	95
	8	江苏农林职业技术学院	176	江苏农林职业技术学院	51
	9	西南林业大学	94	西南林业大学	19
	10	信阳农林学院	30	信阳农林学院	14

2017 年，中国林业科学研究院各研究所（中心）发明专利授权量最多的是中国林业科学研究院林产化学工业研究所，共 55 件，其次是中国林业科学研究院亚热带林业研究所（18 件）、中国林业科学研究院资源信息研究所（18 件）；截至 2017 年底，中国林业科学研究院各研究所（中心）发明授权量最多的中国林业科学研究院林产化学工业研究所，共 446 件，其次是中国林业科学研究院木材工业研究所（199 件）（表 16）。

表16 1985—2017年中国林业科学研究院各研究所（中心）发明专利授权量排行榜 单位：件

排名	专利权人	授权总量	2017年授权量
1	中国林业科学研究院林产化学工业研究所	446	55
2	中国林业科学研究院木材工业研究所	199	15
3	中国林业科学研究院林业研究所	93	7
4	中国林业科学研究院资源昆虫研究所	65	6
5	中国林业科学研究院亚热带林业研究所	59	18
6	中国林业科学研究院森林生态环境与保护研究所	56	14
7	国家林业局泡桐研究开发中心	45	4
8	中国林业科学研究院热带林业研究所	40	8
9	国家林业局竹子研究开发中心	31	11
10	中国林业科学研究院资源信息研究所	31	18
11	国家林业局北京林业机械研究所	26	4
12	中国林业科学研究院林业新技术研究所	22	8
13	国家林业局哈尔滨林业机械研究所	6	0
14	国家林业局桉树研究开发中心	3	1
15	中国林业科学研究院热带林业实验中心	3	1
16	中国林业科学研究院华北林业实验中心	2	0

5. 国外专利分析

国外专利分析仅针对林业科研院所和高等院校，数据来源于德温特世界专利索引数据库（DWPI）。由于数据库收录各国专利数据有一定的时滞，因此2017年公开的数据可能不全。

2017年林业科研院所和高等院校的国外专利公开量为18件（图10），其中福建农林大学5件，中国林业科学研究院林业新技术研究所4件，南京森林警察学院3件，福建农林大学，浙江农林科技大学和东北林业大学各2件、南京林业大学和国际竹藤中心各1件（表17）。

截至2017年底，林业科研院所和高等院校的国外专利公开量共129件，专利主要集中在2009年以后，其中：世界知识产权组织42件，美国33件，澳大利亚和日本各10件，欧洲专利局9件，韩国6件，德国5件，加拿大4件，印度3件，法国、新西兰和法国各2件，瑞士1件。专利申请量排名前3位的是中国林业科学研究院林产化学工业研究所、浙江农林大学和中国林业科学研究院木材工业研究所（表18）。

截至2017年底，林业科研院所和高等院校的国外专利授权量共26件，其中：中国林业科学研究院林产化学工业研究所9件，浙江农林大学和东北林业大学和各4件，中国林业科学研究院林业研究所和福建农林大学各2件，中国林业科学研究院木材工业研究所、中国林业科学研究院林业新技术研究所、国际竹藤中心、南京林业大学和南京森林警察学院各1件。（马文君）

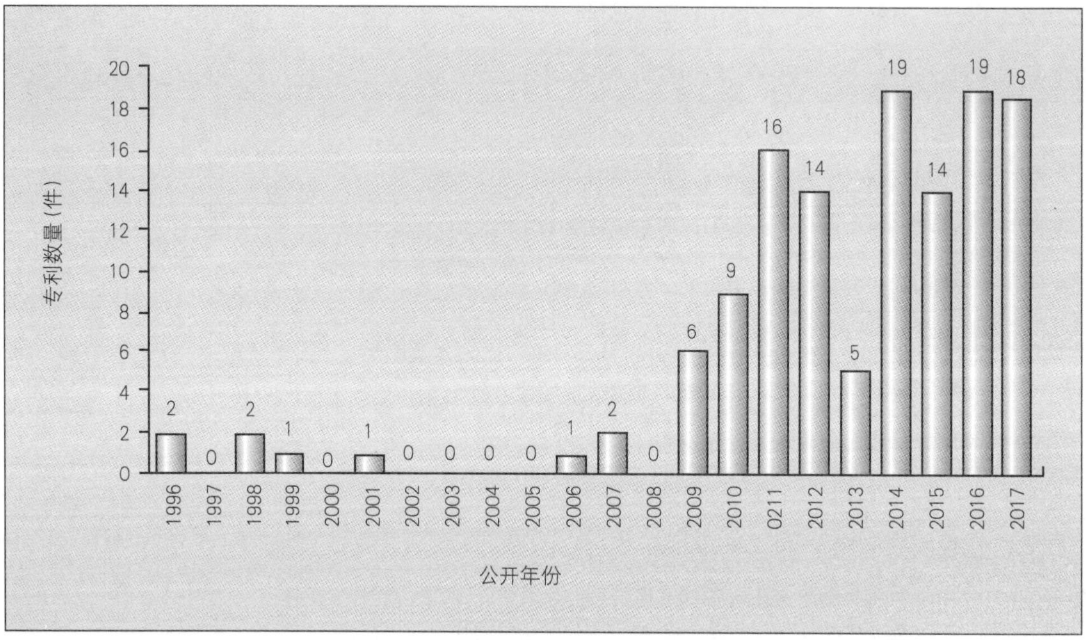

图 10　1996—2017 年林业科研院所和高等院校国外专利公开量统计

表 17　2017 年林业科研院所和高等院校国外专利公开一览表

公开号	专利名称	申请人	申请日	公开日
US20170000039A1	energy grass comprehensive recycling method	福建农林大学	20160526	20170105
WO2017008597A1	method for breeding excellent tea plant varieties capable of inhibiting tumor	福建农林大学	20160606	20170119
NZ702227A	biogas residue-containing formula feed for chicken	浙江农林大学	20140402	20170127
US9556221B2	n-acetyl amino acid ester derivatives of betulin and preparation method thereof	东北林业大学	20150116	20170131
AU2017100049A4	a method for calculating seepage quantity of the wetland	中国林业科学研究院林业新技术研究所	20170113	20170302
AU2017100096A4	a simulated experimental device of vertical migration of algae and its application	中国林业科学研究院林业新技术研究所	20170125	20170302
WO2017035830A1	forest fire intensity simulator and method for use thereof	南京森林警察学院	20150906	20170309
AU2015381974A1	forest fire intensity simulator and use method thereof	南京森林警察学院	20150906	20170323
ZA201602853B	energy grass comprehensive recycling method	福建农林大学	20160421	20170329
NZ702461A	feed additive containing biogas residues for cows	浙江农林大学	20140402	20170331
US9631990B2	device for testing mechanical seal performance	南京林业大学	20151107	20170425
AU2017100475A4	a portable water sampling device	中国林业科学研究院林业新技术研究所	20170501	20170601
ZA201503344B	a mosquitocidal bacillus thuringiensis suspending sustained release preparation and a method of preparing the same	福建农林大学	20150313	20170628

（续）

公开号	专利名称	申请人	申请日	公开日
US9713797B2	device and method thereof for re-aeration of wetlands	中国林业科学研究院林业新技术研究所	20160127	20170725
WO2017140026A1	core-shell type granular active carbon with powdery core and preparation method thereof	福建农林大学	20160419	20170824
AU2015381974B2	forest fire intensity simulator and use method thereof	南京森林警察学院	20150906	20170831
JP06196616B2	10-methoxy camptothecin derivative, its manufacturing method, and use	东北林业大学	20120615	20170913
US9808956B2	extension recycling method by the technology of bar embedment with glue for wood columns and apparatus thereof	国际竹藤中心	20130930	20171107

表18　1996—2017年林业科研院所和高等院校国外专利申请公开量排行榜　　单位：件

申请人	总量	世界知识产权组织	美国	澳大利亚	日本	欧洲专利局	韩国	德国	加拿大	印度	法国	新西兰	南非	瑞士
中国林业科学研究院林产化学工业研究所	28	5	6	2	6	3	2	1	0	2	0	0	0	1
浙江农林大学	22	6	4	0	2	0	4	1	0	1	2	2	0	0
中国林业科学研究院木材工业研究所	17	6	5	0	0	6	0	0	0	0	0	0	0	0
东北林业大学	14	5	5	0	2	0	0	0	2	0	0	0	0	0
福建农林大学	10	6	1	1	0	0	0	0	0	0	0	0	2	0
中国林业科学研究院林业新技术研究所	10	1	2	4	0	0	0	3	0	0	0	0	0	0
南京林业大学	8	3	5	0	0	0	0	0	0	0	0	0	0	0
中国林业科学研究院林业研究所	6	2	2	0	0	0	0	0	2	0	0	0	0	0
北京林业大学	3	3	0	0	0	0	0	0	0	0	0	0	0	0
南京森林警察学院	3	1	0	2	0	0	0	0	0	0	0	0	0	0
国家林业局北京林业机械研究所	2	1	1	0	0	0	0	0	0	0	0	0	0	0
国际竹藤中心	2	0	2	0	0	0	0	0	0	0	0	0	0	0
中南林业科技大学	2	1	0	1	0	0	0	0	0	0	0	0	0	0
西北农林大学	1	1	0	0	0	0	0	0	0	0	0	0	0	0
中国林业科学研究院资源昆虫研究所	1	1	0	0	0	0	0	0	0	0	0	0	0	0
合计	129	42	33	10	10	9	6	5	4	3	2	2	2	1

林业植物新品种

植物新品种是指经过人工培育或者对发现的野生植物加以开发，具有新颖性、特异性、一致性和稳定性并适当命名的植物品种。

一、总量分析

2017 年，国家林业局植物新品种保护办公室共受理植物新品种权申请 623 件，授予植物新品种权 160 件。截至 2017 年底，国家林业局已受理国内外植物新品种申请 2811 件，授予植物新品种权 1358 件。自 2012 年以来，林业植物新品种的年度授权量一直保持在 150 件以上。

近 5 年 (2013—2017 年) 林业植物新品种的申请量和授权量分别达到 1727 件和 858 件，分别占林业植物新品种申请总量和授权总量的 61.44% 和 63.18%（表 19，图 11）。

表 19　1999—2017 年林业植物新品种申请量和授权量统计　　单位：件

年度	申请量			授权量		
	国内申请人	国外申请人	合计	国内品种权人	国外品种权人	合计
1999	181	1	182	6	0	6
2000	7	4	11	18	5	23
2001	8	2	10	19	0	19
2002	13	4	17	1	0	1
2003	14	35	49	7	0	7
2004	17	19	36	16	0	16
2005	41	32	73	19	22	41
2006	22	29	51	8	0	8
2007	35	26	61	33	45	78
2008	57	20	77	35	5	40
2009	62	5	67	42	13	55
2010	85	4	89	26	0	26
2011	123	16	139	11	0	11
2012	196	26	222	169	0	169
2013	169	8	177	115	43	158
2014	243	11	254	150	19	169
2015	208	65	273	164	12	176
2016	328	72	400	178	17	195
2017	516	107	623	153	7	160
合计	2325	486	2811	1170	188	1358

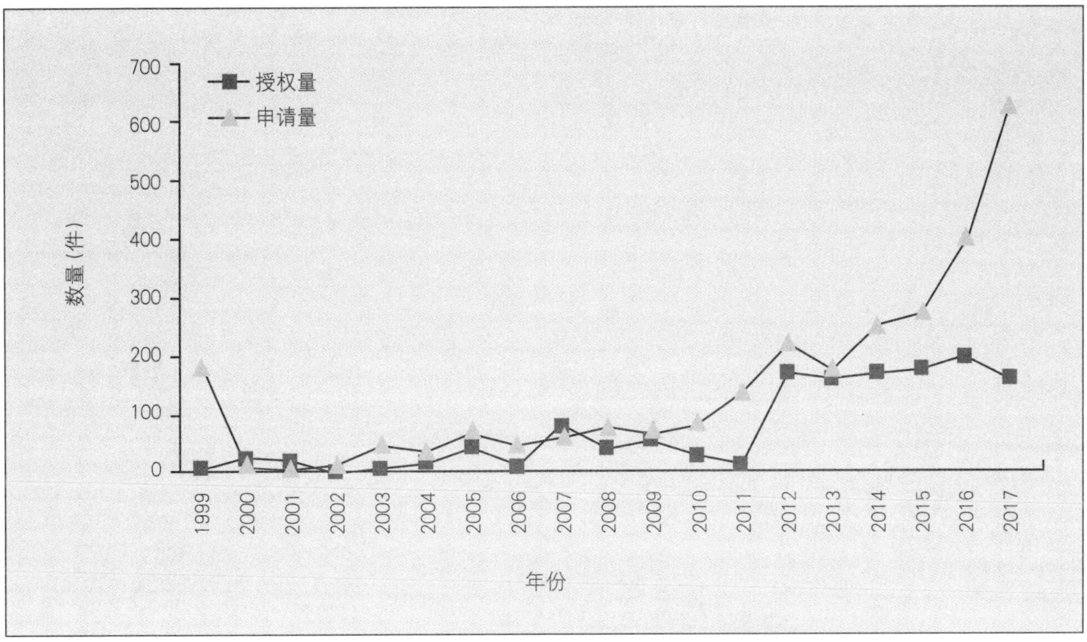

图 11　1999—2017 年林业植物新品种申请量和授权量发展趋势

二、授权品种分析

1. 植物类别分析

林业授权植物新品种的植物类别以木本观赏植物为主，在 2017 年林业授权植物新品种中木本观赏植物 120 件，占年度授权总量的 75.00%，其次是林木 18 件（11.25%）、经济林 17 件（10.63%）、木质藤本 1 件（0.62%）、竹 1 件（0.62%）。截至 2017 年底，林业授权植物新品种中木本观赏植物 897 件，占总量的 66.05%，其次是林木 252 件（18.56%）、经济林（果树）151 件（11.12%）（表 20，图 12）。

表 20　1999—2017 年林业授权植物新品种中不同植物类别的授权量统计　单位：件

年份	林木	经济林	观赏植物	竹	木质藤本	其他	合计
1999	6	0	0	0	0	0	6
2000	3	0	20	0	0	0	23
2001	2	2	14	0	0	1	19
2002	0	1	0	0	0	0	1
2003	6	1	0	0	0	0	7
2004	6	4	5	0	0	1	16
2005	3	1	34	0	0	3	41
2006	5	0	3	0	0	0	8
2007	7	1	70	0	0	0	78
2008	10	6	19	1	0	4	40
2009	14	1	39	0	0	1	55
2010	10	6	10	0	0	0	26
2011	2	1	5	0	0	3	11

（续）

年份	林木	经济林	观赏植物	竹	木质藤本	其他	合计
2012	27	20	113	0	2	7	169
2013	34	9	114	1	0	0	158
2014	24	13	121	1	0	10	169
2015	31	28	106	1	2	8	176
2016	44	40	104	2	3	2	195
2017	18	17	120	1	1	3	160
合计	252	151	897	7	8	43	1358

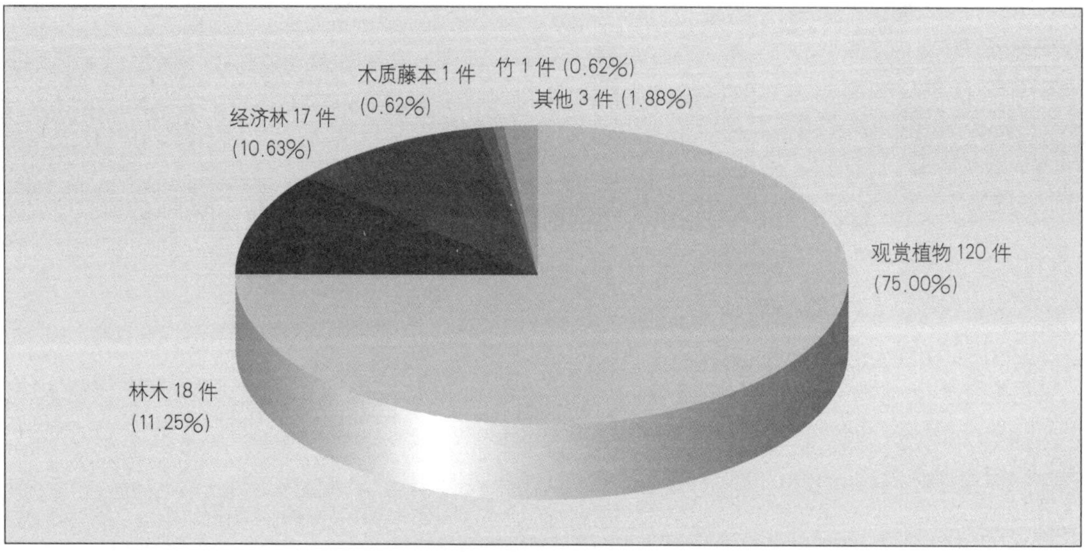

图 12　2017 年林业授权植物新品种的不同植物类别统计

2. 申请国家分析

2017 年，国内申请人共获得林业植物新品种授权 153 件，占年度授权总量的 95.63%，授权品种以芍药属、蔷薇属、苹果属、山茶属为主；国外申请人中有 3 个国家的品种权人获得林业植物新品种授权 7 件，占年度授权总量的 4.38%，按授权量依次是荷兰、英国和日本，授权品种以蔷薇属为主，其次是绣球属。截至 2017 年底，国内申请人共获得 1170 件林业植物新品种权，占授权总量的 86.16%，授权品种以蔷薇属和杨属为主，其次是山茶属、杜鹃花属和芍药属；国外共有 10 个国家在中国获得了 188 件植物新品种权，占授权总量的 13.84%，授权品种以蔷薇属和大戟属为主，授权量最多的是德国，共 57 件，其次是荷兰（46 件）和法国（30 件）（表 21）。

3. 属（种）分析

林业授权植物新品种的属（种）以蔷薇属和杨属为主。2017 年林业植物新品种授权量最多的是芍药属，其次是蔷薇属、苹果属和山茶属（图 13）。截至 2017 年底，授权量最多的依次是蔷薇属 295 件，占授权总量的 21.72%，杨属 126 件（9.28%）、山茶属 79 件（5.82%）、杜鹃花属 69 件（5.08%）。国外品种权人的授权品种以蔷薇属为主，其次是大戟属，主要是观赏植物（表 22）。

表 21　1999—2017 年林业授权植物新品种中各国的授权量统计　　单位：件

排名	国家	授权总量	2017年授权量	主要属种
1	中　国	1170	153	蔷薇属、杨属、山茶属、杜鹃花属
2	德　国	57	0	蔷薇属、大戟属
3	荷　兰	46	3	蔷薇属
4	法　国	30	0	蔷薇属
5	英　国	26	3	蔷薇属
6	美　国	15	0	大戟属、悬钩子属
7	比利时	6	0	杜鹃花属
8	意大利	4	0	蔷薇属
9	丹　麦	2	0	蔷薇属
10	新西兰	1	0	蔷薇属
11	日　本	1	1	绣球属
合计		1358	160	

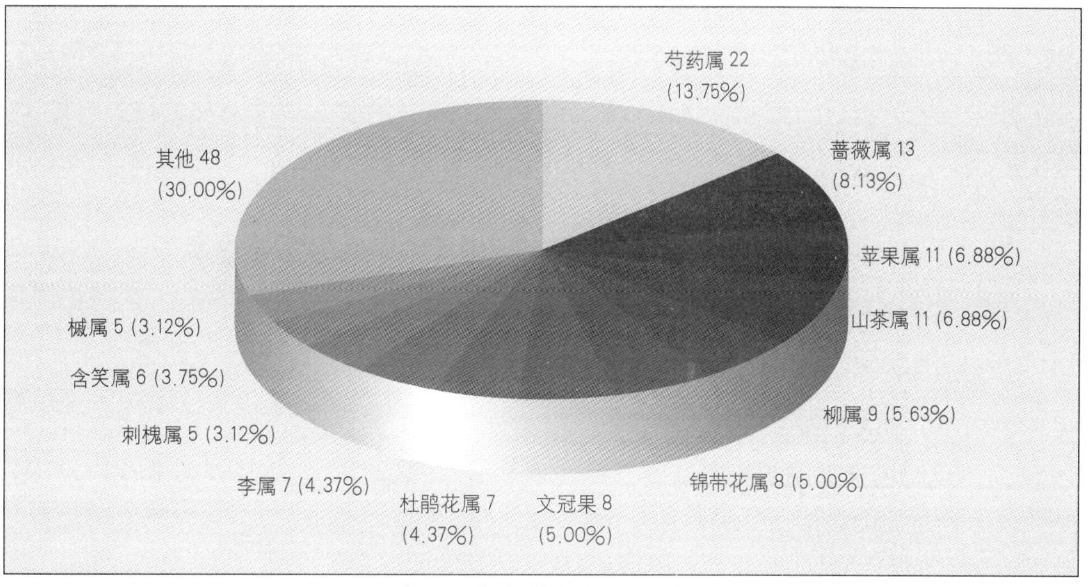

图 13　2017 年林业授权植物新品种的属（种）统计

表 22　1999—2017 年各国授权品种的属（种）授权量统计　　单位：件

属（种）	授权总量											
	中国	德国	荷兰	法国	英国	美国	比利时	意大利	丹麦	日本	新西兰	合计
蔷薇属	148	42	42	30	26	0	0	4	2	0	1	295
杨属	126	0	0	0	0	0	0	0	0	0	0	126
山茶属	79	0	0	0	0	0	0	0	0	0	0	79
杜鹃花属	63	0	0	0	0	0	6	0	0	0	0	69

（续）

属（种）	授权总量											
	中国	德国	荷兰	法国	英国	美国	比利时	意大利	丹麦	日本	新西兰	合计
芍药属	57	0	0	0	0	0	0	0	0	0	0	57
含笑属	38	0	0	0	0	0	0	0	0	0	0	38
核桃属	34	0	0	0	0	0	0	0	0	0	0	34
牡丹	33	0	0	0	0	0	0	0	0	0	0	33
大戟属	3	15	0	0	0	7	0	0	0	0	0	25
木兰属	25	0	0	0	0	0	0	0	0	0	0	25
银杏	24	0	0	0	0	0	0	0	0	0	0	24
杏	20	0	0	0	0	2	0	0	0	0	0	22
其他	520	0	4	0	0	6	0	0	0	1	0	531
合计	1170	57	46	30	26	15	6	4	2	1	1	1358

4. 品种权人授权量分析

品种权人分析包括每件植物新品种权的所有共同品种权人，并对品种权人（机构）的不同写法、历史变迁和异名进行了规范化加工整理，以保持统计数据的完整性和准确性。

2017 年，林业植物新品种授权量最多的是甘肃省林业科学技术推广总站，共 20 件，排名前 5 的品种权人还包括山东省林业科学研究院（17 件）、黑龙江省森林植物园（10 件）、北京林业大学（9 件）、昌邑海棠苗木专业合作社（8 件）。截至 2017 年底，林业植物新品种授权总量最多的是北京林业大学，共 136 件，排名前 5 的品种权人还包括中国林业科学研究院（91 件）、山东省林业科学研究院（82 件）、中国科学院（44 件）、昆明杨月季园艺有限责任公司（39 件），排名前 15 的品种权人中有 4 家外国企业，分别是德国科德斯月季育种公司 (W. Korder' Sohne)（26 件）、法国玫兰国际有限公司（Meilland International S. A）（23 件）、大卫奥斯汀月季公司（David Austin Roses Limited）（22 件）和荷兰彼得· 西吕厄斯控股公司（Piet Schreurs Holding B.V.）（16 件）（表 23）。

5. 品种权人构成分析

品种权人构成分析以第一品种权人类型进行统计。2017 年，林业植物新品种的品种权人以企业为主，共获得植物新品种权 54 件（33.75%），其次是科研院所 40 件（25.00%）和高等院校 20 件（12.50%）（图 14）。截至 2017 年底，林业植物新品种的品种权人以企业为主，共获得植物新品种权 495 件，占总量的 36.45%，其次是科研院所 371 件（27.32%）和高等院校 238 件（17.53%）（表 24）。

表 23　1999—2017 年林业授权品种主要品种权人授权量排行榜　　单位：件

排名	授权总量		2017年授权量	
	品种权人	授权量	品种权人	授权量
1	北京林业大学	136	甘肃省林业科学技术推广总站	20
2	中国林业科学研究院	91	山东省林业科学研究院	17
3	山东省林业科学研究院	82	黑龙江省森林植物园	10
4	中国科学院	44	北京林业大学	9
5	昆明杨月季园艺有限责任公司	39	昌邑海棠苗木专业合作社	8
6	山东农业大学	33	昌邑市林业局	7
7	上海植物园	27	棕榈生态城镇发展股份有限公司	7
8	德国科德斯月季育种公司 (W. Korder' Sohne)	26	中国林业科学研究院	7
9	棕榈园林股份有限公司	24	中国科学院	6
10	法国玫兰国际有限公司 (Meilland International S.A)	23	北京市农林科学院	4
11	云南省农业科学院	22	滨州市一逸林业有限公司	4
12	大卫奥斯汀月季公司 (David Austin Roses Limited)	22	南京林业大学	4
13	金华市永根杜鹃花培育有限公司	19	宁夏林业研究院股份有限公司	4
14	泰安市泰山林业科学研究院	18	山东农业大学	4
15	荷兰彼得·西吕厄斯控股公司 (Piet Schreurs Holding B.V.)	16	云南锦苑花卉产业股份有限公司	4

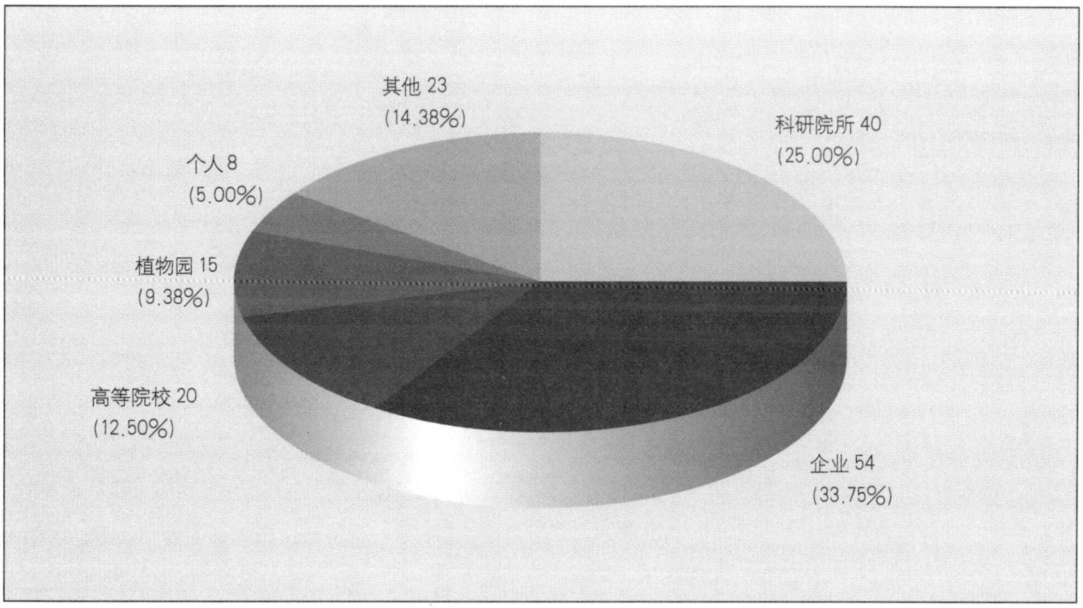

图 14　2017 年林业授权植物新品种品种权人构成统计

表 24　1999—2017 年林业授权品种中不同植物类别品种权人的授权量统计　单位：件

植物类别	企业	科研院所	高等院校	个人	植物园	其他	合计
观赏植物	414	131	130	119	60	43	897
林木	40	121	76	14	1	0	252
经济林	19	95	25	9	0	3	151
其他	19	16	4	3	0	1	43
木质藤本	3	2	2	0	0	1	8
竹	0	6	1	0	0	0	7
合计	495	371	238	145	61	48	1358

6. 授权品种地域分析

2017 年，全国共有 17 个省（自治区、直辖市）获得林业植物新品种权，授权量最多的是山东，共 31 件，占国内授权总量的 20.26%，其次是北京(24 件)、甘肃(20 件)。截至 2017 年底，全国共有 27 个省（自治区、直辖市）获得林业植物新品种权，授权量最多的是北京，共 258 件，占国内授权总量的 22.05%，其次是山东、云南和浙江。北京以杨属、山东以柳属、云南以蔷薇属、浙江以杜鹃花属为主要授权品种（表 25）。

表 25　1999—2017 年全国各省（自治区、直辖市）的新品种授权量排行榜　单位：件

排序	省（自治区、直辖市）	授权总量	2017年授权量	主要属（种）
1	北　京	258	24	杨属、蔷薇属、芍药属、牡丹、梅
2	山　东	180	31	柳属、核桃属、银杏、苹果属、杏
3	云　南	140	12	蔷薇属、含笑属
4	浙　江	118	11	杜鹃花属、山茶属
5	广　东	85	11	山茶属、桉属
6	河　南	82	7	杨属、卫矛属
7	江　苏	53	9	落羽杉属、银杏
8	甘　肃	43	20	芍药属、牡丹
9	上　海	36	3	木瓜属、山茶属
10	河　北	24	0	板栗、榆属
11	湖　南	24	0	山茶属、含笑属、紫薇
12	黑龙江	16	10	锦带花属
13	江　西	16	0	含笑属、南酸枣、枫香属、樟属
14	宁　夏	13	4	枸杞属、文冠果
15	辽　宁	12	0	杏、连翘属
16	内蒙古	11	2	圆柏属、杨属
17	广　西	10	0	山茶属、桑属、松属
18	福　建	8	4	桂花、木麻黄属

（续）

排序	省（自治区、直辖市）	授权总量	2017年授权量	主要属（种）
19	陕　西	8	0	杨属、杏
20	四　川	8	2	核桃属、紫金牛属
21	湖　北	6	1	紫薇、桂花
22	安　徽	5	1	刺槐属、冬青属、柳属、枣、梓树属
23	新　疆	5	0	杨属、蔷薇属
24	山　西	4	0	栾树属
25	贵　州	3	0	黄杨属
26	天　津	1	1	白蜡树属
27	重　庆	1	0	桂花
合计		1170	153	

三、品种申请分析

2017年，林业植物新品种申请量共623件，其中国内申请516件，占申请量的82.83%，国外申请107件(17.17%)。截至2017年底，林业植物新品种申请量共2811件，其中国内申请2325件，占申请量的82.71%，国外申请486件（17.29%）。

1. 属（种）分析

2017年，林业植物新品种申请以蔷薇属为主，共99件，占年度申请总量的15.89%，其次是越橘属38件（6.10%）、文冠果属34件（5.46%）、杜鹃花属30件（4.82%）、槐属30件（4.82%）（图15）。

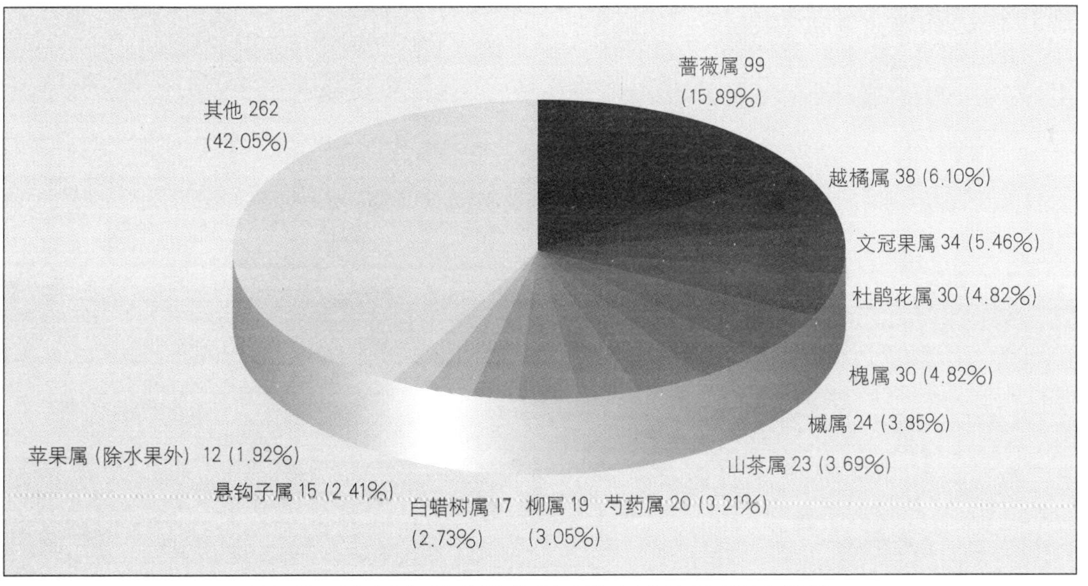

图15　2017年林业植物新品种申请的属（种）统计

2. 申请人分析

品种申请人分析包括每件植物新品种的所有共同申请人，并对申请人（机构）的不同写法、历史变迁和异名进行了规范化加工整理，以保持统计数据的完整性和准确性。

2017年，全国共有169位申请人进行了林业植物新品种的申请，排名前5的申请人分别是山东省林业科学研究院（55件）、中国林业科学研究院（36件）、北京林业大学（34件）、中国农业科学院（22件）、江苏省林业科学研究院（16件）（表26）。

表26　2017年林业植物新品种申请人的申请量排行榜　单位：件

排名	申请人	申请量	主要属（种）
1	山东省林业科学研究院	55	槐属、白蜡树属、接骨木属、柳属
2	中国林业科学研究院	36	文冠果、杨属、榆属
2	北京林业大学	34	文冠、杜仲
4	中国农业科学院	22	芍药属
5	江苏省林业科学研究院	16	柳属、乌桕属
5	南京林业大学	16	苹果属（除水果外）
7	山东农业大学	15	槭属
7	云南省农业科学院	15	蔷薇属
9	德瑞斯克公司 (Driscoll’s, Inc.)	14	悬钩子属、越橘属
10	湖南省林业科学院	12	山茶属、紫薇

3. 申请人构成分析

申请人构成分析以第一申请人类型进行统计。2017年，林业植物新品种的申请人以科研院所和企业为主，分别为227件和218件，高等院校110件，个人30件，植物园11件（图16）。（马文君）

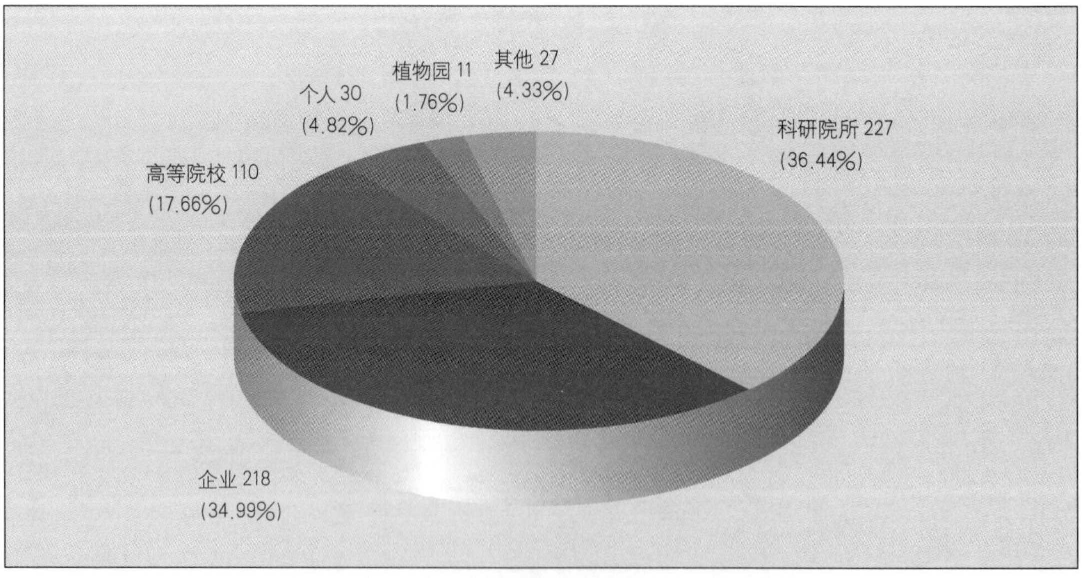

图16　2017年林业植物新品种申请人构成统计

林产品地理标志

林产品地理标志是指林产品来源于特定地域，产品品质和相关特性主要取决于该地域的自然生态环境和历史人文因素，并经审核批准以地域名称冠名的特有林产品标志。地理标志属于特定领域的知识产权，许多林产品都具有地理标志特性。

根据中国农业部网站、中国地理标志服务中心网站和中国商标网登记公告统计，2017年注册和登记的林产品地理标志共80件，占林产品地理标志总量的8.5%，2017年，核桃、板栗、枣和油茶的地理标志数量较多，分别为11件、5件、5件和5件。

截至2017年底，我国已注册和登记的林产品地理标志共941件，主要有枣、核桃、板栗、杏、木耳和花椒等。从林产品地理标志地域分布来看，山东和四川的地理标志数量较多，分别占总量的10.5%和10.2%（图17，表27，表28）。（范圣明）

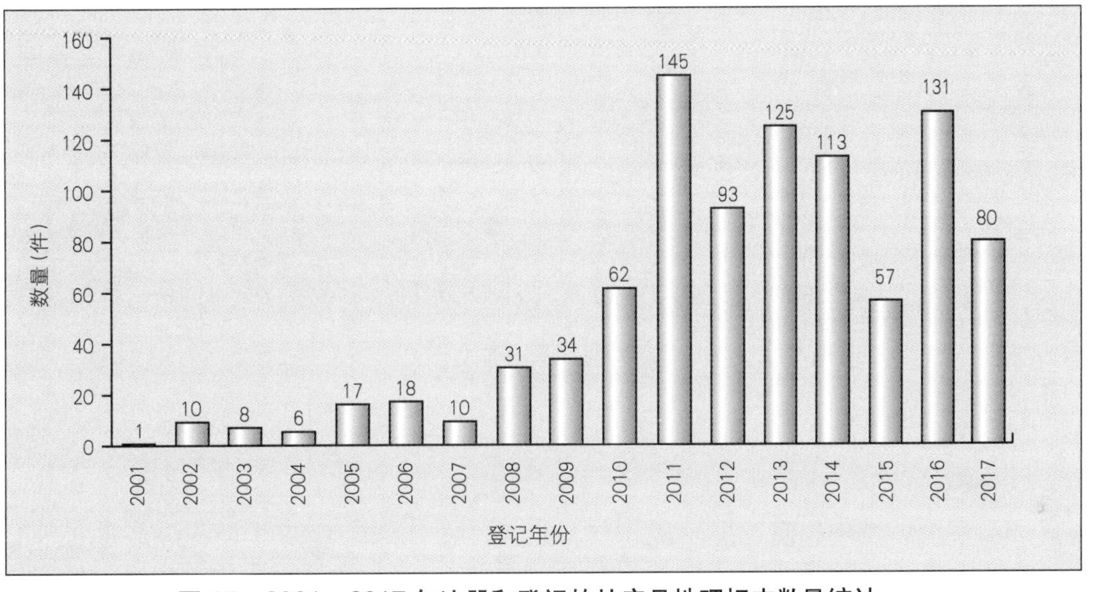

图17　2001—2017年注册和登记的林产品地理标志数量统计

表27　2001—2017年主要林产品地理标志登记量统计　　单位：件

产品类别	累计总量	2016年	2017年
枣	115	4	5
核桃	115	7	11
板栗	63	6	5
杏	36	3	0
木耳	36	2	4
花椒	34	4	2
枸杞	23	4	3
油茶	17	4	5
其他	502	97	45
合计	941	131	80

表 28 2001—2017 年主要省份林产品地理标志登记量统计 单位：件

省份	累计总量	2016年	2017年
山东	99	13	7
四川	96	8	10
河北	49	12	2
安徽	49	17	1
陕西	46	6	1
新疆	42	4	0
辽宁	41	5	2
云南	39	3	5
山西	35	0	2
河南	34	6	3
其他	411	57	47
合计	941	131	80

注：1. 本统计根据中国商标网地理标志信息公布情况对 2016 林产品地理标志数据信息进行了修正。
2. 林产品地理标志数据来自中国农业部网站、中国地理标志服务中心网站和中国商标网 3 个网站。本文统计分析时，中国商标网未公布 2017 年 3～6 月、9～12 月的地理标志商标名录。

林业著作权

1. 林业图书

据中国版本图书馆图书在版编目（CIP）数据统计，2017 年全国各出版社共出版图书 15 万余种，与 2016 年相比略有增长，与林业相关的生物科学类图书持续增长。中共中央“十九大”将生态文明建设放在重要的战略位置，反映在 2017 年的图书选题方面，生态建设、湿地、地区植物图鉴、古树名木、自然保护区等类图书有明显的增加。

2017 年，第六届梁希科普奖评选活动中，中国林业出版社的《鸟国拾趣》获得一等奖，科学普及出版社的《中国湿地》获得二等奖，《Close to nature——你我身边的自然保护区》《鄱阳湖鸟类》《银川地区鸟类野外识别手册》《世界上最老最老的生命》《油茶树整形修剪实用技术》《森林疗养漫谈》《走进森林》和《祁连山》获得三等奖。

2017 年度国家科学技术奖励大会上，由中国林业科学研究院崔丽娟研究员领衔完成的科普作品《湿地北京》获国家科学进步奖二等奖。《湿地北京》契合了国家科普创新和生态建设的重大需求，立足于弘扬生态文明，维护首都生态安全，凝练了湿地科学前沿创新研究成果，在推动北京湿地保护立法进程，提高湿地保护管理水平，提升全民湿地保护意识上发挥了重要作用，填补了我国湿地领域科普的空白。

继 2016 年的中国湿地资源系列图书之后，2017 年中国林业出版社又出版了中国湿地保护系列丛书，主要包括：《中国湿地文化》《湿地与气候变化》《中国国际重要湿地及其生态特征》《中国湿地公园建设研究》。

近年来，我国的鸟类学研究迅速发展，观鸟摄鸟爱好者也呈几何级数上涨，中国林业出版社在2017年适时策划出版《中国鸟类识别手册》。《中国鸟类识别手册》以中国科学院院士、著名鸟类学家郑光美的《中国鸟类分类与分布名录（第二版）》分类系统和《中国观鸟年报（2016）》的最新分类系统为依据，图文并茂地介绍了我国1453种鸟类的形态特征、生活习性及地理分布等，图片的生物学特征性强，文字说明言简意赅，是一本不可多得的优质工具书。（孙小满）

2. 林业软件著作权

软件著作权是指软件的开发者或者其他权利人依据有关著作权法律的规定，对于软件作品所享有的各项专有权利。软件著作权经过登记后，软件著作权人享有发表权、开发者身份权、使用权、使用许可权和获得报酬权。林业软件著作权指与林业相关的软件著作权。

根据中国版权保护中心计算机软件著作权登记公告统计，2017年林业科研院所和高等院校的软件著作权登记共867项，2017年登记量排名前5位的软件著作权人分别是北京林业大学（325项）、西北农林科技大学（244项）、浙江农林大学（71项）、中国林业科学研究院（61项）和东北林业大学（21项）。截至2017年底，登记的林业软件著作权共6098项。软件著作权人主要来自林业高等院校、科研院所及相关的林业企业。（范圣明）

附　表

附表1　2017年林业授权植物新品种

附表2　2017年林业植物新品种申请

附表3　2017年林产品地理标志

附表4　2017年主要林业图书

附表5　2017年主要林业软件著作权

附表6　2017年林业科研院所授权发明专利

附表1　2017年林业授权植物新品种

序号	品种权号	品种名称	属(种)	品种权人	培育人	申请号	申请日	授权日
1	20170001	金焰	蔷薇属	云南云秀花卉有限公司	段金辉、薛祖旺	20140061	20140428	20171017
2	20170002	铺地红霞	蔷薇属	北京林业大学	潘会堂、赵红霞、张启翔、罗乐、丁晓六、王晶、刘佳、于超、程堂仁、王佳	20140161	20140924	20171017
3	20170003	奥斯珂苓（AUSKITCHEN）	蔷薇属	大卫奥斯汀月季公司 (David Austin Roses Limited)	大卫·奥斯汀（David Austin）	20150080	20150416	20171017
4	20170004	奥斯布兰可（AUSBLANKET）	蔷薇属	大卫奥斯汀月季公司 (David Austin Roses Limited)	大卫·奥斯汀（David Austin）	20150082	20150416	20171017
5	20170005	奥斯诺波（AUSNOBLE）	蔷薇属	大卫奥斯汀月季公司 (David Austin Roses Limited)	大卫·奥斯汀（David Austin）	20150152	20150818	20171017
6	20170006	云香	蔷薇属	云南省农业科学院花卉研究所	周宁宁、王其刚、邱显钦、李淑斌、王丽花、吴旻、张婷、晏慧君、蹇洪英、唐开学、张颢	20140150	20140901	20171017
7	20170007	瑞普吉 0355a（Ruipj0355a）	蔷薇属	迪瑞特知识产权公司（De Ruiter Intellectual Property B.V.）	汉克·德·格罗特 (H.C.A. de Groot)	20150180	20150906	20171017
8	20170008	薇薇瑞拉（VUVUZELA）	蔷薇属	迪瑞特知识产权公司（De Ruiter Intellectual Property B.V.）	汉克·德·格罗特 (H.C.A. de Groot)	20150165	20150828	20171017
9	20170009	白雪	蔷薇属	云南锦苑花卉产业股份有限公司	倪功、曹荣根、田连通、白云评、乔丽婷、阳明祥	20110131	20111110	20171017
10	20170010	锦秀	蔷薇属	云南锦苑花卉产业股份有限公司	倪功、曹荣根、田连通、白云评、乔丽婷、阳明祥	20120203	20121201	20171017
11	20170011	宝石	蔷薇属	云南锦苑花卉产业股份有限公司	倪功、曹荣根、田连通、白云评、乔丽婷、阳明祥	20120200	20121201	20171017
12	20170012	碧云	蔷薇属	云南锦苑花卉产业股份有限公司	倪功、曹荣根、田连通、白云评、乔丽婷、阳明祥	20120206	20121201	20171017
13	20170013	暗香	蔷薇属	北京市园林科学研究院	巢阳、勇伟、冯慧、周燕	20150228	20151026	20171017
14	20170014	荷克玛丽沃（HOKOMAREVO）	绣球属	荷兰考斯特控股公司（Kolster Holding BV, The Netherlands）	皮特·考斯特（Peter Kolster）	20160099	20160512	20171017
15	20170015	荷 2002（H2002）	绣球属	入江亮次 (Ryoji Irie)	入江亮次（Ryoji Irie）	20160157	20160704	20171017

（续）

序号	品种权号	品种名称	属(种)	品种权人	培育人	申请号	申请日	授权日
16	20170016	洱海秀	杜鹃花属	大理苍山植物园生物科技有限公司、云南特色木本花卉工程技术研究中心	李奋勇、张长芹、刘国强、钱晓江、张馨	20120133	20120817	20171017
17	20170017	喜红烛	杜鹃花属	大理苍山植物园生物科技有限公司、云南特色木本花卉工程技术研究中心	李奋勇、张长芹、刘国强、钱晓江、张馨	20120135	20120817	20171017
18	20170018	宁绿	槭属	江苏省农业科学院	李倩中、李淑顺、唐玲、闻婧、荣立苹	20130139	20130906	20171017
19	20170019	大棠婷美	苹果属	青岛市农业科学研究院	沙广利、黄粤、马荣群、王芝云、孙吉禄、宫象晖	20130177	20131230	20171017
20	20170020	泓森槐	刺槐属	安徽泓森高科林业股份有限公司	侯金波、王廷敞、杨倩倩、彭晶晶、刘振华、董绍贵、石冠旗	20140166	20141014	20171017
21	20170021	朱凝脂	厚皮香属	浙江森禾种业股份有限公司	王春、郑勇平、顾慧、王越、尹庆平、陈慧芳、项美淑、张光泉、陈岗、刘丹丹	20140193	20141030	20171017
22	20170022	龙仪芳	樟属	宜兴市香都林业生态科技有限公司	陈乐文、洪伟、吴世华	20150009	20150121	20171017
23	20170023	丹玉	含笑属	范继才、罗泽治、李天兴	罗泽治、范继才、易同培	20150017	20150124	20171017
24	20170024	中林 1 号	卫矛属	北京中林常绿园林科技中心	王木林	20150040	20150319	20171017
25	20170025	普缇	七叶树属	河南四季春园林艺术工程有限公司、鄢陵中林园林工程有限公司	张林、刘双枝、张文馨	20150084	20150429	20171017
26	20170026	春香	连翘属	北京林业大学	潘会堂、张启翔、申建双、石超、叶远俊、胡杏、程堂仁、王佳、丁晓六	20150121	20150701	20171017
27	20170027	斑斓	山茱萸属	黑龙江省森林植物园	李长海、郁永英、翟晓鸥、宋莹莹、范森	20150126	20150707	20171017
28	20170028	辉煌	山茱萸属	黑龙江省森林植物园	李长海、郁永英、翟晓鸥、宋莹莹、范森	20150127	20150707	20171017
29	20170029	中柿 3 号	柿	国家林业局泡桐研究开发中心、西北农林科技大学	杨勇、傅建敏、孙鹏、刁松锋、韩卫娟、索玉静、李芳东、朱高浦、李树战、罗颖	20150170	20150831	20171017
30	20170030	绿衣紫鹃	木兰属	中国科学院华南植物园	杨科明、陈新兰、叶育石、廖景平	20150201	20150930	20171017

（续）

序号	品种权号	品种名称	属(种)	品种权人	培育人	申请号	申请日	授权日
31	20170031	香绯	含笑属	棕榈生态城镇发展股份有限公司	王晶、王亚玲、严丹峰、吴建军、赵珊珊	20150225	20151015	20171017
32	20170032	香雪	含笑属	棕榈生态城镇发展股份有限公司	赵强民、王亚玲、王晶、吴建军、赵珊珊、严丹峰	20150226	20151015	20171017
33	20170033	超越 1 号	越桔属	江苏省中国科学院植物研究所、浙江蓝美科技股份有限公司	姜燕琴、韦继光、曾其龙、张根柱、杨娇、於虹、张德巧	20150232	20151105	20171017
34	20170034	妍华	文冠果	北京林业大学、俏东方生物燃料集团有限公司、中国林业科学研究院林业研究所	敖妍、申展、马履一、贾黎明、苏淑钗、霍永君、于海燕、王静	20150254	20151214	20171017
35	20170035	金箍棒	刚竹属	安吉县林业局、国际竹藤中心、浙江安吉环球竹藤研发中心	张宏亮、郭起荣、张培新、周昌平、王琴、胡娇丽	20150255	20151214	20171017
36	20170036	抱香	山茶属	棕榈生态城镇发展股份有限公司	钟乃盛、刘信凯、高继银、严丹峰	20150269	20151222	20171017
37	20170037	抱星	山茶属	棕榈生态城镇发展股份有限公司	黎艳玲、钟乃盛、叶琦君、徐慧、柯欢、赵鸿杰	20150270	20151222	20171017
38	20170038	抱艳	山茶属	棕榈生态城镇发展股份有限公司	刘信凯、严丹峰、叶琦君、黎艳玲、赵鸿杰、殷爱华	20150271	20151222	20171017
39	20170039	彩黄	山茶属	棕榈生态城镇发展股份有限公司	赵强民、钟乃盛、刘信凯、高继银	20150272	20151222	20171017
40	20170040	黄绸缎	山茶属	棕榈生态城镇发展股份有限公司	高继银、叶琦君、黎艳玲、严丹峰、柯欢、陈杰	20150273	20151222	20171017
41	20170041	风车	木棉属	广东省林业科学研究院	潘文、朱报著、张方秋、徐斌、王裕霞	20160001	20151229	20171017
42	20170042	红星	木棉属	广东省林业科学研究院	张方秋、朱报著、潘文、徐斌、王裕霞	20160002	20151229	20171017
43	20170043	金灿	木棉属	广东省林业科学研究院	朱报著、张方秋、潘文、徐斌、王永峰	20160003	20151229	20171017
44	20170044	青砧 8 号	苹果属	青岛市农业科学研究院、山东农业大学	沙广利、郝玉金、万述伟、束怀瑞、黄粤、马荣群、赵爱鸿、葛红娟、王珍青	20160013	20160105	20171017
45	20170045	青砧 3 号	苹果属	青岛市农业科学研究院、山东农业大学	沙广利、郝玉金、万述伟、束怀瑞、赵爱鸿、黄粤、马荣群、葛红娟、王珍青	20160015	20160111	20171017

（续）

序号	品种权号	品种名称	属(种)	品种权人	培育人	申请号	申请日	授权日
46	20170046	墨玉籽	核桃属	中国林业科学研究院林业研究所、蓬安天府农业发展有限公司	张俊佩、任勇、滕尚军、马庆国、周乃富	20160016	20160114	20171017
47	20170047	中洛红	核桃属	中国林业科学研究院林业研究所、洛宁县先科树木改良技术研究中心	裴东、徐慧敏、宋晓波、张俊佩、徐慧鸽、马庆国、徐虎智	20160017	20160114	20171017
48	20170048	映玉 1 号	杜鹃花属	杭州植物园	朱春艳、余金良、邱新军、王雪芬、江燕、朱剑俊、周绍荣、陈霞	20160044	20160201	20171017
49	20170049	映玉 2 号	杜鹃花属	杭州植物园	朱春艳、王恩、邱新军、王雪芬、江燕、朱剑俊、周绍荣、陈霞	20160045	20160201	20171017
50	20170050	丽人行	决明属	中国林业科学研究院林业研究所	李斌、郑勇奇、林富荣、郭文英、郑世楷、于淑兰	20160049	20160203	20171017
51	20170051	森森金紫冠	文冠果	宁夏林业研究院股份有限公司	王娅丽、李永华、朱强、李彬彬、沈效东、朱丽珍	20160069	20160301	20171017
52	20170052	紫京	核桃属	王秀坡	王秀坡	20160078	20160321	20171017
53	20170053	紫玛瑙	乌桕属	浙江森禾种业股份有限公司	郑勇平、王春、杨家强、顾慧、尹庆平、陈岗、刘丹丹	20160079	20160324	20171017
54	20170054	独秀 1 号	文冠果	北京市大东流苗圃、北京林业大学、北京思路文冠果科技开发有限公司	刘春和、关文彬、徐红江、王青、李永芳、林向义	20160086	20160419	20171017
55	20170055	金冠霞帔	文冠果	北京林业大学、辽宁思路文冠果业科技开发有限公司	关文彬、耿占礼、张文臣、王青、黄炎子	20160089	20160419	20171017
56	20170056	匀冠锦霞	文冠果	北京思路文冠果科技开发有限公司、北京林业大学	王青、徐红江、姚飞、李春兰、关文彬	20160090	20160419	20171017
57	20170057	如玉	樟属	德兴市荣兴苗木有限责任公司	周友平、周卫信、周卫荣、周建荣、方腾、王樟富	20160091	20160426	20171017
58	20170058	盛赣	樟属	德兴市荣兴苗木有限责任公司	周友平、周卫信、周卫荣、周建荣、方腾、王樟富	20160092	20160426	20171017
59	20170059	上植华章	山茶属	上海植物园	奉树成、张亚利、郭卫珍、李湘鹏、莫健彬、宋垚、周永元	20160093	20160429	20171017
60	20170060	上植欢乐颂	山茶属	上海植物园	奉树成、张亚利、李湘鹏、郭卫珍、宋垚、莫健彬、周永元	20160094	20160429	20171017
61	20170061	上植月光由	山茶属	上海植物园	奉树成、张亚利、李湘鹏、郭卫珍、宋垚、莫健彬、周永元	20160095	20160429	20171017

（续）

序号	品种权号	品种名称	属(种)	品种权人	培育人	申请号	申请日	授权日
62	20170062	香妃	含笑属	福建连城兰花股份有限公司	饶春荣	20160109	20160603	20171017
63	20170063	旱峰柳	柳属	焦传礼	焦传礼、白云祥	20160118	20160618	20171017
64	20170064	旱豪柳	柳属	焦传礼	焦传礼、白云祥	20160119	20160618	20171017
65	20170065	仁居柳 1 号	柳属	焦传礼	焦传礼、白云祥	20160120	20160618	20171017
66	20170066	蒙树 1 号杨	杨属	内蒙古和盛生态科技研究院有限公司	朱之悌、赵泉胜、林惠斌、李天权、康向阳、铁英、封卫平	20160126	20160616	20171017
67	20170067	蒙树 2 号杨	杨属	内蒙古和盛生态科技研究院有限公司	朱之悌、赵泉胜、林惠斌、李天权、康向阳、铁英、封卫平	20160127	20160616	20171017
68	20170068	金野	紫穗槐属	北京农业职业学院	石进朝	20160132	20160623	20171017
69	20170069	金粉妍	山茶属	中国科学院昆明植物研究所	沈云光、夏丽芳、冯宝钧、王仲朗、谢坚	20160133	20160624	20171017
70	20170070	艳红霞	山茶属	中国科学院昆明植物研究所	沈云光、夏丽芳、冯宝钧、王仲朗、谢坚	20160134	20160624	20171017
71	20170071	紫锦	杜鹃花属	威海七彩生物科技有限公司	戚海峰、丛群、梁中贵、林东旭	20160139	20160627	20171017
72	20170072	津林一号	白蜡树属	天津海润泽农业科技发展有限公司	李玉奎、李蕊、吕宝山、孔凡涛、张景新、张月红、赵阳、许庆良、杨婧、辛娜、魏志勇、袁小磊	20160141	20160629	20171017
73	20170073	芭蕾玉棠	苹果属	中国农业大学	朱元娣、张文、张天柱、李光晨	20160143	20160629	20171017
74	20170074	卷瓣	含笑属	中国科学院昆明植物研究所	熊江、徐海燕、龚洵	20160148	20160701	20171017
75	20170075	蜡瓣	含笑属	中国科学院昆明植物研究所	徐海燕、熊江、龚洵	20160149	20160701	20171017
76	20170076	寒缃	槭属	宁波城市职业技术学院	王志龙、祝志勇、林乐静、林立	20160150	20160704	20171017
77	20170077	黄堇	槭属	宁波城市职业技术学院	祝志勇、林乐静、叶国庆	20160151	20160704	20171017
78	20170078	黄莺	槭属	宁波城市职业技术学院	祝志勇、林乐静、叶国庆	20160152	20160704	20171017
79	20170079	炫红杨	杨属	商丘市中兴苗木种植有限公司	程相军、王爱科、张新建、张和臣、王利民、李树清、程相魁	20160153	20160704	20171017
80	20170080	南林红	枫香属	南京林业大学	张往祥、范俊俊、魏宏亮、谢寅峰、陈永霞、王欢、周婷、赵明明、马得草、曹福亮	20160154	20160705	20171017
81	20170081	玲珑	枫香属	南京林业大学	张往祥、周婷、周道建、范俊俊、彭冶、陈永霞、赵明明、杨萍、曹福亮	20160155	20160705	20171017

（续）

序号	品种权号	品种名称	属(种)	品种权人	培育人	申请号	申请日	授权日
82	20170082	粉芭蕾	苹果属	南京林业大学	张往祥、赵明明、范俊俊、周婷、陈永霞、周道建、乔梦、曹福亮	20160156	20160705	20171017
83	20170083	森森金粉冠	文冠果	宁夏林业研究院股份有限公司	王娅丽、沈效东、李永华、朱丽珍、李彬彬、王英红	20160160	20160711	20171017
84	20170084	森森重瓣冠	文冠果	宁夏林业研究院股份有限公司	王娅丽、李永华、沈效东、朱丽珍、李彬彬、王英红	20160161	20160711	20171017
85	20170085	森森桃红冠	文冠果	宁夏林业研究院股份有限公司	王娅丽、沈效东、李永华、朱强、朱丽珍、李彬彬	20160162	20160711	20171017
86	20170086	红焰	槭属	四川七彩林业开发有限公司	高尚、杨金财、张远凤、何程相、郑超、吴佳川、罗雪梅、马建华	20160163	20160714	20171017
87	20170087	鲁柳 1 号	柳属	山东省林业科学研究院、滨州市一逸林业有限公司	秦光华、焦传礼、宋玉民、乔玉玲、姜岳忠、曹帮华、于振旭、董玉峰、白云祥	20160164	20160719	20171017
88	20170088	鲁柳 2 号	柳属	山东省林业科学研究院、滨州市一逸林业有限公司	秦光华、焦传礼、宋玉民、乔玉玲、姜岳忠、曹帮华、康智、董玉峰、白云祥	20160165	20160719	20171017
89	20170089	鲁柳 3 号	柳属	山东省林业科学研究院、沧州市一逸柳树育种有限公司	秦光华、焦传礼、宋玉民、乔玉玲、姜岳忠、桑亚林、刘德玺、刘桂民、白云祥	20160166	20160719	20171017
90	20170090	鲁柳 6 号	柳属	山东省林业科学研究院、滨州市一逸林业有限公司	秦光华、焦传礼、宋玉民、乔玉玲、姜岳忠、桑亚林、刘德玺、刘桂民、白云祥	20160167	20160719	20171017
91	20170091	银皮柳	柳属	沧州市一逸柳树育种有限公司、山东省林业科学研究院	焦传礼、秦光华、宋玉民、乔玉玲、姜岳忠、杨庆山、魏海霞、白云祥	20160168	20160719	20171017
92	20170092	仁居柳 2 号	柳属	滨州市一逸林业有限公司、山东省林业科学研究院	焦传礼、秦光华、宋玉民、乔玉玲、姜岳忠、王霞、李永涛、杨庆山、白云祥	20160169	20160719	20171017
93	20170093	紫绒洒金	牡丹	山东农业大学	赵兰勇、赵明远、徐宗大、于晓艳、邹凯	20160188	20160725	20171017
94	20170094	满堂红	苹果属	山东省林业科学研究院、昌邑海棠苗木专业合作社、昌邑市林业局	许景伟、胡丁猛、王立辉、国兴建、李传荣、明建芹、孔雪华、刘盛芳、亓玉昆	20160196	20160801	20171017

（续）

序号	品种权号	品种名称	属(种)	品种权人	培育人	申请号	申请日	授权日
95	20170095	红霞	苹果属	昌邑海棠苗木专业合作社、昌邑市林业局、山东省林业科学研究院	王圣仟、胡丁猛、明建芹、姚兴海、王立辉、王春海、囤兴建、刘浦孝、韩友吉	20160197	20160801	20171017
96	20170096	香荷	苹果属	昌邑海棠苗木专业合作社、山东省林业科学研究院、西诺（北京）花卉种业有限公司	王立辉、姚兴海、朱升祥、胡丁猛、齐伟婧、孔雪华、王春海、李珊、明建芹、钱振权	20160198	20160801	20171017
97	20170097	银杯	苹果属	昌邑海棠苗木专业合作社、昌邑市林业局、山东省林业科学研究院	姚兴海、王立辉、朱升祥、胡丁猛、齐伟婧、孔雪华、王春海、李珊、明建芹	20160199	20160801	20171017
98	20170098	美慧	李属	昌邑海棠苗木专业合作社、山东省林业科学研究院、昌邑市林业局	胡丁猛、王立辉、明建芹、朱升祥、王圣仟、李传荣、囤兴建、姚兴海、齐伟婧	20160200	20160801	20171017
99	20170099	海霞	李属	昌邑海棠苗木专业合作社、山东省林业科学研究院、昌邑市林业局	董伟刚、胡丁猛、许景伟、王立辉、明建芹、李传荣、韩友吉、臧真荣、李宗泰	20160201	20160801	20171017
100	20170100	美人楝	楝属	商丘市中兴苗木种植有限公司、河南省农业科学院园艺研究所	王爱科、程相军、王利民、张和臣、孟月娥、符真珠、陈金焕、程相魁	20160208	20160801	20171017
101	20170101	光红杨	杨属	商丘市中兴苗木种植有限公司、河南省农业科学院园艺研究所	程相军、王爱科、张和臣、王利民、陈金焕、程相魁	20160209	20160801	20171017
102	20170102	永福彩霞	桂花	山东农业大学、福建新发现农业发展有限公司	臧德奎、吴其超、陈日才、陈朝暖、陈小芳、陈菁菁、步俊彦、张晴	20160211	20160812	20171017
103	20170103	朝阳金钻	桂花	福建新发现农业发展有限公司	陈日才、陈朝暖、陈小芳、陈菁菁、臧德奎	20160212	20160812	20171017
104	20170104	永福紫绚	桂花	福建新发现农业发展有限公司	陈日才、陈朝暖、陈小芳、陈菁菁、臧德奎	20160213	20160812	20171017
105	20170105	玉牡丹	杜鹃花属	江苏省农业科学院	刘晓青、肖政、贾新平、孙晓波、何丽斯、陈尚平、苏家乐、邓衍明	20160214	20160815	20171017
106	20170106	霞绣	杜鹃花属	江苏省农业科学院	李畅、刘晓青、邓衍明、何丽斯、梁丽建、肖政、陈尚平、苏家乐	20160215	20160815	20171017

（续）

序号	品种权号	品种名称	属(种)	品种权人	培育人	申请号	申请日	授权日
107	20170107	淑媛	苹果属	山东省林业科学研究院、昌邑海棠苗木专业合作社、昌邑市林业局	胡丁猛、许景伟、王立辉、李传荣、朱升祥、囤兴建、明建芹、姚兴海、任飞、韩丛聪	20160216	20160822	20171017
108	20170108	雪琴	苹果属	昌邑海棠苗木专业合作社、山东省林业科学研究院、昌邑市林业局	囤兴建、胡丁猛、许景伟、李传荣、王立辉、王圣仟、明建芹、冯瑞廷、朱文成、舒秀阁	20160217	20160822	20171017
109	20170109	华金6号	忍冬属	山东中医药大学	张永清	20160218	20160826	20171017
110	20170110	青銮	金露梅	北京农学院	郑健、张彦广、冷平生、董素静、胡增辉、窦德泉、关雪莲	20160224	20160831	20171017
111	20170111	中柿4号	柿	国家林业局泡桐研究开发中心	傅建敏、孙鹏、刁松锋、韩卫娟、李芳东、索玉静、赵罕、刘攀峰、梁臣、雷小林、罗颖	20160225	20160901	20171017
112	20170112	楚林保魁	核桃属	湖北省林业科学研究院、保康县核桃技术推广中心、中国林业科学研究院林业研究所	徐永杰、王其竹、宋晓波、廖舒、王代全、李玲、常昌富、方立军、陈永高、蔡德军、李孝鑫、余正文、郭赟	20160244	20160918	20171017
113	20170113	娇玉	木兰属	北京林业大学、三峡大学、五峰博翎红花玉兰科技发展有限公司	马履一、段劼、桑子阳、陈发菊、贾忠奎、朱仲龙、张德春、王罗荣、杨杨、邓世鑫	20160252	20160920	20171017
114	20170114	娇莲	木兰属	北京林业大学、三峡大学、五峰博翎红花玉兰科技发展有限公司	马履一、贾忠奎、桑子阳、陈发菊、朱仲龙、张德春、段劼、王罗荣、杨杨、汪力	20160253	20160920	20171017
115	20170115	娇丹	木兰属	五峰博翎红花玉兰科技发展有限公司、北京林业大学、三峡大学	马履一、桑子阳、陈发菊、贾忠奎、朱仲龙、张德春、段劼、王罗荣、杨杨、肖爱华	20160254	20160920	20171017
116	20170116	初恋	锦带花属	黑龙江省森林植物园	马立华、庄倩、周勇、时雅君、雷桂杰、赵丽	20160258	20160921	20171017
117	20170117	传奇	锦带花属	黑龙江省森林植物园	马立华、庄倩、周勇、时雅君、雷桂杰、赵丽	20160259	20160921	20171017
118	20170118	蝶舞	锦带花属	黑龙江省森林植物园	庄倩、马立华、周勇、时雅君、王颖、赵丽、雷桂杰	20160260	20160921	20171017
119	20170119	极致	锦带花属	黑龙江省森林植物园	庄倩、马立华、周勇、时雅君、王颖、赵丽、雷桂杰	20160262	20160921	20171017

（续）

序号	品种权号	品种名称	属(种)	品种权人	培育人	申请号	申请日	授权日
120	20170120	心动	锦带花属	黑龙江省森林植物园	庄倩、马立华、周勇、时雅君、赵丽、雷桂杰	20160266	20160921	20171017
121	20170121	绚彩	锦带花属	黑龙江省森林植物园	马立华、庄倩、周勇、时雅君、雷桂杰、赵丽	20160267	20160921	20171017
122	20170122	紫惑	锦带花属	黑龙江省森林植物园	庄倩、马立华、周勇、时雅君、王颖、赵丽、雷桂杰	20160268	20160921	20171017
123	20170123	紫媚	锦带花属	黑龙江省森林植物园	庄倩、马立华、周勇、时雅君、王颖、赵丽、雷桂杰	20160269	20160921	20171017
124	20170124	红粉佳人	李属	南京林业大学、王珉	王珉、伊贤贵、王华辰、段一凡、陈林、王贤荣	20160275	20161011	20171017
125	20170125	黄金蜜	杏	山东省果树研究所	薛晓敏、王金政、张安宁、韩雪平、王金华、陈汝	20160277	20161011	20171017
126	20170126	龙金蜜	杏	山东省果树研究所	王金政、薛晓敏、韩雪平、陈汝、陈永贵	20160278	20161011	20171017
127	20170127	香穗	山茶属	宁波大学、宁波植物园筹建办公室	倪穗、王大庄、游鸣飞、郑小青、陈越、谢雄飞、张文	20160281	20161012	20171017
128	20170128	幻彩	石楠属	李玉祥	李玉祥、章建红、焦艳丽、焦猛、李玉峰	20160289	20161017	20171017
129	20170129	金凤凰	石楠属	李玉祥	李玉祥、章建红、焦艳丽、焦猛、李玉峰	20160290	20161017	20171017
130	20170130	金镶玉	刺槐属	河南名品彩叶苗木股份有限公司	王华明、饶放、袁向阳、王华昭、石海燕、贾涛、万秀娟、马世友、杨谦、张根梅、李春枝、王敏、朱亚菲、陈光、任甸甸、曹倩	20160332	20161120	20171017
131	20170131	甘林黄	芍药属	甘肃省林业科学技术推广总站	张延东、何丽霞、沈延民、宋桂英、成娟、张莉、杨国州	20160343	20161123	20171017
132	20170132	飞花似梦	芍药属	甘肃省林业科学技术推广总站	杨国州、何丽霞、李睿、何智宏、张延东、宋桂英、李楠	20160344	20161123	20171017
133	20170133	金城墨玉	芍药属	甘肃省林业科学技术推广总站	李睿、何丽霞、陈富慧、陈惠兰、宋桂英、陈富飞、沈延民	20160345	20161123	20171017
134	20170134	丹心	芍药属	甘肃省林业科学技术推广总站	李建强、何丽霞、张延东、杨国州、成娟、张莉、马春鲤	20160346	20161123	20171017

（续）

序号	品种权号	品种名称	属(种)	品种权人	培育人	申请号	申请日	授权日
135	20170135	波心	芍药属	甘肃省林业科学技术推广总站	张延东、何丽霞、李建强、成娟、沈延民、张莉、杨国州	20160347	20161123	20171017
136	20170136	丛林奇观	芍药属	甘肃省林业科学技术推广总站	何丽霞、王花兰、李睿、张莉、张延东、成娟、王丽	20160348	20161123	20171017
137	20170137	紫云雀	芍药属	甘肃省林业科学技术推广总站	杨全生、何丽霞、何智宏、成娟、赵生春、张延东、马春鲤	20160349	20161123	20171017
138	20170138	仙女	芍药属	甘肃省林业科学技术推广总站	李睿、何丽霞、成娟、张延东、李建强、杨国州、曹诚	20160350	20161123	20171017
139	20170139	云鄂粉	芍药属	甘肃省林业科学技术推广总站	杨全生、何丽霞、苏宏斌、杨国州、张延东、李楠、李建强	20160351	20161123	20171017
140	20170140	紫荷韵	芍药属	甘肃省林业科学技术推广总站	张延东、何丽霞、李睿、王花兰、李楠、成娟、杨国州	20160352	20161123	20171017
141	20170141	洮绢	芍药属	甘肃省林业科学技术推广总站	李楠、何丽霞、张莉、成娟、李睿、王花兰、宋桂英	20160353	20161123	20171017
142	20170142	洮玉	芍药属	甘肃省林业科学技术推广总站	成娟、何丽霞、李睿、张延东、王丽、张莉、杨国州	20160354	20161123	20171017
143	20170143	天鹅绒	芍药属	甘肃省林业科学技术推广总站	宋桂英、何丽霞、李楠、李睿、马春鲤、张延东、成娟	20160355	20161123	20171017
144	20170144	疏影	芍药属	甘肃省林业科学技术推广总站	李茂哉、何丽霞、张莉、王花兰、张延东、李楠、宋桂英	20160356	20161123	20171017
145	20170145	墨王	芍药属	甘肃省林业科学技术推广总站	何丽霞、汪淑娟、李睿、张延东、杨国州、李楠、李建强	20160357	20161123	20171017
146	20170146	陇原风采	芍药属	甘肃省林业科学技术推广总站	张莉、何丽霞、沈延民、滕宝琴、张延东、成娟、杨国州	20160358	20161123	20171017
147	20170147	靓妆	芍药属	甘肃省林业科学技术推广总站	李睿、何丽霞、张延东、苏宏斌、张莉、杨国州、李建强	20160359	20161123	20171017
148	20170148	绢红	芍药属	甘肃省林业科学技术推广总站	成娟、何丽霞、赵生春、张莉、杨国州、李楠、宋桂英	20160360	20161123	20171017
149	20170149	玫香红	芍药属	甘肃省林业科学技术推广总站	何丽霞、李嘉珏、张延东、李睿、成娟、张莉、杨国州	20160361	20161123	20171017
150	20170150	甘云红	芍药属	甘肃省林业科学技术推广总站	李建强、何丽霞、杨国州、李睿、宋桂英、张延东、王花兰	20160362	20161123	20171017
151	20170151	美华	杏	山东省果树研究所	苑克俊、王长君、牛庆霖、王培久	20160365	20161123	20171017

（续）

序号	品种权号	品种名称	属(种)	品种权人	培育人	申请号	申请日	授权日
152	20170152	京春1号	李属	北京市农林科学院	张开春、张晓明、闫国华、周宇、王晶	20160369	20161123	20171017
153	20170153	京春2号	李属	北京市农林科学院	张开春、张晓明、闫国华、周宇、王晶	20160370	20161123	20171017
154	20170154	京春3号	李属	北京市农林科学院	张开春、张晓明、闫国华、周宇、王晶	20160371	20161123	20171017
155	20170155	兰丁3号	李属	北京市农林科学院	张开春、张晓明、闫国华、周宇、王晶	20160372	20161123	20171017
156	20170156	蜜源1号	刺槐属	山东省林业科学研究院、费县国有大青山林场	荀守华、毛秀红、张元帅、董玉峰、孙百友、董元夫、韩丛聪	20160381	20161129	20171017
157	20170157	绿满青山	刺槐属	山东省林业科学研究院、费县国有大青山林场	荀守华、孙百友、张元帅、乔玉玲、董玉峰、董元夫、韩丛聪、杨庆山	20160382	20161129	20171017
158	20170158	青山纽姿	刺槐属	费县国有大青山林场、山东省林业科学研究院	孙百友、荀守华、张元帅、张自和、乔玉玲、毛秀红、杨庆山、宋玉民	20160383	20161129	20171017
159	20170159	华光	芍药属	山东省林木种苗和花卉站	徐金光、杲承荣、卢洁、窦霄、孙霞、张鹏远、王玮、武朝菊、张友慧、周保国	20170003	20161214	20171017
160	20170160	华丹	芍药属	山东省林木种苗和花卉站	徐金光、杲承荣、卢洁、窦霄、武朝菊、孙霞、李辉、李兴、周保国、张友慧	20170006	20161214	20171017

数据来源：国家林业局植物新品种保护办公室。

附表2　2017年林业植物新品种申请

序号	申请号	品种名称	属（种）	申请人	培育人	申请日
1	20170001	瑞雪	柳属	江苏省林业科学研究院	王保松、何旭东、施士争、王伟伟、郑纪伟、涂忠虞、潘明建	20161214
2	20170002	紫嫣	柳属	江苏省林业科学研究院	王保松、何旭东、施士争、王伟伟、郑纪伟、涂忠虞、潘明建	20161214
3	20170003	华光	芍药属	山东省林木种苗和花卉站	徐金光、杲承荣、卢洁、窦霄、周保国、张鹏远、王玮、武朝菊	20161214
4	20170004	华洁	芍药属	山东省林木种苗和花卉站	卢洁、徐金光、杲承荣、窦霄、孙霞、张友慧、王玮、李辉	20161214
5	20170005	华雪	芍药属	山东省林木种苗和花卉站	杲承荣、徐金光、窦霄、卢洁、孙霞、李兴、张鹏远、张友慧	20161214
6	20170006	华丹	芍药属	山东省林木种苗和花卉站	杲承荣、徐金光、卢洁、窦霄、武朝菊、李辉、李兴、周保国	20161214
7	20170007	仑山1号	紫薇属	江苏农林职业技术学院	邱国金	20161209
8	20170008	海滨梦幻	乌桕属	江苏省林业科学研究院	教忠意、隋德宗、王保松、窦全琴、王伟伟、郑纪伟	20161215
9	20170009	海滨紫晶	乌桕属	江苏省林业科学研究院	隋德宗、王保松、窦全琴、王伟伟、教忠意、姜开朋	20161215
10	20170010	海滨晚霞	乌桕属	江苏省林业科学研究院	隋德宗、王保松、教忠意、王伟伟、郑纪伟	20161215
11	20170011	海滨绯红	乌桕属	江苏省林业科学研究院	隋德宗、王保松、王伟伟、教忠意、姜开鹏	20161215
12	20170012	硕丰	悬钩子属	江苏省中国科学院植物研究所	吴文龙、李维林、闾连飞、张春红、赵慧芳、王小敏、朱泓、杨海燕	20161215
13	20170013	蜜早	悬钩子属	江苏省中国科学院植物研究所	吴文龙、李维林、闾连飞、张春红、赵慧芳、王小敏、朱泓、杨海燕	20161215
14	20170014	黄金锦	腊梅	浙江农林大学	赵宏波、张超、付建新、包志毅	20161216
15	20170015	知春	腊梅	浙江农林大学	赵宏波、张超、付建新、包志毅	20161216
16	20170016	长蕊玉蝶	梅	浙江农林大学	赵宏波、张超、付建新、包志毅、吴晓红	20161216
17	20170017	粉台玉蝶	梅	浙江农林大学	赵宏波、吴晓红、张超、付建新、包志毅	20161216
18	20170018	红颜朱砂	梅	浙江农林大学	赵宏波、吴晓红、张超、付建新、包志毅	20161216
19	20170019	反扣二红	梅	浙江农林大学	吴晓红、赵宏波、张超、付建新、包志毅	20161216
20	20170020	莱克斯艾克来拉（LEXECNERALC）	蔷薇属	荷兰莱克斯月季公司 (Lex+ B.V., Holland)	斯儿万·卡姆斯特竝（Silvan · Kamstra）	20161216
21	20170021	莱克斯伊凯夫（LEXYKAERF）	蔷薇属	荷兰莱克斯月季公司 (Lex+ B.V., Holland)	斯儿万·卡姆斯特竝（Silvan · Kamstra）	20161216
22	20170022	强盛	紫薇	王柏盛	王柏盛	20161216
23	20170023	红盛	紫薇	王柏盛	王柏盛	20161216
24	20170024	彩叶缤纷	女贞属	杭州市萧山区农（林）业技术推广中心	邱春英、来志法、庞伟峰	20161219
25	20170025	鸿运	木犀属	南京林业大学	王思明、段一凡、王贤荣、伊贤贵、王华辰、李涌福、陈林	20161220

（续）

序号	申请号	品种名称	属（种）	申请人	培育人	申请日
26	20170026	梦魅	蔷薇属	云南云秀花卉有限公司	蹇洪英、王其刚、段金辉、李清云、晏慧君、周宁宁、陈敏、薛祖旺、李淑斌、唐开学、张颢、邱显钦、段云晟	20161226
27	20170027	川硕	核桃属	四川省林业科学研究院	罗建勋、辜云杰、刘芙蓉、宋鹏、高洁、贾晨、杨马进	20161228
28	20170028	春蓝	越桔属	北京林业大学	程堂仁、于超、马开峰、蔡明、王佳、潘利军、陈丽娟、李国强、魏永祥、杨洪鑫	20161223
29	20170029	钻石蓝	越桔属	丹东天赐花卉有限公司	潘利军、陈丽娟、李国强、魏永祥、杨洪鑫、程堂仁、于超、马开峰、蔡明、王佳	20161223
30	20170030	滇蓝	越桔属	北京林业大学	程堂仁、于超、马开峰、蔡明、王佳、潘利军、陈丽娟、李国强、魏永祥、杨洪鑫	20161223
31	20170031	秋蓝	越桔属	丹东天赐花卉有限公司	潘利军、陈丽娟、李国强、魏永祥、杨洪鑫、程堂仁、于超、马开峰、蔡明、王佳	20161223
32	20170032	云彩霞	蔷薇属	云南省农业科学院花卉研究所	王其刚、张颢、唐开学、陈敏、晏慧君、张婷、周宁宁、蹇洪英、李淑斌、邱显钦	20161226
33	20170033	热火	蔷薇属	云南锦科花卉工程研究中心有限公司	倪功、曹荣根、田连通、白云评、乔丽婷、阳明祥、何琼	20161227
34	20170034	紫韵	蔷薇属	云南锦科花卉工程研究中心有限公司	倪功、曹荣根、田连通、白云评、乔丽婷、阳明祥、何琼	20161227
35	20170035	亚林柿砧 6 号	柿	中国林业科学研究院亚热带林业研究所	龚榜初、吴开云、徐阳	20170103
36	20170036	亚林柿砧 7 号	柿	中国林业科学研究院亚热带林业研究所	龚榜初、徐阳、吴开云、范金根、藤国新	20170103
37	20170037	西吕 73042（SCH73042）	蔷薇属	荷兰彼得·西吕厄斯控股公司 (Piet Schreurs Holding B.V)	P · N · J · 西吕厄斯 (Petrus · Nicolaas · Johannes · Schreurs)	20170104
38	20170038	白珊瑚	杜鹃花属	嘉善联合农业科技有限公司	沈勇	20170105
39	20170039	粉珊瑚	杜鹃花属	嘉善联合农业科技有限公司	沈勇	20170105
40	20170040	丰园 201	杏	西安丰园果业科技有限公司	李迁恩、杜锡莹、杜燕群、杜少恳、陈堪鹏	20170106
41	20170041	丰园 344	杏	西安丰园果业科技有限公司	李迁恩、杜锡莹、杜燕群、杜少恳、陈堪鹏	20170106
42	20170042	风鬟雾鬓	杜鹃花属	大理苍山植物园生物科技有限公司	李奋勇、张长芹、马永鹏、刘国强、杨勇、张燕梅、张敬丽、孙育红	20170106
43	20170043	时光	杜鹃花属	大理苍山植物园生物科技有限公司	李奋勇、张长芹、马永鹏、刘国强、张敬丽、杨勇、张燕梅、孙育红	20170106
44	20170044	紫铃花	杜鹃花属	大理苍山植物园生物科技有限公司	李奋勇、张长芹、刘国强、杨勇、张燕梅、赵栋、马宝花	20170106
45	20170045	花豹	杜鹃花属	大理苍山植物园生物科技有限公司	李奋勇、张长芹、刘国强、杨勇、张燕梅	20170106
46	20170046	紫悦	杜鹃花属	大理苍山植物园生物科技有限公司	李奋勇、张长芹、刘国强、杨勇、张燕梅、赵栋	20170106

（续）

序号	申请号	品种名称	属（种）	申请人	培育人	申请日
47	20170047	彩云	杜鹃花属	大理苍山植物园生物科技有限公司	李奋勇、张长芹、刘国强、杨勇、张燕梅、赵栋、杨红娟	20170106
48	20170048	金槐 J1	槐属	广西壮族自治区中国科学院广西植物研究所	史艳财、蒋运生、熊忠臣、唐健民、邹蓉、韦霄	20170110
49	20170049	金槐 J2	槐属	广西壮族自治区中国科学院广西植物研究所	邹蓉、熊忠臣、史艳财、韦记青、陈宗游、唐辉	20170110
50	20170050	金槐 J3	槐属	广西壮族自治区中国科学院广西植物研究所	唐健民、韦记青、蒋运生、邹蓉、熊忠臣、李吉涛	20170110
51	20170051	瑞可吉 2004A（RUICJ2004A）	蔷薇属	迪瑞特知识产权公司（De Ruiter Intellectual Property B.V.）	汉克·德·格罗特 (H.C.A.de Groot)	20170110
52	20170052	鲁硕红	枣属	山东省林业科学研究院	王翠香、赵德田、韩传明、刘珍、孙超、侯立群、王恩忠、张军武、赵登超、张万锋	20170111
53	20170053	宁玉	含笑属	江苏省林业科学研究院	窦全琴、黄利斌、吕运舟、董筱昀、何旭东、郑纪伟、王伟伟、蒋泽平、张珺、陈庆生	20170113
54	20170054	姹紫 1 号	槐属	山东省林业科学研究院	庞彩红、夏阳、李双云、臧真荣、王振猛、姜福成、杨勇、屠永清	20170113
55	20170055	姹紫 2 号	槐属	山东省林业科学研究院	夏阳、庞彩红、李双云、刘盛芳、杨庆山、梁慧敏、杨国良、王因花	20170113
56	20170056	红粉 1 号	槐属	山东省林业科学研究院	庞彩红、夏阳、李双云、曹世杰、孙超、刘盛芳、张炳孝	20170113
57	20170057	红粉 2 号	槐属	山东省林业科学研究院	夏阳、庞彩红、李双云、詹伟、屈星、李自峰、孙超、王明竹	20170113
58	20170058	红粉 3 号	槐属	山东省林业科学研究院	庞彩红、李双云、夏阳、梁慧敏、燕丽萍、孙超、刘盛芳、王明竹、王因花	20170113
59	20170059	红粉 4 号	槐属	山东省林业科学研究院	夏阳、李双云、庞彩红、郭祁、梁慧敏、周洪明、刘桂民、曹世杰	20170113
60	20170060	红粉 5 号	槐属	山东省林业科学研究院	李双云、夏阳、庞彩红、赵海洲、祁树安、曹世杰、刘翠兰、曲法	20170113
61	20170061	红粉 6 号	槐属	山东省林业科学研究院	庞彩红、李双云、夏阳、刘桂民、杨国良、臧真荣、刘翠兰、于丽颖	20170113
62	20170062	红粉 7 号	槐属	山东省林业科学研究院	庞彩红、李双云、夏阳、杨国良、刘翠兰、姜福成、伊光灿、宫敬东	20170113
63	20170063	林科 1 号	槐属	山东省林业科学研究院	夏阳、庞彩红、李双云、王守国、刘桂民、燕丽萍、曹世杰、杨庆山	20170113
64	20170064	林科 2 号	槐属	山东省林业科学研究院	夏阳、庞彩红、李双云、孙超、周洪明、赵海洲、李自峰、刘盛芳、张明静	20170113
65	20170065	林科 3 号	槐属	山东省林业科学研究院	李双云、庞彩红、夏阳、郭祁、孙太元、刘瑞梅、李自峰、孙超	20170113
66	20170066	林科 4 号	槐属	山东省林业科学研究院	李双云、夏阳、庞彩红、张炳孝、臧真荣、赵海洲、周洪明、邵东玲	20170113

（续）

序号	申请号	品种名称	属（种）	申请人	培育人	申请日
67	20170067	华箭	槐属	山东省林业科学研究院	李双云、庞彩红、夏阳、梁慧敏、臧真荣、孙太元、王因花、张炳孝	20170113
68	20170068	华祥	槐属	山东省林业科学研究院	庞彩红、李双云、夏阳、刘盛芳、梁慧敏、王学文、孙太元、曲法	20170113
69	20170069	华月	槐属	山东省林业科学研究院	李双云、夏阳、庞彩红、刘翠兰、燕丽萍、王学文、姜福成、詹伟、宫敬东、王志明	20170113
70	20170070	林科 8 号	槐属	山东省林业科学研究院	夏阳、庞彩红、李双云、杨勇、杨庆山、詹伟、宫敬东、孙太元	20170113
71	20170071	林科 9 号	槐属	山东省林业科学研究院	李双云、庞彩红、夏阳、姜福成、刘盛芳、杨勇、刘翠兰、林森	20170113
72	20170072	美人眉	槐属	山东省林业科学研究院	夏阳、李双云、庞彩红、梁慧敏、杨勇、周洪明、刘桂民、吕一凡、曲婷	20170113
73	20170073	嫣红 1 号	槐属	山东省林业科学研究院	庞彩红、夏阳、李双云、刘翠兰、孙超、李自峰、臧真荣、屈星、王学文、葛文华	20170113
74	20170074	嫣红 2 号	槐属	山东省林业科学研究院	李双云、夏阳、庞彩红、杨勇、郭祁、魏海霞、王守国、臧真荣	20170113
75	20170075	嫣红 3 号	槐属	山东省林业科学研究院	夏阳、李双云、庞彩红、梁慧敏、刘翠兰、燕丽萍、杨勇、刘瑞梅、王守国	20170113
76	20170076	冰星	蔷薇属	云南省农业科学院花卉研究所	邱显钦、王其刚、唐开学、陈敏、蹇洪英、李淑斌、张颢、周宁宁	20170116
77	20170077	桃之夭夭	蔷薇属	云南省农业科学院花卉研究所	邱显钦、王其刚、张颢、唐开学、晏慧君、周宁宁、陈敏、蹇洪英	20170116
78	20170078	霜绛	槭属	浙江森禾种业股份有限公司	郑勇平、王春、杨家强、顾慧、尹庆平、陈岗、刘丹丹、沈湘林、徐培英	20170116
79	20170079	紫玲珑	乌桕属	浙江森禾种业股份有限公司	郑勇平、王春、杨家强、顾慧、尹庆平、陈岗、刘丹丹	20170116
80	20170080	东方	南天竹属	浙江森禾种业股份有限公司	郑勇平、王春、魏斌、盛冬、尹庆平、陈慧芳、杜三峰、陈岗、刘丹丹	20170116
81	20170081	中仁 6 号	杏	国家林业局泡桐研究开发中心	乌云塔娜、赵罕、朱高浦、包文泉、朱绪春、尹明宇	20170117
82	20170082	中仁 5 号	杏	国家林业局泡桐研究开发中心	乌云塔娜、朱高浦、赵罕、包文泉、朱绪春、尹明宇	20170117
83	20170083	喜栾	栾树属	中喜生态产业股份有限公司	张洪欣、张洪勋、孙成义、郭延海、李康	20170118
84	20170084	喜槐 1 号	槐属	中喜生态产业股份有限公司	张洪欣、张洪勋、孙成义、郭延海、李康	20170118
85	20170085	喜槐 2 号	槐属	中喜生态产业股份有限公司	张洪欣、张洪勋、孙成义、郭延海、李康	20170118
86	20170086	喜柳 2 号	柳属	中喜生态产业股份有限公司	张洪欣、张洪勋、孙成义、郭延海、李康	20170118
87	20170087	京亮 1 号 -1	丁香属	北京农学院	冷平生、窦德泉、郑健、胡增辉、杨晓红	20170118
88	20170088	杰施 - 科沃 78（JFS-KW78）	槭属	美国 J · 弗兰克施密特父子有限公司 (J. Frank Schmidt & Son Co. USA)	K. 沃伦（Keith S.Warren）	20170119
89	20170089	杰施 - 科沃 187（JFS-KW187）	槭属	美国 J · 弗兰克施密特父子有限公司 (J. Frank Schmidt & Son Co. USA)	K. 沃伦（Keith S.Warren）	20170119

（续）

序号	申请号	品种名称	属（种）	申请人	培育人	申请日
90	20170090	龙花	忍冬属	湖南省林业科学院	王晓明、曾慧杰、李永欣、乔中全、蔡能、陈建军	20170121
91	20170091	丰蕾	忍冬属	湖南省林业科学院	曾慧杰、王晓明、乔中全、李修海、李永欣、蔡能、王湘莹、陈建军	20170121
92	20170092	苏柳 1701	柳属	江苏省林业科学研究院	王保松、何旭东、王伟伟、涂忠虞、郑纪伟、教忠意	20170206
93	20170093	苏柳 1702	柳属	江苏省林业科学研究院	何旭东、王保松、王伟伟、涂忠虞、张珏、郑纪伟	20170206
94	20170094	苏柳 1703	柳属	江苏省林业科学研究院	施士争、王保松、何旭东、王红玲、涂忠虞、黄瑞芳	20170206
95	20170095	苏柳 1704	柳属	江苏省林业科学研究院	王保松、施士争、隋德宗、王红玲、涂忠虞、黄瑞芳	20170206
96	20170096	苏柳 1705	柳属	江苏省林业科学研究院	王保松、施士争、何旭东、隋德宗、潘明建、王红玲	20170206
97	20170097	玫迪斯科（MEIDYSOUK）	蔷薇属	法国玫兰国际有限公司（MEILLAND INTERNATIONAL S.A）	阿兰·安东尼·玫兰（Alain Antoine MEILLAND）	20170208
98	20170098	玫诺普鲁斯（MEINOPLIUS）	蔷薇属	法国玫兰国际有限公司（MEILLAND INTERNATIONAL S.A）	阿兰·安东尼·玫兰（Alain Antoine MEILLAND）	20170208
99	20170099	中核 3 号	核桃属	中国农业科学院郑州果树研究所	曹尚银、李好先、张杰、牛娟、赵弟广、张富红	20170208
100	20170100	中核 4 号	核桃属	中国农业科学院郑州果树研究所	曹尚银、李好先、张杰、牛娟、赵弟广、张富红	20170208
101	20170101	中核香	核桃属	中国农业科学院郑州果树研究所	曹尚银、李好先、张杰、牛娟、赵弟广、张富红	20170208
102	20170102	光丰一号	花椒属	马荣申	马荣申	20170209
103	20170103	中石榴 1 号	石榴属	中国农业科学院郑州果树研究所	曹尚银、李好先、张杰、牛娟、赵弟广	20170208
104	20170104	中石榴 2 号	石榴属	中国农业科学院郑州果树研究所	曹尚银、李好先、张杰、牛娟、赵弟广	20170208
105	20170105	国油 12	山茶属	湖南省林业科学院	王湘南、陈永忠、王瑞、彭邵锋、陈隆升、马力、许彦明、唐炜	20170210
106	20170106	国油 13	山茶属	湖南省林业科学院	陈永忠、王湘南、彭邵锋、陈隆升、王瑞、马力、许彦明、唐炜	20170210
107	20170107	国油 14	山茶属	湖南省林业科学院	陈隆升、王湘南、陈永忠、彭邵锋、马力、王瑞、许彦明、唐炜	20170210
108	20170108	国油 15	山茶属	湖南省林业科学院	王湘南、陈永忠、王瑞、许彦明、马力、彭邵锋、陈隆升、唐炜、张震	20170210
109	20170109	裕茂一号	枣属	广东裕茂农业开发有限公司	蔡信典、陈贞如	20170217
110	20170110	裕茂二号	枣属	广东裕茂农业开发有限公司	蔡信典、陈贞如	20170217
111	20170111	裕茂三号	枣属	广东裕茂农业开发有限公司	蔡信典、陈贞如	20170217
112	20170112	华光榆	榆属	中国林业科学研究院	张华新、朱建峰、乔来秋、唐国梁、武香、张庆国、刘振晓	20170208
113	20170113	华玉榆	榆属	中国林业科学研究院	张华新、朱建峰、乔来秋、武香、唐国梁、张庆国、刘振晓	20170208
114	20170114	华健榆	榆属	中国林业科学研究院	张华新、朱建峰、乔来秋、武香、唐国梁、张庆国、刘振晓	20170208
115	20170115	通天榆 2 号	榆属	中国林业科学研究院	张华新、乔来秋、朱建峰、武香、唐国梁、张庆国、刘振晓	20170208
116	20170116	华冠榆	榆属	中国林业科学研究院	张华新、乔来秋、朱建峰、唐国梁、武香、张庆国、刘振晓	20170208
117	20170117	中山杉 149	落羽杉属	江苏省中国科学院植物研究所	陆小清、陈永辉、陈红、张凡、李云龙、王传永、李乃伟	20170222

（续）

序号	申请号	品种名称	属（种）	申请人	培育人	申请日
118	20170118	中山杉 401	落羽杉属	江苏省中国科学院植物研究所	陆小清、陈永辉、陈红、张凡、王传永、李云龙、李乃伟	20170222
119	20170119	中山杉 301	落羽杉属	江苏省中国科学院植物研究所	陆小清、陈永辉、张凡、陈红、王传永、李云龙、李乃伟	20170222
120	20170120	宁农杞 10 号	枸杞属	宁夏农林科学院枸杞工程技术研究所	曹有龙、罗青、张波、李彦龙、戴国礼、焦恩宁、赵建华、尹跃、闫亚美	20170223
121	20170121	紫金红 1	槭属	江苏省农业科学院	李倩中、李淑顺、闻婧、唐玲、荣立苹	20170302
122	20170122	狭叶晚银桂	桂花	杭州市园林绿化股份有限公司	胡绍庆、吴光洪、沈柏春、卢山、陈徐平、张楠、王霁	20170302
123	20170123	玉帘银丝	桂花	杭州市园林绿化股份有限公司	吴光洪、胡绍庆、沈柏春、陈徐平、邱帅、郭娟、魏建芬	20170302
124	20170124	串银球	桂花	杭州市园林绿化股份有限公司	沈柏春、胡绍庆、陈徐平、魏建芬、卢山、杨浩	20170302
125	20170125	紫嫣公主	木犀属	全南厚朴生态林业有限公司	罗永松、江军、廖凯、姜明华	20170306
126	20170126	彩霞	紫薇	湖南省林业科学院	乔中全、王晓明、曾慧杰、李永欣、蔡能、王湘莹	20170310
127	20170127	紫莹	紫薇	湖南省林业科学院	王晓明、曾慧杰、乔中全、李永欣、蔡能、王湘莹	20170310
128	20170128	里德利 4514（Ridley 4514）	越桔属	山蓝色果园企业有限公司（Mountain Blue Orchards Pty Ltd）	里德利·贝尔（Ridley Bell）	20170320
129	20170129	里德利 1812（Ridley 1812）	越桔属	山蓝色果园企业有限公司（Mountain Blue Orchards Pty Ltd）	里德利·贝尔（Ridley Bell）	20170320
130	20170130	里德利 1403（Ridley 1403）	越桔属	山蓝色果园企业有限公司（Mountain Blue Orchards Pty Ltd）	里德利·贝尔（Ridley Bell）	20170320
131	20170131	里德利 3402（Ridley 3402）	越桔属	山蓝色果园企业有限公司（Mountain Blue Orchards Pty Ltd）	里德利·贝尔（Ridley Bell）	20170320
132	20170132	里德利 0501（Ridley 0501）	越桔属	山蓝色果园企业有限公司（Mountain Blue Orchards Pty Ltd）	里德利·贝尔（Ridley Bell）	20170320
133	20170133	超群	野牡丹属	广州市林业和园林科学研究院	代色平、倪建中、李许文、刘文、阮琳、周仁超、贺漫媚、王伟	20170320
134	20170134	云彩	野牡丹属	广州市林业和园林科学研究院	代色平、倪建中、李许文、阮琳、刘文、周仁超、贺漫媚、王伟	20170320
135	20170135	红韵	野牡丹属	广州市林业和园林科学研究院	代色平、周仁超、倪建中、阮琳、李许文、刘文	20170320
136	20170136	天骄 2 号	野牡丹属	广州市林业和园林科学研究院	代色平、阮琳、刘文、倪建中、张继方、贺漫媚、李许文、王伟	20170320
137	20170137	福 K1 号	柿	日本福冈县政府	千千和浩幸、平川信之、林公彦、矢羽田第二朗、白石美树夫、藤岛宏之、石坂晃、福本晃司	20170323
138	20170138	卢桉 1 号	桉属	永兴县捷兴林业发展有限公司	卢维勇、曾炳山、方良、容世清、裘珍飞	20170324
139	20170139	德瑞斯黑十六（DrisBlackSixteen）	悬钩子属	德瑞斯克公司（Driscoll's，Inc.）	加文·R·西尔斯（Gavin R.Sills）、乔治·罗德里格斯·阿卡沙（Jorge Rodriguez Aleazar）、安德烈 M. 加彭（Andrea M.Padon）、马克·柯露莎（Mark Crusha）、何塞·穆里洛·罗德里格兹·梅萨（Jose Maurilio Rodriguez Mesa）	20160324
140	20170140	圣女杉	红豆杉属	宣城亿民农林生态有限公司	马先平	20170328

（续）

序号	申请号	品种名称	属（种）	申请人	培育人	申请日
141	20170141	黄金杉	红豆杉属	宣城亿民农林生态有限公司	马先平	20170328
142	20170142	彩云香水 1 号	蔷薇属	云南省农业科学院花卉研究所	王其刚、唐开学、张颢、李淑斌、陈敏、晏慧君、张婷、邱显钦、周宁宁、蹇洪英	20170301
143	20170143	幸福	榉属	中南林业科技大学	胡希军、金晓玲、邢文、刘彩贤、张亚平、曾艳、刘晓玲	20170301
144	20170144	东林 3 号	桉属	广西壮族自治区国有东门林场	邱炳发、莫继有、李俏、兰俊、黎怀玲、张磊、王建忠、陈东林、唐再生、熊涛、李丽芳、陈远龙	20170307
145	20170145	东林 5 号	桉属	广西壮族自治区国有东门林场	兰俊、莫继有、王建忠、黎怀玲、张磊、熊涛、陈东林、唐再生、李丽芳、陈远龙	20170307
146	20170146	东林 6 号	桉属	广西壮族自治区国有东门林场	黎怀玲、张磊、熊涛、兰俊、王建忠、陈东林、唐再生、李丽芳、陈远龙	20170307
147	20170147	翠玉	梓树属	河南名品彩叶苗木股份有限公司	王华明、石海燕、饶放、袁向阳、王华昭、马海峰、田耀华、寇新良、贾涛	20170330
148	20170148	妍夏	文冠果	北京林业大学	敖妍、马履一、刘金凤、贾黎明、苏淑钗、张行杰、朱照明	20170405
149	20170149	妍希	文冠果	北京林业大学	敖妍、马履一、刘金凤、贾黎明、苏淑钗、张行杰、朱照明	20170405
150	20170150	岑芯	山茶属	广西壮族自治区林业科学研究院	曾雯珺、王东雪、江泽鹏、张乃燕、陈国臣、叶航、陈林强、陈江平、张敏、梁国校、夏莹莹、刘凯、梁斌	20170406
151	20170151	傲雪	山茶属	广西壮族自治区林业科学研究院	王东雪、江泽鹏、张乃燕、陈国臣、刘凯、陈林强、梁斌、夏莹莹、曾雯珺、梁国校、叶航	20170406
152	20170152	义林	山茶属	广西壮族自治区林业科学研究院	马锦林、叶航、夏莹莹、梁文汇、张乃燕、王东雪、刘凯、梁斌	20170407
153	20170153	义臣	山茶属	广西壮族自治区林业科学研究院	陈国臣、马锦林、曾祥艳、叶航、李开祥、梁国校、陈林强、江泽鹏、曾雯珺	20170407
154	20170154	秾苑国色	芍药属	中国农业科学院蔬菜花卉研究所	张秀新、薛璟祺、王顺利、薛玉前、朱富勇、房桂霞	20170406
155	20170155	秾苑新秀	芍药属	中国农业科学院蔬菜花卉研究所	张秀新、薛璟祺、王顺利、吴蕊、张萍、薛玉前	20170406
156	20170156	秾苑骄阳	芍药属	中国农业科学院蔬菜花卉研究所	张秀新、王顺利、薛璟祺、张萍、吴蕊	20170406
157	20170157	秾璟晓月	芍药属	中国农业科学院蔬菜花卉研究所	张秀新、薛璟祺、王顺利、朱富勇、任秀霞	20170406
158	20170158	秾苑彩凤	芍药属	中国农业科学院蔬菜花卉研究所	张秀新、薛璟祺、王顺利、任秀霞、杨若雯	20170406
159	20170159	秾苑英姿	芍药属	中国农业科学院蔬菜花卉研究所	张秀新、王顺利、薛璟祺、薛玉前、吴蕊、张萍	20170406
160	20170160	秾苑春	芍药属	中国农业科学院蔬菜花卉研究所	张秀新、王顺利、薛璟祺、张萍、薛玉前	20170406
161	20170161	秾苑清风	芍药属	中国农业科学院蔬菜花卉研究所	张秀新、薛璟祺、王顺利、薛玉前	20170406
162	20170162	秾墨耀金	芍药属	中国农业科学院蔬菜花卉研究所	张秀新、薛璟祺、王顺利、薛玉前	20170406
163	20170163	浓墨重彩	芍药属	中国农业科学院蔬菜花卉研究所	张秀新、薛璟祺、王顺利、薛玉前、吴蕊	20170406
164	20170164	秾线界月	芍药属	中国农业科学院蔬菜花卉研究所	张秀新、薛璟祺、王顺利、朱富勇、房桂霞	20170406

（续）

序号	申请号	品种名称	属（种）	申请人	培育人	申请日
165	20170165	秾星璀月	芍药属	中国农业科学院蔬菜花卉研究所	张秀新、薛璟祺、王顺利、朱富勇、任秀霞	20170406
166	20170166	秾苑红霞	芍药属	中国农业科学院蔬菜花卉研究所	张秀新、薛璟祺、王顺利、薛玉前	20170406
167	20170167	秾苑姝女	芍药属	中国农业科学院蔬菜花卉研究所	张秀新、薛璟祺、王顺利、薛玉前	20170406
168	20170168	秾苑玉辉	芍药属	中国农业科学院蔬菜花卉研究所	张秀新、王顺利、薛璟祺、吴蕊、张萍	20170406
169	20170169	千红	卫矛属	河南红枫种苗股份有限公司	张丹、张家勋、张茂	20170412
170	20170170	阳春白雪	卫矛属	河南红枫种苗股份有限公司	张丹、张家勋、张茂	20170412
171	20170171	金阳光	女贞属	河南红枫种苗股份有限公司	张丹、张家勋、张茂	20170412
172	20170172	佛光	卫矛属	河南红枫种苗股份有限公司	张丹、张家勋、张茂	20170412
173	20170173	金豆杉	红豆杉属	崇义县绿地种苗场	林朝楷、陈德蕙、谢建华、黄文辉、王金秀	20170417
174	20170174	瑞克夫 1398B（RUICF1398B）	蔷薇属	迪瑞特知识产权公司	汉克·德·格罗特、(H. C. A. de Groot)	20170412
175	20170175	瑞驰 2583A（RUICI2583A）	蔷薇属	迪瑞特知识产权公司	汉克·德·格罗特、(H. C. A. de Groot)	20170412
176	20170176	瑞克拉 1632B（RUICL1632B）	蔷薇属	迪瑞特知识产权公司	汉克·德·格罗特、(H. C. A. de Groot)	20170412
177	20170177	瑞可 1281A（RUIC1281A）	蔷薇属	迪瑞特知识产权公司	汉克·德·格罗特、(H. C. A. de Groot)	20170412
178	20170178	瑞维 7285A（RUIVI7285A）	蔷薇属	迪瑞特知识产权公司	汉克·德·格罗特、(H. C. A. de Groot)	20170412
179	20170179	瑞维 2230A（RUIVI2230A）	蔷薇属	迪瑞特知识产权公司	汉克·德·格罗特、(H. C. A. de Groot)	20170412
180	20170180	玫斯缇莉（MEISTILEY）	蔷薇属	法国玫兰国际有限公司	阿兰·安东尼·玫兰（Alain Antoine MEILLAND）	20170412
181	20170181	玫派珀瑞尔（MEIPEPORIA）	蔷薇属	法国玫兰国际有限公司	阿兰·安东尼·玫兰（Alain Antoine MEILLAND）	20170412
182	20170182	毛紫	山茶属	广西壮族自治区林业科学研究院	李开祥、韦晓娟、马锦林、黄金使、梁文汇、廖健明	20170414
183	20170183	黄金松	松属	张英华	张英华、高树鹏	20170417
184	20170184	京翠	白蜡树属	中国林业科学研究院林业研究所	林富荣、刘晓武、郑勇奇、张荣洋、李斌、杨清发、郭文英、朱波涛、刘海、胡智清、黄平	20170417
185	20170185	鲁开	文冠果	山东沃奇农业开发有限公司	毕泉鑫、李守科、王利兵、于海燕	20170410
186	20170186	鲁绿	文冠果	山东沃奇农业开发有限公司	李守科、毕泉鑫、王利兵、于海燕	20170410
187	20170187	鲁香	文冠果	山东沃奇农业开发有限公司	毕泉鑫、李守科、王利兵、于海燕	20170410
188	20170188	中石 4 号	文冠果	中国林业科学研究院林业所	王利兵、崔德石、毕泉鑫、于海燕、崔天鹏	20170410

（续）

序号	申请号	品种名称	属（种）	申请人	培育人	申请日
189	20170189	中石 9 号	文冠果	中国林业科学研究院林业所	王利兵、崔德石、毕泉鑫、于海燕、崔天鹏	20170410
190	20170190	丽园珍珠 1 号	枣属	河北农业大学	申连英、毛永民、王晓玲、赵海峰、申宣科、赵伟	20170417
191	20170191	丽园珍珠 2 号	枣属	河北农业大学	申连英、毛永民、王晓玲、赵海峰、申宣科、赵伟	20170417
192	20170192	丽园珍珠 3 号	枣属	河北农业大学	申连英、王晓玲、毛永民、赵海峰、申宣科、赵伟	20170417
193	20170193	丽园珍珠 4 号	枣属	河北农业大学	申连英、王晓玲、毛永民、赵海峰、申宣科、赵伟	20170417
194	20170194	丽园珍珠 5 号	枣属	中国林业科学研究院林业研究所	林富荣、郑勇奇、李斌、郭文英、黄平、申连英、毛永民、王晓玲	20170417
195	20170195	丽园珍珠 6 号	枣属	中国林业科学研究院林业研究所	林富荣、郑勇奇、李斌、郭文英、黄平、申连英、毛永民、王晓玲	20170417
196	20170196	戴尔思普拉颂（Delsprasong）	蔷薇属	法国乔治斯 . 戴尔巴德月季有限公司	阿诺德· 戴尔巴德（Arnaud. delbard）	20170420
197	20170197	戴尔福布兰（Delfumblan）	蔷薇属	法国乔治斯 . 戴尔巴德月季有限公司	阿诺德· 戴尔巴德（Arnaud. delbard）	20170420
198	20170198	戴尔思普拉噶（Delspraga）	蔷薇属	法国乔治斯 . 戴尔巴德月季有限公司	阿诺德· 戴尔巴德（Arnaud. delbard）	20170420
199	20170199	中闽 1 号	叶子花属	厦门市园林植物园	周群、陈惠珠、林河也	20170420
200	20170200	德瑞斯红九（DrisRaspNine）	悬钩子属	德瑞斯克公司 (Driscoll's, Inc.)	马提亚· 维腾（Matthias Vitten）、布莱恩· K · 汉密尔顿（Brian K.Hamilton）	20160421
201	20170201	澧滨金凤	木通属	中国林业科学研究院林业研究所	李斌、郑勇奇、林富荣、郭文英、向明宏、肖光听、张功茂、王汝平、黄廷武	20170503
202	20170202	秋风爽	决明属	中国林业科学研究院林业研究所	李斌、郑勇奇、林富荣、郭文英、郑世凯、于淑兰	20170503
203	20170203	英特斯缤霍夫拉（Interspinhofla）	蔷薇属	英特普兰特公司（INTERPLANT B.V.）	A · J · H · 范· 多伊萨姆（ir. A. J. H. van Doesum）	20170503
204	20170204	英特洛夫拉（Intertrofla）	蔷薇属	英特普兰特公司（INTERPLANT B.V.）	A · J · H · 范· 多伊萨姆（ir. A. J. H. van Doesum）	20170503
205	20170205	太空（GRA71230）	蔷薇属	格兰迪月季种植有限公司	H · E · 希路德斯 (H. E. Schreuders)	20170503
206	20170206	科鲜 0100（KORcut0100）	蔷薇属	科德斯月季育种公司	威廉 - 亚历山大· 科德斯、蒂姆 - 赫尔曼· 科德斯、玛格丽特· 科德斯	20170503
207	20170207	科鲜 0036（KORcut0036）	蔷薇属	科德斯月季育种公司	威廉 - 亚历山大· 科德斯、蒂姆 - 赫尔曼· 科德斯、玛格丽特· 科德斯	20170503
208	20170208	科鲜 0142（KORcut0142）	蔷薇属	科德斯月季育种公司	威廉 - 亚历山大· 科德斯、蒂姆 - 赫尔曼· 科德斯、约翰· 文森特· 科德斯	20170503
209	20170209	科鲜 0119（KORcut0119）	蔷薇属	科德斯月季育种公司	威廉 - 亚历山大· 科德斯、蒂姆 - 赫尔曼· 科德斯、约翰· 文森特· 科德斯	20170503

（续）

序号	申请号	品种名称	属（种）	申请人	培育人	申请日
210	20170210	科鲜 0102（KORcut0102）	蔷薇属	科德斯月季育种公司	威廉 - 亚历山大·科德斯、蒂姆 - 赫尔曼·科德斯、玛格丽特·科德斯	20170503
211	20170211	科鲜 0094（KORcut0094）	蔷薇属	科德斯月季育种公司	威廉 - 亚历山大·科德斯、蒂姆 - 赫尔曼·科德斯、玛格丽特·科德斯	20170503
212	20170212	贝 07-210 富乐 -18（BB07-210FL-18）	越桔属	美国贝利蓝莓有限公司	埃德蒙德·J·威乐（Edmund J. Wheeler）、詹姆斯·F·汉库克（James F. Hancock）	20170504
213	20170213	贝 06-540 富乐 -12（BB06-540FL-12）	越桔属	美国贝利蓝莓有限公司	埃德蒙德·J·威乐（Edmund J. Wheeler）；詹姆斯·F·汉库克（James F. Hancock）	20170504
214	20170214	粤香樟 1 号	樟属	广州市粤香樟林业开发有限公司	何荣福、王建中、胡瑞均、何嘉伟	20170504
215	20170215	蒙树赤焰	卫矛属	内蒙古和盛生态科技研究院有限公司	赵泉胜、铁英、封卫平、刘洋、陈燕	20170504
216	20170216	洛红美	杏	洛阳农林科学院	梁臣、郭光伟、王治军、赵罕、朱高浦、尹华、魏素玲、畅凌冰、李豫生、王小耐	20170505
217	20170217	白云秀粉	蔷薇属	华南农业大学	郁书君、李明仲、冯子楠	20170505
218	20170218	白云初红	蔷薇属	华南农业大学	郁书君、杨伟权、李明仲	20170505
219	20170219	龙凤榧	榧树属	杭州临安三口花桥食品有限公司	高关兴	20170505
220	20170220	丹霞升	槭属	山东农业大学	丰震、李承水、邢祥胜、王延玲、徐金莲、刘惠	20170505
221	20170221	彩蝶翻飞	槭属	山东农业大学	丰震、王延玲、李承水、刘毓、刘国兴、李存华、钱见平、齐新玲、马立敏、吕传青	20170505
222	20170222	风度翩翩	槭属	山东农业大学	丰震、刘毓、刘媛、王延玲、李承水、李存华、刘国兴、王利、刘惠、徐金莲	20170505
223	20170223	红精灵	槭属	山东农业大学	丰震、刘毓、王延玲、李承水、刘媛、李存华、李文芳、张朋、程甜甜、乔谦、任红剑	20170505
224	20170224	齐鲁红	槭属	山东农业大学	丰震、刘毓、王延玲、李承水、刘媛、李存华、徐超、安凯、杜晓茜、徐金莲	20170505
225	20170225	黄淮 4 号杨	杨属	中国林业科学研究院林业研究所	苏晓华、姜岳忠、黄秦军、董玉峰、王卫东	20170508
226	20170226	中雄 1 号杨	杨属	中国林业科学研究院林业研究所	苏晓华、姜岳忠、黄秦军、董玉峰、王卫东	20170508
227	20170227	中雄 2 号杨	杨属	中国林业科学研究院林业研究所	苏晓华、姜岳忠、黄秦军、董玉峰、王卫东	20170508
228	20170228	中雄 3 号杨	杨属	中国林业科学研究院林业研究所	苏晓华、王胜东、黄秦军、茼胜军、梁德军、丁昌俊	20170508
229	20170229	中雄 4 号杨	杨属	中国林业科学研究院林业研究所	苏晓华、王福森、李晶、黄秦军、丁昌俊、张伟溪	20170508
230	20170230	中雄 5 号杨	杨属	中国林业科学研究院林业研究所	苏晓华、黄秦军、丁昌俊、张伟溪	20170508
231	20170231	甜丁香榧	榧树属	陈红星	陈红星、张苏炯、姚小华、金罗卿	20170511
232	20170232	玉山鱼榧	榧树属	陈红星	陈红星、喻卫武、张苏炯、姚小华、马顺水、倪林森	20170511

（续）

序号	申请号	品种名称	属（种）	申请人	培育人	申请日
233	20170233	小香榧	榧树属	陈红星	陈红星、张苏炯、姚小华、曹永庆、张汝其	20170511
234	20170234	玉山早榧	榧树属	陈红星	陈红星、张苏炯、姚小华、马昔巨	20170511
235	20170235	磐安长榧	榧树属	陈红星	陈红星、张苏炯、姚小华、胡文翠、叶很森、张汝其	20170511
236	20170236	庆典	槭属	山东农业大学	丰震、李承水、刘毓、王延玲、刘媛、李存华、宋新红、郝雪英、杨凯、杨科家	20170515
237	20170237	淑女槐	槐属	王化堂	王化堂	20170515
238	20170238	金枝金叶龙爪槐	槐属	山东万路达园林科技有限公司	张帆、张培培、刘贤旭、黄晓霖、彭晓娟	20170516
239	20170239	典泛一品	文冠果	中国林业科学研究院林业研究所	毕泉鑫、王利兵、于海燕	20170516
240	20170240	玲珑锦簇	文冠果	中国林业科学研究院林业研究所	毕泉鑫、王利兵、于海燕	20170516
241	20170241	明月丹心	文冠果	中国林业科学研究院林业研究所	毕泉鑫、王利兵、于海燕	20170516
242	20170242	中盛大同	文冠果	中国林业科学研究院林业研究所	毕泉鑫、王利兵、于海燕	20170516
243	20170243	紫玉万花筒	文冠果	中国林业科学研究院林业研究所	于海燕、毕泉鑫、王利兵	20170516
244	20170244	小葡若云	文冠果	中国林业科学研究院林业研究所	于海燕、毕泉鑫、王利兵	20170516
245	20170245	娇容	腊梅	浙江农林大学	赵宏波、付建新、张超、包志毅	20170516
246	20170246	金铃	腊梅	浙江农林大学	赵宏波、张超、付建新、包志毅	20170516
247	20170247	金门	卫矛属	日照市东港区博大花木专业合作社	徐浩桂、徐培钊	20170517
248	20170248	高槐 1 号	槐属	雷茂端	雷茂端、雷迎波、郭豆萍、雷亚第	20170517
249	20170249	早发（Zaofa）	核桃属	赵朝强	赵朝强	20170518
250	20170250	紫霞	野牡丹属	中国科学院华南植物园	宁祖林、曾振新、李冬梅、陈玲、廖景平	20170519
251	20170251	铺地花 1 号	野牡丹属	中国科学院华南植物园	李冬梅、翁楚雄、宁祖林、曾振新、陈玲、廖景平	20170519
252	20170252	铺地花 2 号	野牡丹属	中国科学院华南植物园	宁祖林、李冬梅、陈玲、曾振新、翁楚雄、廖景平	20170519
253	20170253	蒙山紫玉	木瓜属	山东农业大学	王利、丰震、刘国兴、王向来、王延玲	20170519
254	20170254	天丁 1 号	皂荚属	山东丫森苗木科技开发有限公司	王召伟	20170519
255	20170255	银雪	流苏树属	山东丫森苗木科技开发有限公司	王召伟、张玉华	20170519
256	20170256	淀西灯火	山茶属	上海星源农业实验场	张斌、张冬梅、张浪、周和达、蔡军林、尹丽娟、有祥亮、罗玉兰、陈香波、姚惠明	20170523
257	20170257	新潮头饰	山茶属	上海星源农业实验场	周和达、张冬梅、张浪、蔡军林、尹丽娟、有祥亮、罗玉兰、陈香波、张斌、姚惠明	20170523
258	20170258	淀西风情	山茶属	上海市园林科学规划研究院	张冬梅、张浪、周和达、蔡军林、尹丽娟、有祥亮、罗玉兰、陈香波、张斌、姚惠明	20170523
259	20170259	窄冠枫	槭属	山东农业大学	丰震、王延玲、任红剑、乔谦、安凯	20170523
260	20170260	龙枫	槭属	山东农业大学	丰震、刘毓、王延玲、李承水、李存华、任红剑、乔谦、安凯	20170523

（续）

序号	申请号	品种名称	属（种）	申请人	培育人	申请日
261	20170261	绿宝石	槭属	山东农业大学	丰震、于晓艳、王延玲、刘国兴、李承水、李存华、任红剑、乔谦、安凯	20170523
262	20170262	齐鲁金	槭属	山东农业大学	丰震、宋志恒、王延玲、李承水、李存华、任红剑、乔谦、安凯	20170523
263	20170263	鲁绿	槭属	山东农业大学	丰震、王延玲、于晓艳、刘国兴、李存华、李承水、任红剑、乔谦、安凯	20170523
264	20170264	兴旺	槭属	山东农业大学	丰震、刘毓、王延玲、李承水、李存华、任红剑、乔谦、安凯	20170523
265	20170265	金边伞	紫金牛属	杭州市园林绿化股份有限公司	胡绍庆、陈焕伟、刘华红、沈柏春、冯建国	20170524
266	20170266	瑞克德 0999A (RUICD0999A)	蔷薇属	迪瑞特知识产权公司（De Ruiter Intellectual Property B.V.）	汉克·德·格罗特 (H. C. A. de Groot)	20170526
267	20170267	中科蓝 1 号	忍冬属	中国科学院东北地理与农业生态研究所农业技术中心	赵恒田、李富恒、班文杰、范丽莉、邵玲玲、周克琴	20170526
268	20170268	‘聊红’椿 ‘Liaohong’ chun	臭椿属	张秀省	张秀省、高祥斌、邱艳昌	20170526
269	20170269	泰达秋月	蔷薇属	北京林业大学	田晓明、贾桂霞、张冬梅、王振宇、张清、张浪	20170601
270	20170270	泰达天使	蔷薇属	北京林业大学	田晓明、贾桂霞、张冬梅、王振宇、张清、张浪	20170601
271	20170271	泰达火焰	蔷薇属	天津泰达盐碱地绿化研究中心有限公司	王振宇、张清、田晓明、王鹏山、于璐、刘倩、慈华聪、张楚涵	20170601
272	20170272	泰达之恋	蔷薇属	天津泰达盐碱地绿化研究中心有限公司	王振宇、张清、田晓明、慈华聪、刘倩、于璐、王鹏山、张楚涵	20170601
273	20170273	泰达粉钻	蔷薇属	天津泰达盐碱地绿化研究中心有限公司	王振宇、张清、田晓明、刘倩、于璐、慈华聪、王鹏山、张楚涵	20170601
274	20170274	花曲柳 1 号	白蜡树属	山东省林业科学研究院	吴德军、燕丽萍、刘翠兰、姚俊修、刘桂民、杨庆山	20170601
275	20170275	花曲柳 2 号	白蜡树属	山东省林业科学研究院	吴德军、燕丽萍、刘翠兰、王因花、王开芳、李善文、任飞、李庆华	20170601
276	20170276	花曲柳 3 号	白蜡树属	山东省林业科学研究院	燕丽萍、吴德军、刘翠兰、王因花、臧真荣、王振猛	20170601
277	20170277	紫箭	白蜡树属	山东省林业科学研究院	刘翠兰、燕丽萍、吴德军、杨庆山、王因花、藏真荣、刘桂民、姚俊修	20170601
278	20170278	绿箭	白蜡树属	山东省林业科学研究院	吴德军、燕丽萍、刘翠兰、王振猛、姚俊修、王因花	20170601
279	20170279	华蜡 1 号	白蜡树属	山东省林业科学研究院	刘翠兰、燕丽萍、吴德军、臧真荣、王开芳、李善文、任飞	20170601
280	20170280	鲁绒	白蜡树属	山东省林业科学研究院	燕丽萍、吴德军、刘翠兰、王开芳、李善文、王因花、任飞、王振猛	20170601
281	20170281	盐蜡	白蜡树属	山东省林业科学研究院	燕丽萍、吴德军、刘翠兰、王因花、杨庆山、姚俊修、李庆华、王开芳	20170601

（续）

序号	申请号	品种名称	属（种）	申请人	培育人	申请日
282	20170282	京绒	白蜡树属	山东省林业科学研究院	吴德军、燕丽萍、刘翠兰、李善文、刘桂民、王开芳、任飞、李庆华	20170601
283	20170283	紫遂	紫薇属	宁波永丰园林建设有限公司	王肖雄	20170602
284	20170284	紫裙	紫薇属	宁波永丰园林建设有限公司	王肖雄	20170602
285	20170285	紫夜	紫薇属	宁波永丰园林建设有限公司	王肖雄	20170602
286	20170286	阳光 1 号	绣球属	阜阳市阳光花卉园艺有限公司	吴淑贤、康云成、马宗新、李素梅、汤恩、张明华、唐宇航	20170603
287	20170287	阳光 2 号	绣球属	阜阳市阳光花卉园艺有限公司	吴淑贤、唐云成、马宗新、李素梅、汤恩、张明华、唐宇航	20170603
288	20170288	阳光 3 号	绣球属	阜阳市阳光花卉园艺有限公司	康云成、吴淑贤、马宗新、李素梅、汤恩、张明华、唐宇航	20170603
289	20170289	阳春白雪	山茶属	江西省林业科学院	温强、刘丽婷、周文才、朱恒、杨军、程强强、龚春、徐林初、李田、叶金山	20170604
290	20170290	白碧红霞	山茶属	江西省林业科学院	周文才、龚春、黄建建、温强、孙颖、左继林、徐林初、王玉娟、占志勇、幸伟年	20170604
291	20170291	南湘红	山茶属	湖南省林业科学院	王湘南、陈永忠、王瑞、彭邵锋、陈隆升、许彦明、张震	20170604
292	20170292	南湘粉	山茶属	湖南省林业科学院	王湘南、陈永忠、王瑞、彭邵锋、陈隆升、许彦明	20170604
293	20170293	英特罗诺托夫（Interonotov）	蔷薇属	英特普兰特公司（Interplant Roses B.V.）	A · J · H · 范 · 多伊萨姆（ir. A. J. H. van Doesum）	20170605
294	20170294	英特赫克拉午（Intergeklawoom）	蔷薇属	英特普兰特公司（Interplant Roses B.V.）	A · J · H · 范 · 多伊萨姆（ir. A. J.H. van Doesum）	20170605
295	20170295	四月绯云	栎属	江苏省林业科学研究院	陈庆生、黄利斌、董筱昀、窦全琴、孙海楠、吕运舟、李茹、张珺	20170606
296	20170296	艳遇	栎属	江苏省林业科学研究院	黄利斌、董筱昀、窦全琴、孙海楠、吕运舟、李茹、张珺	20170606
297	20170297	红粉彩栾	栾树属	江苏省林业科学研究院	董筱昀、黄利斌、吕运舟、梁珍海、窦全琴、孙海楠	20170606
298	20170298	中山红春锦	栎属	南京彩树种植有限公司	黄延芳、胡建宁、辛文学	20170606
299	20170299	中山红金彩	栎属	南京彩树种植有限公司	黄延芳、胡建宁、辛文学	20170606
300	20170300	多娇	苹果属(除水果外)	张灿洪	张灿洪、宋洪波、连芳、吴其超、姜丽媛	20170606
301	20170301	紫气东来	木犀属	南京林业大学	周学均、段一凡、王贤荣、伊贤贵、李涌福、向其柏、王华辰、陈林	20170606
302	20170302	新郑红 11 号	枣	洛阳师范学院	赵旭升	20170606
303	20170303	中枣东升 1 号	枣	洛阳师范学院	赵旭升、李世鹏、郭明欣	20170606
304	20170304	中枣东升 2 号	枣	洛阳师范学院	赵旭升、郭明欣、李世鹏、刘红霞、田珊、齐建勇	20170606
305	20170305	旺油 3 号	文冠果	北京林业大学	崔德石、崔天鹏、李琳琳、金华、王俊杰、周祎鸣、蒋浩、关文彬	20170608
306	20170306	旺油 6 号	文冠果	彰武县德亚文冠果专业合作社	崔德石、崔天鹏、李琳琳、金华、周祎鸣、王俊杰、蒋浩、关文彬	20170608

（续）

序号	申请号	品种名称	属（种）	申请人	培育人	申请日
307	20170307	金心	紫荆属	河南四季春园林艺术工程有限公司	张林、刘双枝、张文馨、吴豪	20170609
308	20170308	国庆	枫香属	南京林业大学	张往祥、范俊俊、周婷、徐立安、张丹丹、李千惠、姜文龙、曹福亮	20170612
309	20170309	天涯海角	枫香属	南京林业大学	张往祥、李鑫、姜文龙、储吴樾、杨祎凡、赵聪、张晶、曹福亮	20170612
310	20170310	橙之梦	苹果属(除水果外)	南京林业大学	张往祥、周婷、彭冶、范俊俊、时可心、浦静、杨祎凡、曹福亮	20170612
311	20170311	粉红霓裳	苹果属(除水果外)	南京林业大学	张往祥、范俊俊、周婷、李千惠、姜文龙、张丹丹、徐立安、曹福亮	20170612
312	20170312	羊脂玉	苹果属(除水果外)	南京林业大学	仲磊、周道建、张往祥、谢寅峰、储吴樾、沈星诚、陈永霞、曹福亮	20170612
313	20170313	云想容	苹果属(除水果外)	南京林业大学	张往祥、周婷、范俊俊、时可心、沈星诚、穆茜、彭冶、曹福亮	20170612
314	20170314	洛可可女士	苹果属(除水果外)	南京林业大学	张往祥、浦静、武启飞、王希、时可心、赵聪、张晶、曹福亮	20170612
315	20170315	红色依恋	苹果属(除水果外)	南京林业大学	张往祥、周婷、范俊俊、谢寅峰、彭冶、陈永霞、赵聪、曹福亮	20170612
316	20170316	紫蝶儿	苹果属(除水果外)	南京林业大学	张往祥、张晶、王希、储吴樾、武启飞、浦静、赵聪、曹福亮	20170612
317	20170317	晚宴	苹果属(除水果外)	南京林业大学	张往祥、范俊俊、徐立安、周婷、姜文龙、张丹丹、李千惠、曹福亮	20170612
318	20170318	画轴	苹果属(除水果外)	南京林业大学	张往祥、穆茜、张丹丹、周道建、陈永霞、李鑫、杨祎凡、曹福亮	20170612
319	20170319	胭脂雨	苹果属(除水果外)	南京林业大学	张往祥、赵聪、沈星诚、武启飞、王希、储吴樾、浦静、曹福亮	20170612
320	20170320	诗人	苹果属(除水果外)	南京林业大学	张往祥、杨祎凡、李千惠、谢寅峰、穆茜、李鑫、周道建、曹福亮	20170612
321	20170321	鸿运当头	紫荆属	河南四季春园林艺术工程有限公司	张林、刘双枝、张文馨、吴豪	20170614
322	20170322	豫金 1 号	忍冬属	河南师范大学	李建军、李景原、李明军、周延清、朱双营、王兰、段素芳、刘保彬、张光田、李军芳、贾国伦、王君、任美玲	20170614
323	20170323	豫金 2 号	忍冬属	河南师范大学	李建军、李景原、李明军、周延清、段素芳、朱双营、王兰、刘保彬、张光田、李军芳、贾国伦、王君、任美玲	20170614
324	20170324	坤慧一号	接骨木属	山东博华高效生态农业科技有限公司	陈晋銮、翟红莲、吴海涛、李承科、张峰、李朝晖、张春燕、赵学彩、王苗苗、牛瑞瑞、吴德军	20170615

（续）

序号	申请号	品种名称	属（种）	申请人	培育人	申请日
325	20170325	坤慧二号	接骨木属	山东博华高效生态农业科技有限公司	翟红莲、陈晋銮、吴海涛、李承科、张峰、李朝晖、张春燕、赵学彩、王苗苗、牛瑞瑞、吴德军	20170615
326	20170326	坤杞一号	枸杞属	山东博华高效生态农业科技有限公司	陈晋銮、翟红莲、李承科、张峰、吴海涛、张春燕、李朝晖、李小艳、牛瑞瑞、王苗苗、孙仲序	20170615
327	20170327	坤杞二号	枸杞属	山东博华高效生态农业科技有限公司	翟红莲、陈晋銮、李承科、张峰、吴海涛、张春燕、李朝晖、李小艳、牛瑞瑞、王苗苗、孙仲序	20170615
328	20170328	玫梵璐塔（MEIVOLUPTA）	蔷薇属	法国玫兰国际有限公司（MEILLAND INTERNATIONAL S.A）	阿兰·安东尼·玫兰（Alai Antoine MEILLAND）	20170621
329	20170329	金元宝	槭属	河南名品彩叶苗木股份有限公司	王华明、石海燕、饶、放、袁向阳、王华昭、贾涛、寇新良、田耀华	20170623
330	20170330	金色年华	槭属	河南名品彩叶苗木股份有限公司	王华明、石海燕、饶、放、袁向阳、王华昭、贾涛、寇新良、田耀华	20170623
331	20170331	金凰	构属	河南名品彩叶苗木股份有限公司	王华明、石海燕、饶、放、袁向阳、王华昭、贾涛、寇新良、田耀华	20170623
332	20170332	威特 141205（Wit 141205）	铁线莲属	马可·威特（Marco de Wit）	马可·威特（Marco de Wit）	20170625
333	20170333	状元红 1 号	大青属	肇庆学院	陈刚、王瑛华	20170625
334	20170334	蒙冠 1 号	文冠果	赤峰市林业科学研究院	段磊、乌志颜、杨素芝、张丽、李显玉、冯昭辉、白玉茹、苗迎春、郭庆	20170627
335	20170335	蒙冠 2 号	文冠果	赤峰市林业科学研究院	张丽、乌志颜、杨素芝、段磊、李显玉、郭庆、韩立华、张呈昕	20170627
336	20170336	蒙冠 3 号	文冠果	赤峰市林业科学研究院	杨素芝、乌志颜、段磊、张丽、李显玉、郭庆、韩立华、张呈昕	20170627
337	20170337	金太阳	卫矛属	淄博市川林彩叶卫矛新品种研究所	翟慎学、梁中贵、王华田	20170629
338	20170338	红艳	南天竹属	浙江森禾种业股份有限公司	王春、郑勇平、魏斌、盛冬、尹庆平、陈慧芳、项美淑、杜三峰、陈岗、刘丹丹、顾慧	20170629
339	20170339	金公主 1 号	文冠果	北京林业大学	王青、李国军、刘会军、汪舟、王俊杰、王馨蕊、周祎鸣、向秋虹、关文彬	20170630
340	20170340	金公主 2 号	文冠果	北京林业大学	王青、汪舟、于震、周祎鸣、王馨蕊、向秋虹、王俊杰、关文彬	20170630
341	20170341	金公主 3 号	文冠果	北京林业大学	郭庆、郭强、段利玥、李国军、向秋虹、王馨蕊、周祎鸣、王俊杰、关文彬	20170630
342	20170342	金公主 4 号	文冠果	北京林业大学	王青、段利明、郭强、郭庆、周祎鸣、王俊杰、向秋虹、王馨蕊、关文彬	20170630
343	20170343	金公主 5 号	文冠果	北京林业大学	向秋虹、李世安、徐红江、王馨蕊、周祎鸣、王俊杰、关文彬	20170630
344	20170344	金公主 6 号	文冠果	北京林业大学	向秋虹、徐红江、李世安、周祎鸣、王馨蕊、王俊杰、关文彬	20170630

（续）

序号	申请号	品种名称	属（种）	申请人	培育人	申请日
345	20170345	金公主 7 号	文冠果	北京林业大学	王俊杰、于震、王青、向秋虹、王馨蕊、周祎鸣、关文彬	20170630
346	20170346	金公主 8 号	文冠果	北京林业大学	周祎鸣、郭庆、郭强、段利明、王馨蕊、向秋虹、王俊杰、关文彬	20170630
347	20170347	金公主 9 号	文冠果	北京林业大学	王俊杰、唐桂辉、刘会军、汪舟、向秋虹、王馨蕊、周祎鸣、关文彬	20170630
348	20170348	金王 1 号	文冠果	北京林业大学	黄炎子、侯向林、李国军、王俊杰、向秋虹、王馨蕊、周祎鸣、关文彬	20170630
349	20170349	金王 2 号	文冠果	北京林业大学	王馨蕊、李国军、侯向林、王青、于震、周祎鸣、向秋虹、王俊杰、关文彬	20170630
350	20170350	金帝 3 号	文冠果	北京林业大学	周祎鸣、张文臣、唐桂辉、向秋虹、王馨蕊、王俊杰、关文彬	20170630
351	20170351	德瑞斯红十（Dris Rasp Ten）	悬钩子属	德瑞斯克公司 (Driscoll's, Inc.)	布莱恩·K· 汉密尔顿 (Brian K. Hamilton)、马提亚· 维腾 (Matthias Vitten)、卡洛斯 · D · 费尔（Carlos D. FEAR）	20170708
352	20170352	德瑞斯蓝十五（Dris Blue Fifteen）	越桔属	德瑞斯克公司 (Driscoll's, Inc.)	布赖恩·K· 卡斯特 (Brian K. CASTER)、珍妮弗·K· 伊佐 (Jennifer K. IZZO)、阿伦· 德雷珀 Arlen DRAPER）	20170708
353	20170353	京仲 1 号	杜仲	北京林业大学	康向阳、李赟、高鹏、张平冬、宋连君、李金忠	20170711
354	20170354	京仲 2 号	杜仲	北京林业大学	康向阳、李赟、高鹏、王君、宋连君、李金忠	20170711
355	20170355	京仲 3 号	杜仲	北京林业大学	康向阳、李赟、高鹏、张平冬、宋连君、李金忠	20170711
356	20170356	京仲 4 号	杜仲	北京林业大学	康向阳、李赟、高鹏、王君、宋连君、李金忠	20170711
357	20170357	京仲 5 号	杜仲	北京林业大学	康向阳、李赟、高鹏、张平冬、宋连君、李金忠	20170711
358	20170358	京仲 6 号	杜仲	北京林业大学	康向阳、李赟、高鹏、王君、宋连君、李金忠	20170711
359	20170359	京仲 7 号	杜仲	北京林业大学	康向阳、李赟、高鹏、张平冬、宋连君、李金忠	20170711
360	20170360	京仲 8 号	杜仲	北京林业大学	康向阳、李赟、高鹏、王君、宋连君、李金忠	20170711
361	20170361	黑硕 1 号	忍冬属	汪清东北红豆杉生物科技有限公司	吴炳强、王永明、周旭昌	20170713
362	20170362	紫杉 1 号	红豆杉属	程广有	程广有、唐晓杰	20170713
363	20170363	红满棠	木瓜属	上海植物园	蒋昌华、张亚利、奉树成、毕玉科、费建国、周永元、李湘鹏、莫健彬	20170713
364	20170364	红波粼粼	木瓜属	上海植物园	费建国、奉树成、张亚利、毕玉科、蒋昌华、莫健彬、李湘鹏、周永元	20170713
365	20170365	凤舞牡丹	木瓜属	上海植物园	奉树成、毕玉科、蒋昌华、费建国、张亚利、李湘鹏、周永元、莫健彬	20170713
366	20170366	墨菊棠	木瓜属	上海植物园	毕玉科、蒋昌华、奉树成、张亚利、费建国、李湘鹏、周永元、莫健彬	20170713
367	20170367	天昱	蔷薇属	王昱蓉	王昱蓉	20170714

（续）

序号	申请号	品种名称	属（种）	申请人	培育人	申请日
368	20170368	天季	蔷薇属	天津大学	王昱蓉	20170714
369	20170369	德瑞斯蓝九（Dris Blue Nine）	越桔属	德瑞斯克公司 (Driscoll's, Inc.)	布赖恩·K·卡斯特（Brian K. CASTER）、珍妮弗·K·伊佐（Jennifer K. IZZO）、阿伦·德雷珀（Arlen DRAPER）	20170714
370	20170370	德瑞斯蓝十一（Dris Blue Eleven）	越桔属	德瑞斯克公司 (Driscoll's, Inc.)	布赖恩·K·卡斯特（Brian K. CASTER）、珍妮弗·K·伊佐（Jennifer K. IZZO）、阿伦·德雷珀（Arlen DRAPER）	20170714
371	20170371	德瑞斯蓝十二（Dris Blue Twelve）	越桔属	德瑞斯克公司 (Driscoll's, Inc.)	布赖恩·K·卡斯特（Brian K. CASTER）、珍妮弗·K·伊佐（Jennifer K. IZZO）、阿伦·德雷珀（Arlen DRAPER）	20170714
372	20170372	德瑞斯黑八（Dris Black Eight）	悬钩子属	德瑞斯克公司 (Driscoll's, Inc.)	加文·R·西尔斯（Gavin R. SILLS）、斯蒂芬·B·莫伊尔斯（Stephen B. MOYLES）、安德烈·M·加彭（Andrea M. PABON）	20170714
373	20170373	德瑞斯红五（Dris Rasp Five）	悬钩子属	德瑞斯克公司 (Driscoll's, Inc.)	布莱恩·K·汉密尔顿（Brian K. HAMILTON）、玛塔·巴皮蒂斯塔（Marta C. BAPTISTA）、卡洛斯·D·费尔（Carlos D. FEAR）	20170714
374	20170374	玫珀珂（MEIPIOKOU）	蔷薇属	法国玫兰国际有限公司	阿兰·安东尼·玫兰（Alain Antoine MEILLAND）	20170714
375	20170375	玫科瑞拉（MEIKERIRA）	蔷薇属	法国玫兰国际有限公司	阿兰·安东尼·玫兰（Alain Antoine MEILLAND）	20170714
376	20170376	玫密缇乐斯（MEIMIRTYLUS）	蔷薇属	法国玫兰国际有限公司	阿兰·安东尼·玫兰（Alain Antoine MEILLAND）	20170714
377	20170377	冀榆 3 号	榆属	河北省林业科学研究院	王玉忠、张全锋、刘泽勇、王连洲、郑聪慧、张曼、孙焕荣、黄印冉、胡海珍	20170714
378	20170378	冀榆 4 号	榆属	河北省林业科学研究院	王玉忠、刘泽勇、张全锋、王连洲、张曼、郑聪慧、于金俊、黄印冉、胡海珍	20170714
379	20170379	玫瑰蓉	杜鹃花属	江苏省农业科学院	肖政、陈尚平、刘晓青、何丽斯、李畅、邓衍明、孙晓波、贾新平、苏家乐	20170717
380	20170380	樱歌	杜鹃花属	江苏省农业科学院	刘晓青、邓衍明、李畅、孙晓波、肖政、贾新平、何丽斯、陈尚平、苏家乐	20170717
381	20170381	春艳紫	紫荆属	扬州大学	何小弟、张晨、赵明、何海燕、纪开燕、周欣茹、钱佳慧、孙桂平	20170719
382	20170382	四季锦	卫矛属	扬州大学	何小弟、张晨、刘先知、何海燕、赵明、纪开燕、夏东进、孙桂平	20170719
383	20170383	紫气东升	紫薇属	福建省将乐国有林场	林华忠、方禄明、江晓丽、吴炜、张启翔、潘会堂、蔡明、叶远俊、程堂仁、王佳	20170719
384	20170384	缤粉佳人	紫薇属	北京林业大学	潘会堂、叶远俊	20170719
385	20170385	粉玲珑	紫薇属	福建金硕生物科技有限公司	潘隆应、朱媛、张启翔、潘会堂、蔡明、叶远俊、程堂仁、王佳	20170719
386	20170386	玲珑	紫薇属	北京林业大学	潘会堂、冯露、鞠易倩、张启翔、胡杏、叶远俊、焦垚、蔡明、程堂仁、王佳	20170719

（续）

序号	申请号	品种名称	属（种）	申请人	培育人	申请日
387	20170387	珠含粉阁	蔷薇属	江苏苏北花卉股份有限公司	李生、潘会堂、蔡勇、乔亚西、王李亮、吴钰滢、徐庭亮、张启翔、罗乐、于超、程堂仁、王佳	20170719
388	20170388	粉面香妃	蔷薇属	北京林业大学	潘会堂、吴钰滢、徐庭亮、张启翔、罗乐、于超、程堂仁、王佳、李生、蔡勇、乔亚西、王李亮	20170719
389	20170389	幻蝶	蔷薇属	北京林业大学	罗乐、张启翔、潘会堂、于超、王金耀、徐庭亮、赵红霞、王蕴红、程堂仁、王佳	20170719
390	20170390	青川 1 号	核桃属	青川县林业和园林局	白杰健、向明亮、吴佐英、母克强、赵荣、扈双	20170719
391	20170391	紫玉朴	木兰属	中国林业科学研究院亚热带林业研究所	杨旭、杨志玲、谭梓峰、谭美、程小燕	20170719
392	20170392	粉荷	木兰属	中国林业科学研究院亚热带林业研究所	杨旭、杨志玲、谭梓峰、谭美、程小燕	20170719
393	20170393	楚林保胜	核桃属	湖北省林业科学研究院	徐永杰、陈万胜、李孝鑫、邓先珍、王代全、王其竹、余正文	20170719
394	20170394	德瑞斯蓝十（Dris Blue Ten）	越桔属	德瑞斯克公司 (Driscoll's, Inc.)	布赖恩·K· 卡斯特（Brian K. CASTER）、珍妮弗·K· 伊佐（Jennifer K. IZZO）、阿伦· 德雷珀（Arlen DRAPER）	20170721
395	20170395	德瑞斯蓝十四（Dris Blue Fourteen）	越桔属	德瑞斯克公司 (Driscoll's, Inc.)	布赖恩·K· 卡斯特（Brian K. CASTER）、珍妮弗·K· 伊佐（Jennifer K. IZZO）、阿伦· 德雷珀（Arlen DRAPER）、布鲁斯· D · 莫维 (Bruce D. MOWREY)、玛塔· 巴皮蒂斯塔（Marta BAPTISTA）	20170721
396	20170396	德瑞斯黑九（Dris Black Nine）	悬钩子属	德瑞斯克公司 (Driscoll's, Inc.)	加文·R· 西尔斯（Gavin R. SILLS）、安德烈·M· 加彭（Andrea M. PABON）	20170721
397	20170397	德瑞斯黑十（Dris Black Ten）	悬钩子属	德瑞斯克公司 (Driscoll's, Inc.)	加文·R· 西尔斯（Gavin R. SILLS）、安德烈·M· 加彭（Andrea M. PABON）	20170721
398	20170398	奥斯米克斯如（AUSMIXTURE）	蔷薇属	英国大卫奥斯汀月季公司	大卫· 奥斯汀（David J. C. Austin）	20170721
399	20170399	奥斯威尔（AUSWHIRL）	蔷薇属	英国大卫奥斯汀月季公司	大卫· 奥斯汀（David J. C. Austin）	20170721
400	20170400	达维 1 号	榛属	吉林省德盛农牧科技发展有限公司	吴中波、赵常胜	20170722
401	20170401	玉坠 1 号	榛属	吉林省德盛农牧科技发展有限公司	吴中波、赵常胜	20170722
402	20170402	吉榛 1 号	榛属	吉林省德盛农牧科技发展有限公司	吴中波、赵常胜	20170722
403	20170403	吉榛 2 号	榛属	吉林省德盛农牧科技发展有限公司	吴中波、赵常胜	20170722
404	20170404	吉榛 3 号	榛属	吉林省德盛农牧科技发展有限公司	吴中波、赵常胜	20170722
405	20170405	冬翠（慈孝竹）	箣竹属	扬州大学	何小弟、姚俊生、禹迎春、张晨、何海燕、赵明	20170722
406	20170406	泉丹	接骨木属	山东省林业科学研究院	吴德军、姚俊修、李善文、王开芳、刘翠兰、任飞、燕丽萍、王因花、臧真荣、李庆华	20170723

（续）

序号	申请号	品种名称	属（种）	申请人	培育人	申请日
407	20170407	天山美棱	接骨木属	山东省林业科学研究院	王开芳、刘翠兰、姚俊修、吴德军、燕丽萍、臧真荣、李善文、任飞、王因花、李庆华	20170723
408	20170408	紫丰	接骨木属	山东省林业科学研究院	王开芳、吴德军、姚俊修、刘翠兰、任飞、李庆华、臧真荣、李善文、燕丽萍、王因花	20170723
409	20170409	红丰	接骨木属	山东省林业科学研究院	李善文、姚俊修、吴德军、燕丽萍、任飞、臧真荣、王因花、李庆华、刘翠兰、王开芳	20170723
410	20170410	晚红	接骨木属	山东省林业科学研究院	刘翠兰、姚俊修、吴德军、臧真荣、李善文、王开芳、燕丽萍、任飞、王因花、李庆华	20170723
411	20170411	青墨	接骨木属	山东省林业科学研究院	姚俊修、吴德军、刘翠兰、李善文、王开芳、燕丽萍、任飞、王因花、李庆华、臧真荣	20170723
412	20170412	柳叶红	接骨木属	山东省林业科学研究院	李善文、吴德军、姚俊修、任飞、李庆华、臧真荣、刘翠兰、王开芳、燕丽萍、王因花	20170723
413	20170413	金幻	接骨木属	山东省林业科学研究院	姚俊修、刘翠兰、吴德军、李善文、任飞、李庆华、王开芳、燕丽萍、王因花、臧真荣	20170723
414	20170414	盐丹	接骨木属	山东省林业科学研究院	姚俊修、吴德军、刘翠兰、燕丽萍、王因花、任飞、李庆华、李善文、王开芳、臧真荣	20170723
415	20170415	圆靥	绣球属	杨玉勇	杨玉勇、罗乐	20170724
416	20170416	深蓝	绣球属	杨玉勇	杨玉勇、程堂仁、王佳	20170724
417	20170417	万紫千红	绣球属	杨玉勇	杨玉勇、潘会堂	20170724
418	20170418	德瑞斯黑十一（Dris Black Eleven）	悬钩子属	德瑞斯克公司	加文·R·西尔斯（Gavin R.SILLS）、安德烈·M·加彭（Andrea M.PABON）、马克·克苏哈（Mark CRUSHA）	20170728
419	20170419	德瑞斯黑十二（Dris Black Twelve）	悬钩子属	德瑞斯克公司	加文·R·西尔斯（Gavin R.SILLS）、安德烈·M·加彭（Andrea M.PABON）、马克·克苏哈（Mark CRUSHA）	20170728
420	20170420	德瑞斯黑十四（Dris Black Fourteen）	悬钩子属	德瑞斯克公司	加文·R·西尔斯（Gavin R.SILLS）、安德烈·M·加彭（Andrea M.PABON）、马克·克苏哈（Mark CRUSHA）	20170728
421	20170421	德瑞斯黑十五 (Dris Black Fifteen)	悬钩子属	德瑞斯克公司	加文·R·西尔斯（Gavin R.SILLS）、安德烈·M·加彭（Andrea M.PABON）、马克·克苏哈（Mark CRUSHA）	20170728
422	20170422	花好月圆	蔷薇属	贵州省植物园	周洪英、周庆、吴洪娥、周艳、朱立、罗充、吴楠、董万鹏、赵敏、金晶	20170728
423	20170423	宁农杞 6 号	枸杞属	宁夏农林科学院枸杞工程技术研究所	焦恩宁、秦垦、戴国礼、曹有龙、石志刚、何军、李彦龙、李云翔、闫亚美、黄婷、张波、周旋、何昕儒、米佳	20170803
424	20170424	宁农杞 7 号	枸杞属	宁夏农林科学院枸杞工程技术研究所	焦恩宁、秦垦、戴国礼、曹有龙、石志刚、何军、李彦龙、李云翔、闫亚美、黄婷、张波、周旋、何昕儒、米佳	20170803

（续）

序号	申请号	品种名称	属（种）	申请人	培育人	申请日
425	20170425	宁农杞 8 号	枸杞属	宁夏农林科学院枸杞工程技术研究所	焦恩宁、秦垦、戴国礼、曹有龙、石志刚、何军、李彦龙、李云翔、闫亚美、黄婷、张波、周旋、何昕儒、米佳	20170803
426	20170426	科杞 6081	枸杞属	宁夏农林科学院枸杞工程技术研究所	曹有龙、贾义科、戴国礼、秦垦、刘占贵、石志刚、何军、李云翔、闫亚美、张波、周旋、何昕儒、段淋渊	20170803
427	20170427	科杞 6082	枸杞属	宁夏农林科学院枸杞工程技术研究所	曹有龙、贾义科、秦垦、刘占贵、戴国礼、石志刚、何军、李云翔、闫亚美、张波、周旋、何昕儒、段淋渊	20170803
428	20170428	本朴丽 9276（BONPRI 9276）	大戟属	澳大利亚本雅植物有限公司	安德鲁·伯纽兹（Andrew Bernuetz）	20170804
429	20170429	本朴丽 515（BONPRI 515）	大戟属	澳大利亚本雅植物有限公司	安德鲁·伯纽兹（Andrew Bernuetz）	20170804
430	20170430	惜春	李属（除水果外）	南京林业大学	王珉、伊贤贵、王贤荣、王华辰、段一凡、陈林	20170805
431	20170431	科盆 026（KORpot026）	蔷薇属	科德斯月季育种有限公司	威廉 - 亚历山大·科德斯（Wilhelm-Alexander Kordes）、蒂姆 - 赫尔曼·科德斯、(Tim-Hermann Kordes)、玛格丽特·科德斯 (Margarita Kordes)	20170808
432	20170432	科盆 034（KORpot034）	蔷薇属	科德斯月季育种有限公司	威廉 - 亚历山大·科德斯（Wilhelm-Alexander Kordes）、蒂姆 - 赫尔曼·科德斯、(Tim-Hermann Kordes)、玛格丽特·科德斯 (Margarita Kordes)	20170808
433	20170433	科盆 045（KORpot045）	蔷薇属	科德斯月季育种有限公司	威廉 - 亚历山大·科德斯（Wilhelm-Alexander Kordes）、蒂姆 - 赫尔曼·科德斯、(Tim-Hermann Kordes)、玛格丽特·科德斯 (Margarita Kordes)	20170808
434	20170434	科盆 050（KORpot050）	蔷薇属	科德斯月季育种有限公司	威廉 - 亚历山大·科德斯（Wilhelm-Alexander Kordes）、蒂姆 - 赫尔曼·科德斯、(Tim-Hermann Kordes)、玛格丽特·科德斯 (Margarita Kordes)	20170808
435	20170435	科盆 055（KORpot055）	蔷薇属	科德斯月季育种有限公司	威廉 - 亚历山大·科德斯（Wilhelm-Alexander Kordes）、蒂姆 - 赫尔曼·科德斯、(Tim-Hermann Kordes)、玛格丽特·科德斯 (Margarita Kordes)	20170808
436	20170436	科盆 060（KORpot060）	蔷薇属	科德斯月季育种有限公司	威廉 - 亚历山大·科德斯（Wilhelm-Alexander Kordes）、蒂姆 - 赫尔曼·科德斯、(Tim-Hermann Kordes)、玛格丽特·科德斯 (Margarita Kordes)	20170808
437	20170437	科盆 064（KORpot064）	蔷薇属	科德斯月季育种有限公司	威廉 - 亚历山大·科德斯（Wilhelm-Alexander Kordes）、蒂姆 - 赫尔曼·科德斯、(Tim-Hermann Kordes)、玛格丽特·科德斯 (Margarita Kordes)	20170808

（续）

序号	申请号	品种名称	属（种）	申请人	培育人	申请日
438	20170438	科盆 074（KORpot074）	蔷薇属	科德斯月季育种有限公司	威廉 - 亚历山大·科德斯（Wilhelm-Alexander Kordes）、蒂姆 - 赫尔曼·科德斯、(Tim-Hermann Kordes)、玛格丽特·科德斯(Margarita Kordes)	20170808
439	20170439	科盆 075（KORpot075）	蔷薇属	科德斯月季育种有限公司	威廉 - 亚历山大·科德斯（Wilhelm-Alexander Kordes）、蒂姆 - 赫尔曼·科德斯、(Tim-Hermann Kordes)、玛格丽特·科德斯(Margarita Kordes)	20170808
440	20170440	热桉 3 号	桉属	中国林业科学研究院热带林业研究所	甘四明、翁启杰、汤建福、王炳南、周长品、李发根、李梅、周建清、洪长福	20170815
441	20170441	热桉 4 号	桉属	中国林业科学研究院热带林业研究所	甘四明、李发根、翁启杰、周长品、李梅、汤建福、王炳南、周建清、洪长福	20170815
442	20170442	热桉 5 号	桉属	中国林业科学研究院热带林业研究所	甘四明、周长品、翁启杰、李发根、李梅、汤建福、王炳南、周建清、洪长福	20170815
443	20170443	金石	鹅掌楸属	中国林业科学研究院林业所	李斌、郑勇奇、林富荣、郭文英、刘儒、潘文婷、孙建军、谭新建、袁小军、原勤勤、陈传松	20170816
444	20170444	根尾新甜	柿	日本国岐阜县政府	新川猛、铃木哲也、尾关健	20170804
445	20170445	桃源红	桃花	王燕	王燕	20170807
446	20170446	粉玲珑	桃花	王燕	王燕	20170807
447	20170447	柔彩	绣球属	中国科学院植物研究所	唐宇丹、白红彤、安玉来、李霞、李慧、孙雪琪、法丹丹、尤洪伟	20170824
448	20170448	荷仙姑	蔷薇属	江苏省林业科学研究院	汪有良、蒋泽平	20170828
449	20170449	瑛霞	丁香属	黑龙江省森林植物园	郁永英、李长海、翟晓鸥、宋莹莹、范淼、张少琳	20170828
450	20170450	涌霞	丁香属	黑龙江省森林植物园	郁永英、李长海、翟晓鸥、宋莹莹、范淼、张少琳	20170828
451	20170451	瑜霞	丁香属	黑龙江省森林植物园	郁永英、陈大玉、李长海、翟晓鸥、宋莹莹、范淼、张少琳	20170828
452	20170452	春韵	李属（除水果外）	山东省林业科学研究院	胡丁猛、王松、许景伟、刘桂民、囤兴建、李贵学、丁守和	20170828
453	20170453	龙丰 1 号杨	杨属	黑龙江省森林与环境科学研究院	王福森、李树森、赵玉恒、张剑斌、贯春雨、苏晓华、郭昭滨、王佰彦、安、静、李志栋、李、晶、孙长刚、吴立军、孙永贵、孙长河、刘成志、田立民	20170829
454	20170454	龙丰 2 号杨	杨属	黑龙江省森林与环境科学研究院	王福森、李树森、赵玉恒、张剑斌、贯春雨、苏晓华、郭昭滨、王佰彦、安、静、李志栋、李、晶、孙长刚、吴立军、孙永贵、孙长河、刘成志、田立民	20170829
455	20170455	矮杰	李属（除水果外）	山东省果树研究所	刘庆忠、朱东姿、魏海蓉、王甲威、谭钺、宗晓娟、陈新、徐丽、张力思	20170829

（续）

序号	申请号	品种名称	属（种）	申请人	培育人	申请日
456	20170456	矮特	李属（除水果外）	山东省果树研究所	刘庆忠、朱东姿、魏海蓉、王甲威、谭钺、宗晓娟、陈新、徐丽、张力思	20170829
457	20170457	傲霜	桂花	山东农业大学	臧德奎、吴其超、张晴、步俊彦、王一、刘虹佑	20170830
458	20170458	冬荣	桂花	山东农业大学	臧德奎、吴其超、张晴、步俊彦、王一、刘虹佑	20170830
459	20170459	梦幻芭比	蔷薇属	通海锦海农业科技发展有限公司	董春富、张军云、张钟、杨世先、张建康、王文智、胡颖、胡丽琴	20170901
460	20170460	甜心芭比	蔷薇属	通海锦海农业科技发展有限公司	董春富、张军云、张钟、张建康、王文智、杨世先、胡颖、胡丽琴	20170901
461	20170461	妩媚芭比	蔷薇属	通海锦海农业科技发展有限公司	董春富、张军云、张钟、张建康、杨世先、王文智、胡颖、胡丽琴	20170901
462	20170462	心悦	蔷薇属	玉溪紫玉花卉产业有限公司	张军云、段家彬、张钟、张建康、杨世先、杨光炤、钱遵姚、王文智、张艳华、李晓亮、段永华	20170901
463	20170463	紫嫣	蔷薇属	玉溪紫玉花卉产业有限公司	张军云、段家彬、张钟、杨世先、张建康、钱遵姚、杨光炤、王文智、张艳华、董广、左丽娟	20170901
464	20170464	龙榆	榆属	李严广	李严广	20170901
465	20170465	春彩粉黛	槭属	四川七彩林业开发有限公司	杨金财、高尚、郑超、蔡世林、马建华、尹林、银征、何程相、吴佳川	20170901
466	20170466	春彩凤羽	槭属	四川七彩林业开发有限公司	高尚、杨金财、郑超、蔡世林、吴佳川、尹林、银征、罗雪梅	20170901
467	20170467	澧滨早凤	木通属	中国林业科学研究院林业研究所	李斌、郑勇奇、林富荣、郭文英、肖光听、王汝平、张秋红、肖光所、黄廷武	20170901
468	20170468	甬之洁	杜鹃花属	浙江万里学院	谢晓鸿、吴月燕、沃科军、沃绵康	20170903
469	20170469	甬粉佳人	杜鹃花属	浙江万里学院	谢晓鸿、吴月燕、沃科军、沃绵康	20170903
470	20170470	甬之梦	杜鹃花属	浙江万里学院	谢晓鸿、吴月燕、沃科军、沃绵康、章辰飞	20170903
471	20170471	甬之彤	杜鹃花属	浙江万里学院	吴月燕、谢晓鸿、沃科军、沃绵康、章辰飞	20170903
472	20170472	甬紫雀	杜鹃花属	浙江万里学院	吴月燕、谢晓鸿、沃科军、沃绵康	20170903
473	20170473	甬品红	杜鹃花属	浙江万里学院	吴月燕、谢晓鸿、沃科军、沃绵康	20170903
474	20170474	甬紫丹	杜鹃花属	宁波北仑亿润花卉有限公司	沃科军、沃绵康	20170903
475	20170475	甬之皎	杜鹃花属	宁波北仑亿润花卉有限公司	沃科军、沃绵康	20170903
476	20170476	甬之雪	杜鹃花属	宁波北仑亿润花卉有限公司	沃科军、沃绵康	20170903
477	20170477	甬之焰	杜鹃花属	宁波北仑亿润花卉有限公司	沃科军、沃绵康	20170903
478	20170478	甬之辉	杜鹃花属	宁波北仑亿润花卉有限公司	沃科军、沃绵康	20170903
479	20170479	甬之韵	杜鹃花属	宁波北仑亿润花卉有限公司	沃绵康、沃科军	20170903
480	20170480	甬之妃	杜鹃花属	宁波北仑亿润花卉有限公司	沃绵康、沃科军	20170903
481	20170481	甬绵百合	杜鹃花属	宁波北仑亿润花卉有限公司	沃绵康、沃科军	20170903
482	20170482	甬绿神	杜鹃花属	宁波北仑亿润花卉有限公司	沃绵康、沃科军	20170903

（续）

序号	申请号	品种名称	属（种）	申请人	培育人	申请日
483	20170483	鲁蜡 7 号	白蜡树属	山东省林业科学研究院	李永涛、刘桂民、王莉莉、王霞、王振猛、魏海霞、杨庆山、周健、刘德玺	20170904
484	20170484	鲁蜡 8 号	白蜡树属	山东省林业科学研究院	王振猛、魏海霞、刘德玺、周健、杨庆山、王霞、李永涛、李宗泰、王莉莉	20170904
485	20170485	鲁蜡 9 号	白蜡树属	山东省林业科学研究院	杨庆山、王振猛、刘桂民、王霞、魏海霞、周健、刘德玺、李永涛、王莉莉	20170904
486	20170486	鲁蜡 10 号	白蜡树属	山东省林业科学研究院	刘德玺、王莉莉、王振猛、李永涛、杨庆山、李宗泰、魏海霞、周健、王霞	20170904
487	20170487	鲁蜡 11 号	白蜡树属	山东省林业科学研究院	周健、魏海霞、杨庆山、王振猛、李永涛、王霞、王莉莉、刘德玺、刘桂民、李宗泰	20170904
488	20170488	鲁蜡 12 号	白蜡树属	山东省林业科学研究院	王霞、王莉莉、刘德玺、杨庆山、李永涛、周健、王振猛、魏海霞、刘桂民	20170904
489	20170489	圃柿 1 号	柿	西北农林科技大学	杨勇、阮小凤、王仁梓、关长飞、井赵斌、王建平、边建设	20170904
490	20170490	圃杂 2 号	柿	西北农林科技大学	杨勇、王仁梓、阮小凤、关长飞、王建平、井赵斌	20170904
491	20170491	杞鑫 3 号	枸杞属	中宁县杞鑫枸杞苗木专业合作社	郭玉琴、朱金忠、祁伟、刘冰、邢学武、亢彦东、逯永	20170905
492	20170492	杞鑫 4 号	枸杞属	中宁县杞鑫枸杞苗木专业合作社	郭玉琴、朱金忠、祁伟、刘冰、邢学武、亢彦东、逯永	20170905
493	20170493	艳銮	栾树属	吴国平	吴国平、秦艳臣、李中香、宋良红、夏兴峰、陈军、杨永康、吴浩峰	20170905
494	20170494	玫贝格姆（MEIBERGAMU）	蔷薇属	法国玫兰国际有限公司	阿兰·安东尼·玫兰（Alain Antoine MEILLAND）	20170905
495	20170495	四明火焰	槭属	宁波城市职业技术学院	林乐静、祝志勇、叶国庆	20170906
496	20170496	四明玫舞	槭属	宁波城市职业技术学院	祝志勇、林乐静、林立、叶国庆	20170906
497	20170497	寨选 4 号	越桔属	江苏省中国科学院植物研究所	吴文龙、闾连飞、李维林、张春红、赵慧芳、王小敏、朱泓、杨海燕、黄正金	20170906
498	20170498	寨选 7 号	越桔属	江苏省中国科学院植物研究所	吴文龙、闾连飞、李维林、张春红、赵慧芳、王小敏、朱泓、杨海燕、黄正金	20170906
499	20170499	子午岭卫矛	卫矛属	杨新社	杨新社、杨瑞	20170907
500	20170500	子午岭卫矛 2 号	卫矛属	杨新社	杨新社、杨瑞	20170907
501	20170501	盐抗柳 1 号	柳属	山东省林业科学研究院	秦光华、宋玉民、乔玉玲、于振旭、焦传礼、刘德玺、康智、董玉峰、燕丽萍	20170912
502	20170502	黄皮柳 1 号	柳属	山东省林业科学研究院	秦光华、宋玉民、乔玉玲、于振旭、焦传礼、刘德玺、康智、董玉峰、燕丽萍	20170912

（续）

序号	申请号	品种名称	属（种）	申请人	培育人	申请日
503	20170503	蛇矛柳 1 号	柳属	山东省林业科学研究院	秦光华、宋玉民、乔玉玲、于振旭、焦传礼、刘德玺、康智、董玉峰、燕丽萍	20170912
504	20170504	无絮柳 1 号	柳属	山东省林业科学研究院	秦光华、宋玉民、乔玉玲、于振旭、焦传礼、刘德玺、康智、董玉峰、燕丽萍	20170912
505	20170505	无絮柳 2 号	柳属	山东省林业科学研究院	秦光华、宋玉民、乔玉玲、于振旭、焦传礼、康智、杨庆山、董玉峰、燕丽萍	20170912
506	20170506	湿地柳 1 号	柳属	山东省林业科学研究院	秦光华、宋玉民、乔玉玲、于振旭、焦传礼、刘桂民、康智、董玉峰、燕丽萍	20170912
507	20170507	湿地柳 2 号	柳属	山东省林业科学研究院	秦光华、宋玉民、乔玉玲、于振旭、焦传礼康智、胡丁猛、董玉峰、燕丽萍	20170912
508	20170508	匀冠凝霞	文冠果	北京林业大学	王青、郭庆、段利明、郭强、王俊杰、周祎鸣、向秋虹、王馨蕊、关文彬	20170912
509	20170509	匀冠卷霞	文冠果	北京思路文冠果科技开发有限公司	周祎鸣、张晨曦、向秋虹、王俊杰、王馨蕊、王青、关文彬	20170912
510	20170510	金冠漫卷	文冠果	北京思路文冠果科技开发有限公司	王俊杰、汪舟、周祎鸣、王馨蕊、向秋虹、王青、关文彬	20170912
511	20170511	匀冠舒霞	文冠果	北京思路文冠果科技开发有限公司	向秋虹、海倩雯、王馨蕊、王俊杰、周祎鸣、王青、关文彬	20170912
512	20170512	东水 1601 号	白蜡树属	东北林业大学	詹亚光、曾凡锁、何利明、何之龙、张桂芹、李淑娟、赵兴堂、梁楠松、姚盛智、曹羊	20170914
513	20170513	金脉红	槭属	安徽东方金桥农林科技股份有限公司	丁增成、丁燕	20170918
514	20170514	文图拉（Ventura）	越桔属	美国秋溪农场苗圃有限公司	大卫·M· 布莱尔顿（David M. Brazelton）、亚当·L· 瓦格纳（Adam L. Wagner）	20170920
515	20170515	波卢丽本（Blue Ribbon）	越桔属	美国秋溪农场苗圃有限公司	大卫·M· 布莱尔顿（David M. Brazelton）、亚当·L· 瓦格纳（Adam L. Wagner）	20170920
516	20170516	淘普谢尔夫（Top Shelf）	越桔属	美国秋溪农场苗圃有限公司	大卫·M· 布莱尔顿（David M. Brazelton）、亚当·L· 瓦格纳（Adam L. Wagner）	20170920
517	20170517	拉斯特考（Last Call）	越桔属	美国秋溪农场苗圃有限公司	大卫·M· 布莱尔顿（David M. Brazelton）、亚当·L· 瓦格纳（Adam L. Wagner）	20170920
518	20170518	克劳科沃（Clockwork）	越桔属	美国秋溪农场苗圃有限公司	大卫·M· 布莱尔顿（David M. Brazelton）、亚当·L· 瓦格纳（Adam L. Wagner）	20170920
519	20170519	奥乌提姆（Overtime）	越桔属	美国秋溪农场苗圃有限公司	大卫·M· 布莱尔顿（David M. Brazelton）、亚当·L· 瓦格纳（Adam L. Wagner）	20170920
520	20170520	卡哥（Cargo）	越桔属	美国秋溪农场苗圃有限公司	大卫·M· 布莱尔顿（David M. Brazelton）、亚当·L· 瓦格纳（Adam L. Wagner）	20170920

（续）

序号	申请号	品种名称	属（种）	申请人	培育人	申请日
521	20170521	春蓝	越桔属	北京林业大学	程堂仁、于超、马开峰、蔡明、王佳、潘利军、陈丽娟、李国强、魏永祥、杨洪鑫	20170921
522	20170522	滇蓝	越桔属	北京林业大学	程堂仁、于超、马开峰、蔡明、王佳、潘利军、陈丽娟、李国强、魏永祥、杨洪鑫	20170921
523	20170523	秋蓝	越桔属	丹东天赐花卉有限公司	潘利军、陈丽娟、李国强、魏永祥、杨洪鑫、程堂仁、于超、马开峰、蔡明、王佳	20170921
524	20170524	钻石蓝	越桔属	丹东天赐花卉有限公司	潘利军、陈丽娟、李国强、魏永祥、杨洪鑫、程堂仁、于超、马开峰、蔡明、王佳	20170921
525	20170525	金丝泉柳	柳属	济南市园林花卉苗木培育中心	李克俭、张保全、刘红权、孟清秀、孙燕、占习林、柴哲、王洪磊、张广杰、李超	20170922
526	20170526	泉丝柳	柳属	济南市园林花卉苗木培育中心	李克俭、张保全、刘红权、孟清秀、孙燕、占习林、柴哲、王洪磊、张广杰、李超	20170922
527	20170527	半垂翠柳	柳属	济南市园林花卉苗木培育中心	李克俭、张保全、刘红权、孟清秀、孙燕、占习林、柴哲、王洪磊、张广杰、李超	20170922
528	20170528	垂丝曲柳	柳属	济南市园林花卉苗木培育中心	李克俭、张保全、刘红权、孟清秀、孙燕、占习林、柴哲、王洪磊、张广杰、李超	20170922
529	20170529	澧滨天凤	木通属	中国林业科学研究院林业研究所	李斌、郑勇奇、林富荣、郭文英、向明宏、王汝平	20170925
530	20170530	黄金大叶女贞	女贞属	王新留	王新留	20170925
531	20170531	桐林碧波	卫矛属	河南桐林雨露园林绿化工程有限公司	朱孟杰	20170928
532	20170532	西科紫变 1 号	牡竹属	西南科技大学	龙治坚、胡尚连、曹颖、卢学琴、徐刚、赵博、任鹏、黄艳	20170930
533	20170533	西吕 71680（SCH71680）	蔷薇属	荷兰彼得·西吕厄斯控股公司	P·N·J·西吕厄斯（Petrus Nicolaas Johannes Schreurs）	20170930
534	20170534	西吕 79012（SCH79012）	蔷薇属	荷兰彼得·西吕厄斯控股公司	P·N·J·西吕厄斯（Petrus Nicolaas Johannes Schreurs）	20170930
535	20170535	丰园 5 号	杏	西安丰园果业科技有限公司	李迁恩、杜锡莹、杜燕群、杜少恳、陈堪鹏	20171012
536	20170536	丰园晚蜜	杏	西安丰园果业科技有限公司	李迁恩、杜锡莹、杜燕群、杜少恳、陈堪鹏	20171012
537	20170537	英特扎好品（Interzahopin）	蔷薇属	英特普兰特月季育种公司	A·I·H 范·多伊萨姆（ir. A. J. H. van Doesum）	20171017
538	20170538	英特乐沃尔格（Interlowolg）	蔷薇属	英特普兰特月季育种公司	A·I·H 范·多伊萨姆（ir. A. J. H. van Doesum）	20171017
539	20170539	英特组诗达尔（Interzusydal）	蔷薇属	英特普兰特月季育种公司	A·I·H 范·多伊萨姆（ir. A. J. H. van Doesum）	20171017
540	20170540	星语星愿	蔷薇属	云南省农业科学院花卉研究所	邱显钦、王其刚、唐开学、张颢、陈敏、晏慧君、周宁宁、李淑斌、蹇洪英、张婷	20171023

（续）

序号	申请号	品种名称	属（种）	申请人	培育人	申请日
541	20170541	满堂红	蔷薇属	云南省农业科学院花卉研究所	周宁宁、王其刚、唐开学、张颢、蹇洪英、李淑斌、陈敏、邱显钦、晏慧君、张婷	20171023
542	20170542	芮宁	蔷薇属	云南省农业科学院花卉研究所	周宁宁、王其刚、唐开学、张颢、蹇洪英、李淑斌、陈敏、邱显钦、晏慧君、张婷	20171023
543	20170543	雨漱春	蔷薇属	云南省农业科学院花卉研究所	陈敏、王其刚、邱显钦、唐开学、晏慧君、张颢、蹇洪英、周宁宁、李淑斌、张婷	20171023
544	20170544	素季	蔷薇属	云南省农业科学院花卉研究所	王其刚、张颢、唐开学、邱显钦、陈敏、晏慧君、张婷、蹇洪英、李淑斌、周宁宁	20171023
545	20170545	四季粉	蔷薇属	云南省农业科学院花卉研究所	晏慧君、王其刚、蹇洪英、张颢、邱显钦、陈敏、唐开学、李淑斌、张婷、周宁宁	20171023
546	20170546	芳华	蔷薇属	云南省农业科学院花卉研究所	蹇洪英、王其刚、张婷、晏慧君、周宁宁、李淑斌、陈敏、邱显钦、张颢、唐开学、黎霞、杨维	20171023
547	20170547	贝 06-50 富乐 -1（BB06-50FL-1）	越桔属	美国贝利蓝莓有限公司	埃德蒙德 · J · 威乐（Edmund J. Wheeler）	20171028
548	20170548	贝 07-7 富乐 -4（BB07-7FL-4）	越桔属	美国贝利蓝莓有限公司	埃德蒙德·J· 威乐（Edmund J. Wheeler）、詹姆斯·F· 汉考克（James F Hancock）	20171028
549	20170549	邕韵	木槿属	南宁市园林科研所	黄旭光、王坤煌、罗恩波、秦玲、阮俊、王卫南、陆炎松、廖堂贵、邓海菊	20171028
550	20170550	邕粉佳丽	木槿属	南宁市园林科研所	黄旭光、阮俊、王卫南、秦玲、罗恩波、王坤煌、姜立甫、黄丽丹、黄英群	20171028
551	20170551	泰加（Taiga）	铁线莲属	落合小一郎	宇田川正毅（Masatake Udagawa）	20171028
552	20170552	玉秀	杜鹃花属	上海植物园	奉树成、张春英、黄军华、张杰、顾海燕、谢军峰、沈烈英、沃科军、谢晓鸿	20171029
553	20170553	艳秀	杜鹃花属	上海植物园	张春英、奉树成、黄军华、张杰、沈烈英、顾海燕、谢军峰、沃科军、谢晓鸿	20171029
554	20170554	紫魅	杜鹃花属	杭州赛石园林集团有限公司	戴瑜豫、马丽、陈黎、池震猛、朱娅、沃科军	20171101
555	20170555	鲁农丹 1 号	芍药属	山东棉花研究中心	王琦、韩晨静、宋华东、张宏宝、孟伟、赵逢涛、张琮、徐伟	20171101
556	20170556	秦黑卜杨	杨属	西北农林科技大学	樊军锋、周永学、高建社、张锦梅、白小军、谢俊锋、马建权、周飞梅	20171101
557	20170557	秦黑青杨 1 号	杨属	西北农林科技大学	樊军锋、周永学、高建社、张锦梅、白小军、谢俊锋、马建权、周飞梅	20171101
558	20170558	秦黑杨 2 号	杨属	西北农林科技大学	樊军锋、高建社、周永学、苏晓华、白小军、谢俊锋、马建权、周飞梅	20171101

（续）

序号	申请号	品种名称	属（种）	申请人	培育人	申请日
559	20170559	金硕杏	杏	张家口市农业科学院	王秀荣、吕丽霞、许建铭、刘颖慧、王维、王伟军、郝建宇、闫凤岐、张敏、崔金丽、楚燕杰	20171101
560	20170560	张仁一号	杏	张家口市农业科学院	王秀荣、吕丽霞、王维、许建铭、刘颖慧、郝建宇、王伟军、闫凤岐、许寅生、张宝英、楚燕杰	20171101
561	20170561	紫晶	蔷薇属	云南锦科花卉工程研究中心有限公司	倪功、曹荣根、田连通、白云评、乔丽婷、阳明祥、何琼	20171102
562	20170562	紫蕴	蔷薇属	云南锦科花卉工程研究中心有限公司	倪功、曹荣根、田连通、白云评、乔丽婷、阳明祥、何琼	20171102
563	20170563	凤蝶	蔷薇属	云南锦科花卉工程研究中心有限公司	倪功、曹荣根、田连通、白云评、乔丽婷、阳明祥、何琼	20171102
564	20170564	晨迷	蔷薇属	云南锦科花卉工程研究中心有限公司	倪功、曹荣根、田连通、白云评、乔丽婷、阳明祥、何琼	20171102
565	20170565	福丽思（FLX-1）	越桔属	美国佛罗里达基金种业公司	保罗·里仁（Dr. Paul M.Lyrene）	20171103
566	20170566	普和美（PIIHM-II）	绣球属	美国贝利苗圃公司	米切尔 A · 迪尔（Michael A. Dirr）	20171103
567	20170567	德瑞斯红十三（Dris Rasp Thirteen）	悬钩子属	德瑞斯克公司 (Driscoll’s, Inc.)	马提亚·维腾（Matthias D. VITTEN）、布莱恩·K·汉密尔顿（Brian K.HAMILTON）、理查德·E·哈里森（Richard E.HARRISON）	20171103
568	20170568	德瑞斯马拉维利亚（Driscoll Maravilla）	悬钩子属	德瑞斯克公司 (Driscoll’s, Inc.)	卡洛斯·D·费尔（Carlos D.Fear）、理查德·E·哈里森（Richard E.HARRISON）、弗雷德·M·库克（Fred M.COOK）、加文·西尔斯（Gavin SILLS）	20171103
569	20170569	瑞克拉 1865A（RUICL1865A）	蔷薇属	迪瑞特知识产权公司	汉克·德·格罗特 (H. C. A. de Groot)	20171103
570	20170570	瑞克拉 1309C（RUICL1309C）	蔷薇属	迪瑞特知识产权公司	汉克·德·格罗特 (H. C. A. de Groot)	20171103
571	20170571	绯衣堇舞	紫薇属	宿迁市农业科学研究院	王昊、陈芬、谭军、刘博、蔡卫佳、罗桂杰、刘旭、金倩	20171106
572	20170572	东海光耀	山茶属	吴光耀	吴光耀	20171106
573	20170573	紫色梦幻	蔷薇属	云南省农业科学院花卉研究所	李世峰、李树发、宋杰、田联通、解玮佳、张露、李慧敏	20171109
574	20170574	粉色梦幻	蔷薇属	云南省农业科学院花卉研究所	宋杰、李树发、李世峰、王继华、乔丽婷、许凤、李绅崇	20171109
575	20170575	梦幻云锦	蔷薇属	云南省农业科学院花卉研究所	李树发、宋杰、李世峰、蔡艳飞、陆琳、黎霞、田联通	20171109
576	20170576	梦幻花容	蔷薇属	云南省农业科学院花卉研究所	李绅崇、宋杰、李树发、彭绿春、李世峰、李进昆、乔丽婷	20171109
577	20170577	金镶玉	胡颓子属	山东农业大学	孟凡志、谢兰禹、臧德奎、吴其超、郭先锋、李际红、刘国兴、毛学谦	20171113
578	20170578	丹青	金露梅	北京农学院	郑健、关雪莲、张睿鹏、胡增辉、张泽、冷平生、窦德泉	20171113
579	20170579	桂月昌华	山茶属	棕榈生态城镇发展股份有限公司	吴桂昌、赵强民、黎艳玲、严丹峰、钟乃盛、高继银、刘信凯、叶琦君	20171113
580	20170580	夏日台阁	山茶属	棕榈生态城镇发展股份有限公司	刘信凯、叶琦君、高继银、钟乃盛、严丹峰、黎艳玲	20171113
581	20170581	夏梦岳婷	山茶属	棕榈生态城镇发展股份有限公司	黎艳玲、高继银、赵强民、严丹峰、叶琦君、钟乃盛、刘信凯	20171113
582	20170582	瑰丽迎夏	山茶属	棕榈生态城镇发展股份有限公司	赵强民、严丹峰、刘信凯、赵珊珊、钟乃盛、黎艳玲、叶琦君	20171113

（续）

序号	申请号	品种名称	属（种）	申请人	培育人	申请日
583	20170583	园林之骄	山茶属	棕榈生态城镇发展股份有限公司	钟乃盛、赵强民、刘信凯、谢雨慧、黎艳玲、严丹峰、叶琦君	20171113
584	20170584	瑞克拉 1101A（RUICL1101A）	蔷薇属	迪瑞特知识产权公司	汉克·德·格罗特、(H.C.A.de Groot)	20171114
585	20170585	粉五月	蔷薇属	北京市园林科学研究院	冯慧、吉乃喆	20171114
586	20170586	可爱冰淇淋	蔷薇属	北京市园林科学研究院	巢阳、勇伟、冯慧、周燕	20171114
587	20170587	雪夫人	蔷薇属	北京市园林科学研究院	冯慧、吉乃喆	20171114
588	20170588	星语	蔷薇属	北京市园林科学研究院	冯慧、吉乃喆	20171114
589	20170589	新时代	蔷薇属	北京市园林科学研究院	巢阳、勇伟、冯慧、周燕	20171114
590	20170590	富茨木 12-038（FCM12-038）	越桔属	美国秋溪农场苗圃有限公司	大卫·M·布莱尔顿（David M. Brazelton）、亚当·L·瓦格纳（Adam L. Wagner）	20171114
591	20170591	富 03-178（FF03-178）	越桔属	美国秋溪农场苗圃有限公司	大卫·M·布莱尔顿（David M. Brazelton）、亚当·L·瓦格纳（Adam L. Wagner）	20171114
592	20170592	福缘	青檀属	泰安市泰山林业科学研究院	张林、孙忠奎、程甜甜、杜辉、王长宪、杨波、颜卫东、陈荣伟、仲凤维、李承秀	20171116
593	20170593	鸿羽	青檀属	泰安市泰山林业科学研究院	张林、孙忠奎、王峰、程甜甜、王长宪、仲凤维、张攀、孙阳阳、张安琪、王波	20171116
594	20170594	无量	青檀属	泰安市泰山林业科学研究院	王峰、张安琪、王郑昊、陈荣伟、颜卫东、高红、孙芳、张攀、韦忠刚、张林	20171116
595	20170595	慧光	青檀属	泰安市泰山林业科学研究院	李承秀、王郑昊、朱翠翠、王峰、杜辉、孙芳、高红、孙忠奎、杨波、张林	20171116
596	20170596	金玉缘	青檀属	泰安市泰山林业科学研究院	张林、朱翠翠、王长宪、程甜甜、仲凤维、孙阳阳、孙忠奎、韦忠刚、李承秀、王波	20171116
597	20170597	好运来	山茶属	东阳市歌山镇绿峰珍稀花卉苗木场	胡祖兰	20171121
598	20170598	绿产 NH11（RYOKU NH-11）	越桔属	日本绿产株式会社	樱井茂隆（SAKURAI SHIGETAKA）	20171122
599	20170599	绿产 NH12（RYOKU NH-12）	越桔属	日本绿产株式会社	樱井茂隆（SAKURAI SHIGETAKA）	20171122
600	20170600	绿产 NH13（RYOKU NH-13）	越桔属	日本绿产株式会社	樱井茂隆（SAKURAI SHIGETAKA）	20171122
601	20170601	太丰（Taiho）	柿	国立研究开发法人农业·食品产业技术综合研究机构	佐藤明彦、山田昌彦、三谷宣仁、河野淳、岩波宏、上野俊人、白石美树夫、伴雄介、山根弘康、平川信之、尾上典之、吉冈美加乃、中岛育子	20171122

（续）

序号	申请号	品种名称	属（种）	申请人	培育人	申请日
602	20170602	太雅（Taiga）	柿	国立研究开发法人农业·食品产业技术综合研究机构	佐藤明彦、山田昌彦、三谷宣仁、河野淳、伴雄介、上野俊人、白石美树夫、尾上典之、岩波宏、吉冈美加乃	20171122
603	20170603	直杆榆 8033	榆属	安徽泓森高科林业股份有限公司	侯金波	20171124
604	20170604	泓森榆	榆属	安徽泓森高科林业股份有限公司	侯金波	20171124
605	20170605	泓森楝	楝属	安徽泓森高科林业股份有限公司	侯金波	20171124
606	20170606	窄冠楝	楝属	安徽泓森高科林业股份有限公司	侯金波	20171124
607	20170607	直杆楝	楝属	安徽泓森高科林业股份有限公司	侯金波	20171124
608	20170608	泓森乌桕	乌桕属	安徽泓森高科林业股份有限公司	侯金波	20171124
609	20170609	红艳	杏	中国农业科学院郑州果树研究所	陈玉玲、夏乐晗、冯义彬、徐善坤、张粉先、于志强、王其海、回经涛、陈占营	20171127
610	20170610	玫硕	杏	中国农业科学院郑州果树研究所	陈玉玲、冯义彬、夏乐晗、苏衍修、徐善坤、朱更瑞、回经涛、彭沛杰	20171127
611	20170611	太行福星	杜鹃花属	石家庄市神州花卉研究所有限公司	李志斌、白霄霞、蒋淑磊、李振勤、张文芝、刘伟、李萍、张骁骁	20171127
612	20170612	紫金楝	楝属	石家庄市农林科学研究院	李志斌、白霄霞、蒋淑磊、张文芝、李振勤、刘伟、李坤、白晓	20171127
613	20170613	太行新星	杜鹃花属	石家庄市神州花卉研究所有限公司	李志斌、白霄霞、蒋淑磊、刘伟、李萍、张骁骁	20171127
614	20170614	紫玉楝	楝属	石家庄市神州花卉研究所有限公司	李志斌、白霄霞、蒋淑磊、赵建成、刘伟、李萍、张骁骁	20171127
615	20170615	早春红	李属（除水果外）	扬州大学	何小弟、马正华、张晨、刘先知、何海燕、钱佳慧、赵明、纪开燕	20171127
616	20170616	乌桂	核桃属	四川省林业科学研究院	罗建勋、王准、刘芙蓉、杨马进、刘世银	20171129
617	20170617	凌云	紫薇	湖南省林业科学院	王晓明、杨保玉、张伟中、乔中全、蔡能、曾慧杰、李永欣、臧洪、刘思思	20171129
618	20170618	苍翠	紫薇	湖南省林业科学院	王晓明、杨保玉、张伟中、乔中全、曾慧杰、李永欣、蔡能、臧洪、刘思思	20171129
619	20170619	杰施 - 科沃 249（JFS-KW249）	槭属	美国·J·弗兰克施密特父子有限公司	K·S·沃伦 (Keith S. Warren)	20171130
620	20170620	浩特马布里（Hortmabrid）	绣球属	荷兰考斯特控股公司	C·P·艾维林思（Cornelis Pieter Eveleens）	20171130
621	20170621	中洋紫桐	梓树属	迟桂杰	迟桂杰、潘瑜	20171211
622	20170622	中科蓝 2 号	忍冬属	中国科学院东北地理与农业生态研究所农业技术中心	赵恒田、范丽莉、邵玲玲、臧丹丹、周克琴	20171211
623	20170623	中科蓝 3 号	忍冬属	中国科学院东北地理与农业生态研究所农业技术中心	赵恒田、周克琴、臧丹丹、范丽莉、邵玲玲、隋跃宇、李富恒	20171211

数据来源：国家林业局植物新品种保护办公室。

附表3 2017年林产品地理标志

序号	编号	地理标志名称	省（自治区、直辖市）	申请单位	商品名称	备注
1	2017 年第 39 号	桥梓尜尜枣	北 京	怀柔区质量技术监督局	桥梓尜尜枣	质检总局已审核
2	2017 年第 39 号	八虎山山楂	辽 宁	沈阳出入境检验检疫局	八虎山山楂	质检总局已审核
3	2017 年第 39 号	三江茶油	广 西	三江县市场监督管理局	三江茶油	质检总局已审核
4	2017 年第 39 号	德保山楂	广 西	德保县质量技术监督局	德保山楂	质检总局已审核
5	2017 年第 39 号	核桃箐核桃	贵 州	遵义市播州区市场监督管理局	核桃箐核桃	质检总局已审核
6	2017 年第 98 号	鹿泉香椿	河 北	家庄市鹿泉区质量技术监督局	鹿泉香椿	质检总局已审核
7	2017 年第 98 号	于都梾木油	江 西	向于都县市场和质量监督管理局	于都梾木油	质检总局已审核
8	2017 年第 98 号	米易枇杷	四 川	米易县市场监督管理局	米易枇杷	质检总局已审核
9	2017 年第 98 号	金堂羊肚菌	四 川	金堂县市场和质量监督管理局	金堂羊肚菌	质检总局已审核
10	2017 年第 98 号	平昌青花椒	四 川	平昌县工商和质量技术监督管理局	平昌青花椒	质检总局已审核
11	2017 年第 98 号	迭部羊肚菌	甘 肃	迭部县工商质监局	迭部羊肚菌	质检总局已审核
12	2017 年第 108 号	张坝桂圆	四 川	泸州市江阳质量技术监督局	张坝桂圆	质检总局已审核
13	2017 年第 108 号	泸县青花椒	四 川	泸县市场和质量监督管理局	泸县青花椒	质检总局已审核
14	2017 年第 108 号	兴文猕猴桃	四 川	兴文县质量技术监督局	兴文猕猴桃	质检总局已审核
15	2017 年第 108 号	岱瓮杨梅	贵 州	贵州省六盘水市六枝特区市场监督管理局	岱瓮杨梅	质检总局已审核
16	2017 年第 108 号	柴达木枸杞	青 海	青海省海西州市场监督管理局	柴达木枸杞	质检总局已审核
17	2017 年第 117 号	涉县黑枣	河 北	河北省邯郸市涉县市场监督管理局	涉县黑枣	质检总局已审核
18	2017 年第 117 号	大田柿花	广 东	广东省五华县工商质监局	大田柿花	质检总局已审核
19	2017 年第 117 号	百色山茶油	广 西	广西壮族自治区百色市质量技术监督局	百色山茶油	质检总局已审核
20	2017 年第 117 号	十万山牛大力	广 西	广西壮族自治区防城港市质量技术监督局	十万山牛大力	质检总局已审核
21	2017 年第 117 号	隆林板栗	广 西	广西壮族自治区百色市隆林各族自治县质量技术监督局	隆林板栗	质检总局已审核
22	2017 年第 117 号	安龙白及	贵 州	贵州省黔西南布依族苗族自治州安龙县市场监督管理局	安龙白及	质检总局已审核
23	2017 年第 117 号	安龙石斛	贵 州	贵州省黔西南布依族苗族自治州安龙县市场监督管理局	安龙石斛	质检总局已审核
24	2017 年第 117 号	锦屏茶油	贵 州	锦屏县市场监督管理局	锦屏茶油	质检总局已审核
25	2017 年第 117 号	洛南核桃	贵 州	洛南县市场和质量监督管理局	洛南核桃	质检总局已审核
26	2017 年第 117 号	靖远文冠果油	甘 肃	靖远县工商质监局	靖远文冠果油	质检总局已审核
27	AGI2017-01-2008	鄂伦春蓝莓	内蒙古	鄂伦春自治旗绿色食品发展中心	鄂伦春蓝莓	农业部已审核
28	AGI2017-01-2009	鄂伦春黑木耳	内蒙古	鄂伦春自治旗绿色食品发展中心	鄂伦春黑木耳	农业部已审核

（续）

序号	编号	地理标志名称	省（自治区、直辖市）	申请单位	商品名称	备注
29	AGI2017-01-2011	鄂伦春北五味子	内蒙古	鄂伦春自治旗绿色食品发展中心	鄂伦春北五味子	农业部已审核
30	AGI2017-01-2013	盘锦碱地柿子	辽　宁	盘锦市农业技术推广站	盘锦碱地柿子	农业部已审核
31	AGI2017-01-2017	雁荡山铁皮石斛	浙　江	乐清市铁皮石斛产业协会	雁荡山铁皮石斛	农业部已审核
32	AGI2017-01-2018	金寨猕猴桃	安　徽	金寨县猕猴桃产业协会	金寨猕猴桃	农业部已审核
33	AGI2017-01-2034	嵩县银杏	河　南	嵩县林业科学研究所	嵩县银杏	农业部已审核
34	AGI2017-01-2035	嵩县皂角刺	河　南	嵩县豫博皂角产业协会	嵩县皂角刺	农业部已审核
35	AGI2017-01-2036	渑池丹参	河　南	渑池县天洋中药材协会	渑池丹参	农业部已审核
36	AGI2017-01-2039	伏龙山七叶一枝花	湖　北	十堰市茅箭区农业技术推广中心	伏龙山七叶一枝花	农业部已审核
37	AGI2017-01-2040	东兰板栗	广　西	东兰县水果生产管理局	东兰板栗	农业部已审核
38	AGI2017-01-2059	灵武长枣	宁　夏	灵武长枣协会	灵武长枣	农业部已审核
39	AGI2017-01-2060	中宁枸杞	宁　夏	中宁县枸杞产业发展服务局	中宁枸杞	农业部已审核
40	AGI2017-02-2065	霍州核桃	山　西	霍州市核桃产业协会	霍州核桃	农业部已审核
41	AGI2017-02-2080	交界木耳	黑龙江	哈尔滨市阿城区交界街道办事处农业综合服务中心	交界木耳	农业部已审核
42	AGI2017-02-2082	东宁椴树蜜	黑龙江	东宁市蚕蜂业管理站	东宁椴树蜜	农业部已审核
43	AGI2017-02-2075	晋城荆条花蜂蜜	山　西	晋城市蜂业协会	晋城荆条花蜂蜜	农业部已审核
44	AGI2017-02-2088	袁州茶油	江　西	宜春市袁州区油茶局	袁州茶油	农业部已审核
45	AGI2017-02-2090	鱼台毛木耳	山　东	鱼台县农业标准化办公室	鱼台毛木耳	农业部已审核
46	AGI2017-02-2104	赤水金钗石斛	贵　州	赤水市现代高效农业园区管理委员会	赤水金钗石斛	农业部已审核
47	AGI2017-02-2110	景泰枸杞	甘　肃	景泰县农业技术推广中心	景泰枸杞	农业部已审核
48	AGI2017-03-2140	荥经竹笋	四　川	荥经县农业科技指导服务中心	荥经竹笋	农业部已审核
49	AGI2017-03-2144	清镇酥李	贵　州	清镇市农业局蔬菜工作办公室	清镇酥李	农业部已审核
50	AGI2017-03-2147	镇宁蜂糖李	贵　州	镇宁布依族苗族自治县植保植检站	镇宁蜂糖李	农业部已审核
51	AGI2017-03-2115	直社红枣	陕　西	蒲城县直社红枣专业技术协会	直社红枣	农业部已审核
52	AGI2017-03-2149	兴义黄草坝石斛	贵　州	兴义市农产品质量安全监测站	兴义黄草坝石斛	农业部已审核
53	17666379	安匽黑木耳	吉　林	安图县黑木耳行业协会	安图黑木耳	商标局已注册
54	17154398	敖汉北虫草	内蒙古	敖汉旗农业技术服务中心	敖汉北虫草	商标局已注册
55	17154398	敖汉北虫草	内蒙古	敖汉旗农业技术服务中心	敖汉北虫草	商标局已注册
56	17262911	衢州山茶油	浙　江	衢州市山茶油质量安全协会	衢州山茶油	商标局已注册
57	15886620	仙游书峰枇杷	福　建	仙游县书峰枇杷协会	仙游书峰枇杷	商标局已注册
58	19055199	欧家夼板栗	山　东	招远市瓜菜协会	欧家夼板栗	商标局已注册
59	19055200	欧家夼蓝莓	山　东	招远市瓜菜协会	欧家夼蓝莓	商标局已注册

（续）

序号	编号	地理标志名称	省（自治区、直辖市）	申请单位	商品名称	备注
60	18047595	雨山核桃	山　东	肥城市边院镇农业综合服务中心	雨山核桃	商标局已注册
61	16795198	马家寨子香椿芽	山　东	新泰市放城镇马家寨香椿协会	马家寨子香椿芽	商标局已注册
62	19055198	高唐桑葚	山　东	高唐桑葚产业技术研发服务中心	高唐桑葚	商标局已注册
63	18497769	房县核桃	湖　北	房县药食植物协会	房县核桃	商标局已注册
64	16667799	郧阳桑蚕茧	湖　北	郧县桑蚕协会	郧阳桑蚕茧	商标局已注册
65	15112391	荆山枣子	湖　北	襄阳果蔬行业发展协会	荆山枣子	商标局已注册
66	15112392	南漳板栗	湖　北	襄阳果蔬行业发展协会	南漳板栗	商标局已注册
67	15971157	襄阳保康高山蓝莓	湖　北	保康县蓝莓种植技术协会	襄阳保康高山蓝莓	商标局已注册
68	18893352	通山香榧	湖　北	通山县香榧产业协会	通山香榧	商标局已注册
69	18893352	通山香榧	湖　北	通山县香榧产业协会	通山香榧	商标局已注册
70	16578523	宜宾油樟	四　川	宜宾县林业科学技术推广站	宜宾油樟	商标局已注册
71	17440721	黑水县核桃	四　川	黑水县芦花林业工作站	黑水县核桃	商标局已注册
72	18782072	泸定核桃	四　川	泸定县林业技术推广站	泸定核桃	商标局已注册
73	18020280	大可枇杷	云　南	石林彝族自治县大可乡农业综合服务中心	大可枇杷	商标局已注册
74	16475817	楚雄核桃	云　南	楚雄市核桃产业协会	楚雄核桃	商标局已注册
75	18720439	维西核桃	云　南	维西县生物资源研究及开发协会	维西核桃	商标局已注册
76	17515698	凉州核桃	甘　肃	凉州区林业技术推广中心	凉州核桃	商标局已注册
77	17154397	敖汉苜蓿	内蒙古	敖汉旗畜牧技术服务中心	敖汉苜蓿	商标局已注册
78	18035676	历城核桃	山　东	济南市历城区港沟街道冶河村核桃协会	历城核桃	商标局已注册
79	13685404	思茅松	云　南	普洱市林业产业协会	思茅松	商标局已注册
80	20123808	蒙自大枇杷	云　南	蒙自市期路白苗族乡大枇杷种植协会	蒙自大枇杷	商标局已注册

数据来源：中国地理标志产品服务中心网站、农业部农产品质量安全监管局网站和中国商标网。

附表4　2017年主要林业图书

序号	ISBN	题名	责任者	出版者	出版日期
1	978-7-5038-9378-0	2016 中国森林等自然资源旅游发展报告	国家林业局编	中国林业出版社	201712
2	978-7-5038-9266-0	桉树重要害虫桉蝙蛾生物生态学及控制技术	杨秀好著	中国林业出版社	201709
3	978-7-03-050637-5	澳大利亚树木引种指南	王豁然，姜景民，仲崇禄编著	科学出版社	201701
4	978-7-5038-8719-2	巴布亚新几内亚林业管理与中巴林业合作研究	陈绍志，徐斌，陈洁编著	中国林业出版社	201703
5	978-7-5038-8729-1	巴山松	鄢志明，高春林，徐代杰编著	中国林业出版社	201701
6	978-7-03-052128-6	白桦细胞培养与三萜合成的生物调控	詹亚光，尹静著	科学出版社	201703
7	978-7-109-22847-4	北京雾灵山自然保护区野生植物资源图谱	张德怀，沐先运，王得志等主编	中国农业出版社	201705
8	978-7-5532-0535-9	毕节市林木种质资源	谢永贵主编	贵州科技出版社	201709
9	978-7-122-29185-1	常规木材干燥操作技巧	艾沐野编著	化学工业出版社	201706
10	978-7-5038-7883-1	城市森林	于海龙主编	中国林业出版社	201702
11	978-7-5038-8964-6	城市森林基础设施建设指南：以北京市平原生态林为例	樊宝敏主编	中国林业出版社	201704
12	978-7-5038-9384-1	城市森林廊道建设理论与实践	费世民，徐嘉，孟长来等著	中国林业出版社	201711
13	978-7-5337-6912-3	城市森林与城市环境	夏尚光，杨书运，严平等编著	安徽科学技术出版社	201701
14	978-7-5532-0598-4	赤水桫椤国家级自然保护区常见种子植物图鉴	吴洪英主编	贵州科技出版社	201709
15	978-7-5038-8664-5	刺槐资源评价与引种研究	杨敏生，谷俊涛，王进茂等著	中国林业出版社	201710
16	978-7-109-22976-1	大别山主要维管植物图鉴	卢东升，王金平，戴启金等编著	中国农业出版社	201710
17	978-7-03-053122-3	大兴安岭森林碳汇计量评价	孙志虎，孙海龙，金光泽著	科学出版社	201709
18	978-7-03-052670-0	单木树冠遥感法提取原理与技术	甄贞，赵颖慧编著	科学出版社	201705
19	978-7-5038-9267-7	单一生态系统的自然保护区总体规划：以山西灵空自然保护区、太宽河自然保护区为例	王希群，郭保香，王治明等著	中国林业出版社	201709
20	978-7-5038-8720-8	当代世界林业：国别篇（上册）	陈绍志，王登举，徐斌主编	中国林业出版社	201703
21	978-7-5038-8721-5	当代世界林业：国别篇（下册）	陈绍志，王登举，徐斌主编	中国林业出版社	201703
22	978-7-5587-0649-3	滇池面山森林植被生态修复研究	李红旭主编	云南科技出版社	201706
23	978-7-122-28741-0	滇东南地区硬叶兜兰多样性与保护	李宗艳，郭荣著	化学工业出版社	201705
24	978-7-5111-2887-4	滇黔桂喀斯特地区种子植物名录	于胜祥，许为斌，武建勇等编著	中国环境出版社	201706
25	978-7-03-051768-5	典型红壤酸化的关键过程与调控机理研究	佟德利，王磊著	科学出版社	201704
26	978-7-5179-0598-1	定边古树	钟子俊　摄影	中国摄影出版社	201706
27	978-7-03-052938-1	东北林区主要树种及林分类型生物量模型	董利虎，李凤日著	科学出版社	201706
28	978-7-5643-5908-9	洞庭湖区园林植物资源研究	向国红，吴志明著	西南交通大学出版社	201712

（续）

序号	ISBN	题名	责任者	出版者	出版日期
29	978-7-5038-9272-1	多重生态系统叠加的自然保护区总体规划：以新疆额尔齐斯河科克托海湿地自然保护区为例	王希群，郭保香，张利等著	中国林业出版社	201709
30	978-7-5116-3039-1	鄂温克族自治旗野生植物图谱	布和敖斯编著	中国农业科学技术出版社	201707
31	978-7-03-054332-5	恩施植物志（第二卷）	艾训儒等编著	科学出版社	201710
32	978-7-109-22594-7	非木质林产品认证及案例分析	房用，易咏梅，姚兰主编	中国农业出版社	201704
33	978-7-5341-7550-3	弗吉尼亚栎引种研究与应用	陈益泰，孙海菁，王树凤编著	浙江科学技术出版社	201706
34	978-7-5038-9000-0	福建武夷山自然保护区社区发展模式及有效管理机制研究	刘霞，张岩编著	中国林业出版社	201705
35	978-7-5490-1365-4	甘肃连城国家级自然保护区志	《甘肃连城国家级自然保护区志》编委会编	甘肃文化出版社	201706
36	978-7-5424-2416-7	甘肃太统—崆峒山国家级自然保护区维管植物和脊椎动物多样性与保护（上下册）	马正学主编	甘肃科学技术出版社	201701
37	978-7-5424-1393-2	甘肃裕河自然保护区综合科学考察报告	白永兴，刘建军，马小强主编	甘肃科学技术出版社	201704
38	978-7-109-22791-0	高等植物器官结构的建成：多级次生节轴学说	颜济著	中国农业出版社	201706
39	978-7-122-29944-4	高分子薄膜和木材的等离子体改性及表征	解林坤著	化学工业出版社	201708
40	978-7-5111-3160-7	高寒—荒漠脆弱区植被生态效应研究	徐满厚著	中国环境出版社	201706
41	978-7-5111-3192-8	高寒沙地常见植物图谱	贾志清，朱雅娟主编	中国环境出版社	201710
42	978-7-5116-2952-4	构树（饲用型）产业发展 100 问	邓华平，许新桥，张红岗等编著	中国农业科学技术出版社	201701
43	978-7-5038-9354-4	广东生态景观林带营建模式及关键技术研究	邓鉴锋主编	中国林业出版社	201711
44	978-7-5680-2436-5	广东石门台国家级自然保护区综合科学考察报告	张金泉主编	华中科技大学出版社	201702
45	978-7-5551-0601-2	广西古树名木概览	《广西古树名木概览》编辑委员会编	广西科学技术出版社	201706
46	978-7-5038-9246-2	广州城市绿地植物对 PM2.5 等大气污染物调控研究	甘先华，张卫强，潘文等主编	中国林业出版社	201708
47	978-7-5117-3334-4	广州古园林志	冯沛祖著	中央编译出版社	201710
48	978-7-5038-9381-0	圭亚那可持续森林经营与投资实务	宿海颖，陈勇，韩峥主编	中国林业出版社	201712
49	978-7-5532-0553-3	贵州国家重点保护野生动物手册	黎平主编	贵州科技出版社	201704
50	978-7-5532-0599-1	贵州裸子植物	周庆，张华海主编	贵州科技出版社	201710
51	978-7-5532-0540-3	贵州麻阳河国家级自然保护区生物多样性研究	苟光前，魏鲁明，谢双喜主编	贵州科技出版社	201707
52	978-7-5038-9043-7	贵州思南四野屯省级自然保护区科学考察研究	朱军，陈东升，谢建康主编	中国林业出版社	201707
53	978-7-5038-8834-2	贵州印江洋溪自然保护区综合科学考察研究	朱军，江亚猛，张安兵等主编	中国林业出版社	201706
54	978-7-5038-8835-9	国际林产品贸易中的碳转移与监测研究	陈幸良，陈勇主编	中国林业出版社	201710
55	978-7-03-053278-7	国家级自然保护区生态系统研究：轿子山	巩合德编著	科学出版社	201708

（续）

序号	ISBN	题名	责任者	出版者	出版日期
56	978-7-5038-8331-6	国家林业重点工程社会经济效益监测报告（2016）	国家林业局经济发展研究中心，国家林业局发展规划与资金管理司编	中国林业出版社	201702
57	978-7-5111-3144-7	国家湿地公园生态监测指南	马广仁主编	中国环境科学出版社	201709
58	978-7-5111-3175-1	国家湿地公园湿地修复技术指南	马广仁主编	中国环境科学出版社	201709
59	978-7-109-22205-2	国家重点保护经济水生动植物图谱	农业部渔业渔政管理局，全国水产技术推广总站编	中国农业出版社	201701
60	978-7-5038-9026-0	哈萨克斯坦共和国林业发展报告	亚太森林恢复与可持续管理组织 (APFNet) 编	中国林业出版社	201705
61	978-7-03-053234-3	海南岛潮间带物种资源调查与研究	张涛，张振，徐勤增等著	科学出版社	201706
62	978-7-5038-8955-4	海南岛陆均松天然更新障碍机制研究	陈永富，李肇星，刘华，陈巧等著	中国林业出版社	201707
63	978-7-5683-0248-7	旱生植物无叶假木贼生态适应性研究	楚光明，王梅，江萍编著	西北农林科技大学出版社	201701
64	978-7-5565-0703-0	杭州古树名木	陈勤娟主编	杭州出版社	201701
65	978-7-308-16984-4	杭州植物志：第 1 卷	余金良，卢毅军，金考锋等主编	浙江大学出版社	201707
66	978-7-81142-437-9	河北鸟类图鉴	高宏颖，范怀良编著	燕山大学出版社	201708
67	978-7-03-047330-1	河南昆虫志：半翅目	彩万志著	科学出版社	201703
68	978-7-5509-1766-8	河南森林抚育探索与实践	师永全主编	黄河水利出版社	201705
69	978-7-5349-8717-5	河南珍稀植物图谱	冯慰冬主编	河南科学技术出版社	201706
70	978-7-5038-9159-5	鹤山古树名木	林永标，易绮斐主编	中国林业出版社	201708
71	978-7-109-23339-3	黑龙江国有森工林区低碳经济发展模式构建研究	李婷婷著	中国农业出版社	201709
72	978-7-03-051579-7	黑龙江省野生植物识别图鉴	张美萍，于立河，韩文革著	科学出版社	201703
73	978-7-03-053954-0	湖北七姊妹山国家级自然保护区植物图鉴：上	刘虹，覃瑞，熊坤赤编著	科学出版社	201711
74	978-7-03-055316-4	湖北七姊妹山国家级自然保护区植物图鉴：下	刘虹，覃瑞，熊坤赤编著	科学出版社	201711
75	978-7-03-052703-5	湖北省珍稀濒危植物	王玉兵，梁宏伟，陈发菊等著	科学出版社	201706
76	978-7-5096-4958-9	湖泊湿地生态补偿标准研究：以鄱阳湖湿地为例	熊凯，孔凡斌著	经济管理出版社	201703
77	978-7-5359-6742-8	华南海岸带乡土植物及其生态恢复利用	王瑞江，任海主编	广东科技出版社	201706
78	978-7-03-052607-6	环境修复植物学	蒋丽娟主编	科学出版社	201706
79	978-7-5509-1854-2	黄河三角洲海岸演变及湿地生态退化与修复研究	“黄河三角洲海岸演变及湿地生态退化与修复研究”课题组编著	黄河水利出版社	201709
80	978-7-5650-3382-7	机场植物学基础	施泽荣编著	合肥工业大学出版社	201706
81	978-7-307-19418-2	基于博弈论和复杂适应性系统视角的中国林业碳汇价值实现机制研究	余光英著	武汉大学出版社	201706
82	978-7-5038-8965-3	基于全球气候政策博弈的森林碳汇市场研究	许向阳著	中国林业出版社	201704

（续）

序号	ISBN	题名	责任者	出版者	出版日期
83	978-7-5509-1777-4	基于遥感的森林火灾火烧迹地及其植被恢复监测：以黑龙江流域为例	杨伟著	黄河水利出版社	201706
84	978-7-5038-8972-1	基于遥感和地面监测的森林经理数据集成技术研究	纪平，谢阳生，肖云丹等著	中国林业出版社	201703
85	978-7-03-049941-7	基于主体功能区划的林业生态建设补偿机制研究	刘晓光著	科学出版社	201702
86	978-7-5038-9029-1	吉尔吉斯共和国林业发展报告	亚太森林恢复与可持续管理组织 (APFNet) 编	中国林业出版社	201705
87	978-7-5038-9081-9	吉林省白石山林业局森林生态系统服务功能研究	董秀凯，管清成，徐丽等著	中国林业出版社	201706
88	978-7-03-044581-0	蒋有绪文集：上卷	蒋有绪著	科学出版社	201703
89	978-7-03-044582-7	蒋有绪文集：下卷	蒋有绪著	科学出版社	201703
90	978-7-5123-9953-2	节约型园林植物群落构建方法	陈波，郑烨，卢山等著	中国电力出版社	201701
91	978-7-5038-9042-0	近自然园林及其植物群落评价指标体系	冯彩云著	中国林业出版社	201706
92	978-7-03-053753-9	景观格局变化与生态系统服务	范钦栋著	科学出版社	201708
93	978-7-03-054164-2	科学植物园建设的理论与实践	任海，段子渊主编	科学出版社	201709
94	978-7-03-051967-2	昆虫生态学研究与应用	张润杰，张古忍，张文庆编	科学出版社	201704
95	978-7-109-23158-0	李属彩叶树种对 SO_2 胁迫的生理响应	李彦慧著	中国农业出版社	201712
96	978-7-03-053097-4	立木危险性评价与修复技术	傅峰，梁善庆，林兰英著	科学出版社	201706
97	978-7-5038-9265-3	栎类经营	侯元兆，陈幸良，孙国吉主编	中国林业出版社	201710
98	978-7-5116-2963-0	栎属植物毒理学	史志诚，尉亚辉，李引乾编著	中国农业科学技术出版社	201701
99	978-7-5591-0099-3	辽东地区大型真菌彩色图鉴	于晓丹，王琴，吕淑霞主编	辽宁科学技术出版社	201706
100	978-7-5655-1763-1	辽河干流地区鸟类多样性及常见鸟类图谱	关萍，翟强主编	中国农业大学出版社	201706
101	978-7-5038-9240-0	林地果桑辩证管理栽培技术	刘全保主编	中国林业出版社	201710
102	978-7-5038-7877-0	林木良种名录：2002—2015	国家林业局国有林场和林木种苗工作总站编	中国林业出版社	201702
103	978-7-03-052944-2	林下参种植光环境的动态预测与评价	刘煦著	科学出版社	201706
104	978-7-109-23324-9	林下经济作物种植新技术	谭著明主编	中国农业出版社	201710
105	978-7-5038-9139-7	林学概论	郑郁善，廖建国主编	中国林业出版社	201708
106	978-7-5038-9313-1	林业产业技术国际发展动态研究	“林业产业技术国际发展动态研究”项目组著	中国林业出版社	201711
107	978-7-5038-9173-1	林业国际交流报告选编（2015—2016）	章红燕，吴志民编	中国林业出版社	201710
108	978-7-03-052864-3	林业生态建设驱动力耦合与管理创新	李智勇著	科学出版社	201709
109	978-7-5038-8513-6	林业碳汇论文精选	李怒云，袁金鸿主编	中国林业出版社	201705
110	978-7-5680-2365-8	林业遥感与地理信息系统实验教程	吴英主编	华中科技大学出版社	201701

（续）

序号	ISBN	题名	责任者	出版者	出版日期
111	978-7-5150-2027-3	林业政策法规	巴连柱主编	国家行政学院出版社	201709
112	978-7-5038-9375-9	芦芽山自然保护区科学研究论文集	宫建军，郭建荣，张峰编	中国林业出版社	201711
113	978-7-5111-3250-5	陆域生态系统类自然保护区成效评估技术与案例研究	王伟，辛利娟，李俊生著	中国环境科学出版社	201711
114	978-7-5349-8979-7	洛阳湿地植物	叶永忠主编	河南科学技术出版社	201710
115	978-7-5038-7882-4	铝诱导桉树抗性生理响应及其适应策略	杨梅，叶绍明，刘世男等著	中国林业出版社	201703
116	978-7-03-051691-6	毛竹林结构分析	汤孟平，刘恩斌，仇建习等著	科学出版社	201702
117	978-7-03-045950-3	牡丹 DNA 分子标记研究	侯小改，郭大龙，宋程威著	科学出版社	201702
118	978-7-03-054336-3	木本植物响应环境胁迫的重要特征和机制	王斐，张继权著	科学出版社	201709
119	978-7-122-30324-0	木材常规干燥手册	伊松林主编	化学工业出版社	201710
120	978-7-03-054403-2	木材加工机械	花军，陈光伟编著	科学出版社	201709
121	978-7-5038-8702-4	木海探微：中国传统家具史研究	周京南著	中国林业出版社	201703
122	978-7-03-054706-4	木质纤维素分解复合菌系及其在农业废弃物资源化中的应用	王伟东，崔宗均著	科学出版社	201712
123	978-7-5038-9165-6	南方森林多功能经营技术研究	郑小贤，王新杰著	中国林业出版社	201708
124	978-7-5359-6821-0	南岭蝶类生态图鉴	顾茂彬，陈锡昌，周光益等主编	广东科技出版社	201712
125	978-7-5038-9234-9	宁夏贺兰山国家级自然保护区森林生态系统服务功能评估	牛香，胡天华，王兵等著	中国林业出版社	201707
126	978-7-109-22724-8	农户林地经营决策、营林效率及保障体系研究	柯水发著	中国农业出版社	201704
127	978-7-5683-0386-6	农林复合生态系统研究与实践	彭晓邦著	西北农林科技大学出版社	201711
128	978-7-5116-3015-5	庞泉沟常见高等植物图谱	李淑辉，王卫锋主编	中国农业科学技术出版社	201705
129	978-7-5038-9301-8	气候变化对大兴安岭林火的影响	田晓瑞，舒立福编著	中国林业出版社	201711
130	978-7-5674-1071-8	气候变化对兴安落叶松叶片生理的影响	全先奎著	东北林业大学出版社	201705
131	978-7-03-053879-6	气候变化影响与风险：气候变化对森林影响与风险研究	尹云鹤，邵雪梅，田晓瑞等著	科学出版社	201707
132	978-7-03-049296-8	气候变化影响与风险：气候变化对沙漠化影响与风险研究	丁文广，许端阳著	科学出版社	201704
133	978-7-03-051897-2	气候变化影响与风险：气候变化对生物多样性影响与风险研究	吴建国著	科学出版社	201704
134	978-7-5038-8933-2	青钱柳种子生物学研究	方升佐，尚旭岚，洑香香著	中国林业出版社	201707
135	978-7-5111-3332-8	青杨派树种多倍体诱导技术研究	王君，康向阳著	中国环境科学出版社	201712
136	978-7-5203-0271-5	清代东北地区生态环境变迁研究	陈跃著	中国社会科学出版社	201705
137	978-7-5424-2090-9	清水古树	《清水古树》编纂委员会编	甘肃科学技术出版社	201706
138	978-7-5038-7893-0	人造板工艺学课程设计指导书	周晓燕主编	中国林业出版社	201703
139	978-7-5038-9127-4	人造板工艺学实验	张洋，张德荣主编	中国林业出版社	201710

（续）

序号	ISBN	题名	责任者	出版者	出版日期
140	978-7-5047-6466-9	三峡库区紫色砂岩地主要森林类型水文效应研究	李婧，孟祥军著	中国财富出版社	201705
141	978-7-5038-9046-8	森林病理学	贺伟，叶建仁主编	中国林业出版社	201706
142	978-7-5038-7884-8	森林防火	徐毅主编	中国林业出版社	201702
143	978-7-03-054687-6	森林管理与碳：应对全球气候变化的 REDD+ 研究	白彦锋，雷静品，肖文发著	科学出版社	201709
144	978-7-5038-9096-3	森林航空消防技术	裴建元，肖金香，叶清主编	中国林业出版社	201707
145	978-7-5032-5711-7	森林景观与动植物观赏	关继东，宋阳，刘颖等编著	中国旅游出版社	201702
146	978-7-5038-9051-2	森林人生：罗菊春森林生态、森林经营、自然保护区与教书育人研究文集	罗菊春著	中国林业出版社	201706
147	978-7-5130-5173-6	森林认证认可与可持续经营	张颖，高申奇，周正火编著	知识产权出版社	201710
148	978-7-5108-6335-6	森林生态功能价值评估	期俊程著	九州出版社	201711
149	978-7-5038-8511-2	森林生态系统碳计量方法与应用	徐明著	中国林业出版社	201709
150	978-7-04-048346-8	森林生态学	李俊清主编	高等教育出版社	201709
151	978-7-5116-2283-9	森林台州建设理论与实践	台州市林学会组编	中国农业科学技术出版社	201708
152	978-7-5038-7896-1	森林土壤有机碳的空间累积机制与计量	田耀武，贺春武，贺春岭等著	中国林业出版社	201703
153	978-7-03-052602-1	森林植被对 $PM_{2.5}$ 等颗粒物的调控机制与评价	余新晓，伦小秀，张振明等著	科学出版社	201704
154	978-7-04-047264-6	森林植物生长与环境	朱丽清主编	高等教育出版社	201704
155	978-7-03-051920-7	森林治污减霾功能研究：以北京市和陕西关中地区为例	牛香，薛恩东，王兵等编著	科学出版社	201704
156	978-7-5150-2036-5	森林资源管理	唐小平主编	国家行政学院出版社	201709
157	978-7-112-20643-8	森林资源评估在中国传统木结构建筑修复中的应用	殷炜达著	中国建筑工业出版社	201708
158	978-7-03-051665-7	森林资源信息更新研究与实现	李春干，罗鹏，蒋丽秀等著	科学出版社	201702
159	978-7-03-055062-0	山东鸟类志	赛道建著	科学出版社	201712
160	978-7-5038-9062-8	山东省常绿阔叶树种资源与利用	孟凡志，臧德奎主编	中国林业出版社	201706
161	978-7-5038-8889-2	山东省济南市森林与湿地生态系统服务功能研究	李景全，牛香，曲国庆等著	中国林业出版社	201703
162	978-7-5038-8923-3	山西芦芽山国家级自然保护区生物多样性保护与管理	王洪亮，张峰主编	中国林业出版社	201703
163	978-7-5038-9344-5	山西省重点保护植物图鉴	朱世忠主编	中国林业出版社	201712
164	978-7-5038-9316-2	杉木育种策略及应用	何贵平编著	中国林业出版社	201711
165	978-7-5683-0324-8	陕西米仓山国家级自然保护区生物多样性研究	康冰，周健，王开峰主编	西北农林科技大学出版社	201707
166	978-7-5683-0332-3	陕西米仓山国家级自然保护区维管植物图鉴	康冰，周健著	西北农林科技大学出版社	201708
167	978-7-5478-3562-3	上海湿地植物	袁琳，袁晓等主编	上海科学技术出版社	201708

（续）

序号	ISBN	题名	责任者	出版者	出版日期
168	978-7-03-051853-8	深圳山地植物群落结构与植物多样性	黄玉源，招康赛，杨立君等著	科学出版社	201706
169	978-7-5038-9268-4	神州古树秀木鉴赏	朱绍远，孙杰，冯丽雅主编	中国林业出版社	201709
170	978-7-302-46329-0	生态林业和民生林业：山东省林业产业集群发展问题研究	张占贞著	清华大学出版社	201701
171	978-7-03-052317-4	生态学精要	周长发，屈彦福，李宏等编著	科学出版社	201703
172	978-7-5038-9245-5	生物统计学	郭平毅主编	中国林业出版社	201708
173	978-7-03-054397-4	湿地生态系统服务社会福祉效应研究	魏强编著	科学出版社	201709
174	978-7-03-051613-8	湿地土壤中多环芳烃和重金属的分布特征及生态风险评价	徐建玲，王汉席，韩哲等著	科学出版社	201703
175	978-7-5680-2704-5	世界古树奇木	陈策，唐天林，卢元贤主编	华中科技大学出版社	201705
176	978-7-03-052113-2	世界林业简史	朱永杰，周伯玲著	科学出版社	201705
177	978-7-5478-3328-5	世界裸子植物的分类和地理分布	杨永，王志恒，徐晓婷著	上海科学技术出版社	201709
178	978-7-5038-9358-2	世界银行贷款林业综合发展项目机制与科技创新	国家林业局世界银行项目贷款管理中心编	中国林业出版社	201710
179	978-7-112-20903-3	世界园林史概要	张祖刚著	中国建筑工业出版社	201710
180	978-7-5390-5608-1	世界植物文化史论	孟凡，张琳编著	江西科学技术出版社	201706
181	978-7-5116-3072-8	授权植物品种综合质量与价值评估研究	任静著	中国农业科学技术出版社	201711
182	978-7-03-051434-9	数量遗传学	王建康著	科学出版社	201703
183	978-7-03-052772-1	水曲柳种子休眠与萌发生理及其调控技术	张鹏，沈海龙著	科学出版社	201706
184	978-7-5038-9110-6	水土保持与荒漠化防治实验研究方法	张建军，张守红著	中国林业出版社	201707
185	978-7-03-052141-5	四川草坡自然保护区综合科学考察报告	张泽钧主编	科学出版社	201703
186	978-7-03-052350-1	四川花萼山国家级自然保护区生物多样性	邓洪平主编	科学出版社	201703
187	978-7-5643-5213-4	四川南河国家湿地公园生态系统服务价值评估	彭培好编著	西南交通大学出版社	201701
188	978-7-5364-8377-4	四川植物志：第五卷	周永红主编	四川科学技术出版社	201710
189	978-7-03-050037-3	松嫩平原杨树防护林与农田土壤特性差异研究	王文杰，王慧梅，王琼等著	科学出版社	201701
190	978-7-5038-9027-7	塔吉克斯坦共和国林业发展报告	亚太森林恢复与可持续管理组织 (APFNet) 编	中国林业出版社	201705
191	978-7-5509-1795-8	桐柏树木志	孙国山，陈秀坤，张旭培主编	黄河水利出版社	201707
192	978-7-5038-9024-6	土库曼斯坦林业发展报告	亚太森林恢复与可持续管理组织 (APFNet) 编	中国林业出版社	201705
193	978-7-5111-3162-1	土壤环境监测技术要点分析	中国环境监测总站编	中国环境出版社	201706
194	978-7-03-052008-1	土壤入渗测量方法	雷廷武，王丽丽，张靖等著	科学出版社	201703
195	978-7-5038-9247-9	土壤调查与制图	马献发主编	中国林业出版社	201708
196	978-7-03-052185-9	土壤污染毒性、基准与风险管理	骆永明著	科学出版社	201710
197	978-7-5124-2316-9	土壤胁迫下的植物适应性机理	张俊英，许永利著	北京航空航天大学出版社	201706

（续）

序号	ISBN	题名	责任者	出版者	出版日期
198	978-7-109-22675-3	土壤学	黄巧云主编	中国农业出版社	201703
199	978-7-5180-3483-3	外化于自然：西方园林艺术及其设计流变	郭粱著	中国纺织出版社	201703
200	978-7-03-050412-8	微生物遗传育种的原理与应用	蒋如璋著	科学出版社	201701
201	978-7-5038-8790-1	温州植物志：第一卷	丁炳扬，金川主编	中国林业出版社	201705
202	978-7-5038-8821-2	温州植物志：第二卷	丁炳扬，金川主编	中国林业出版社	201707
203	978-7-5038-8851-9	温州植物志：第三卷	丁炳扬，金川主编	中国林业出版社	201709
204	978-7-5038-8791-8	温州植物志：第四卷	丁炳扬，金川主编	中国林业出版社	201707
205	978-7-5038-8792-5	温州植物志：第五卷	丁炳扬，金川主编	中国林业出版社	201702
206	978-7-5038-9025-3	乌兹别克斯坦共和国林业发展报告	亚太森林恢复与可持续管理组织(APFNet)编	中国林业出版社	201705
207	978-7-5038-9160-1	西伯利亚红松培育技术研究	邵宏波主编	中国林业出版社	201710
208	978-7-03-049966-0	小五台山青杨种群生态学研究	胥晓，董廷发主编	科学出版社	201705
209	978-7-5038-9269-1	新疆额尔齐斯河科克托海湿地自然保护区综合科学考察	王希群，郭保香，张利等著	中国林业出版社	201709
210	978-7-5116-3178-7	新疆绿洲林下间作	石书兵，耿洪伟，翟云龙主编	中国农业科学技术出版社	201711
211	978-7-5661-1500-3	新疆生态脆弱区现代林业体系构建研究	张朝辉，王太祥著	哈尔滨工程大学出版社	201705
212	978-7-122-28851-6	新型木材胶黏剂	储富祥，王春鹏编著	化学工业出版社	201706
213	978-7-03-051126-3	亚洲黄檀	李世晋著	科学出版社	201701
214	978-7-03-051492-9	盐碱地植物栽培技术	王宝山著	科学出版社	201701
215	978-7-03-052570-3	杨树组蛋白去乙酰化酶	马阳俊著	科学出版社	201705
216	978-7-5038-8034-6	元宝枫高效丰产栽培种植技术开发与推广	李岱龙，王文文，公庆党等主编	中国林业出版社	201702
217	978-7-122-29626-9	园林彩叶植物与景观配置	崔金腾主编	化学工业出版社	201709
218	978-7-5655-1800-3	园林花卉学	杨利平，和凤美主编	中国农业大学出版社	201707
219	978-7-5655-1839-3	园林树木学	关文灵，李叶芳主编	中国农业大学出版社	201708
220	978-7-313-16590-9	园林树木栽培学	张祖荣主编	上海交通大学出版社	201709
221	978-7-03-050913-0	园艺植物生产环境	武俊英，严海欧主编	科学出版社	201701
222	978-7-5038-9020-8	云南红河阿姆山自然保护区生物多样性保护研究	张国学主编	中国林业出版社	201707
223	978-7-03-053154-4	云南省生物多样性保护战略与行动计划研究	杨宇明，王娟，李昊民主编	科学出版社	201706
224	978-7-03-054138-3	云南松天然群体遗传多样性评价及其保护	许玉兰，蔡年辉，段安安著	科学出版社	201709
225	978-7-5038-9310-0	云南特色资源植物及利用	李伟，李旦，沈立新主编	中国林业出版社	201710
226	978-7-03-054990-7	云丘山植物	闫明主编	科学出版社	201712
227	978-7-5184-1394-2	造纸技术	郭纬主编	中国轻工业出版社	201707

（续）

序号	ISBN	题名	责任者	出版者	出版日期
228	978-7-5184-1270-9	造纸技术实用教程	沙力争主编	中国轻工业出版社	201708
229	978-7-5643-5763-4	张家界本土植物资源及利用	秦位强编著	西南交通大学出版社	201709
230	978-7-5038-7886-2	张家口花卉	王海东主编	中国林业出版社	201704
231	978-7-5038-8156-5	张家口陆生野生动物	王海东主编	中国林业出版社	201706
232	978-7-03-050440-1	长江流域生态系统评估	王维，王维杰，张文国等著	科学出版社	201701
233	978-7-03-054717-0	长江三峡库区森林生态系统研究（I：植被、土壤与森林生产力）	肖文发，程瑞梅，潘磊等著	科学出版社	201712
234	978-7-5038-8843-4	植物病理学	徐秉良，曹克强主编	中国林业出版社	201707
235	978-7-122-29131-8	植物病原微生物的电镜学研究及关键技术	徐绍华著	化学工业出版社	201707
236	978-7-03-052311-2	植物虫害与防治	高素红，余金咏主编	科学出版社	201703
237	978-7-301-28202-1	植物发育生物学常用实验技术	王东辉主编	北京大学出版社	201705
238	978-7-03-053621-1	植物化学	高锦明主编	科学出版社	201706
239	978-7-109-23333-1	植物品种特异性 一致性 稳定性测试总论	唐浩主编	中国农业出版社	201710
240	978-7-5038-9063-5	植物生理学	路文静主编	中国林业出版社	201708
241	978-7-5621-8705-9	中国百里香属植物资源研究	权俊萍主编	西南师范大学出版社	201706
242	978-7-03-054133-8	中国北方地区植被与水循环相互作用机理	邵薇薇，陈向东，刘家宏等著	科学出版社	201709
243	978-7-03-046854-3	中国北方及其毗邻地区科学考察综合报告	董锁成，孙九林等著	科学出版社	201711
244	978-7-04-048352-9	中国滨海湿地保护管理战略研究	雷光春主编	高等教育出版社	201709
245	978-7-5038-9118-2	中国传统家具制作与鉴赏百科全书	贾刚，袁进东，李岩主编	中国林业出版社	201707
246	978-7-03-053074-5	中国干旱半干旱区灌丛沙丘形成演化及其对环境变化的响应	王训明，李晋昌，郎丽丽著	科学出版社	201706
247	978-7-5349-8156-2	中国国家植物标本馆（PE）模式标本集	中国科学院植物研究所编	河南科学技术出版社	201706
248	978-7-5482-2940-7	中国果树种质资源研究与利用	张永福著	云南大学出版社	201705
249	978-7-5116-3111-4	中国经济林	何方，张日清编著	中国林业出版社	201706
250	978-7-5674-0689-6	中国经济树木：1	纪殿荣，孙立元，刘专照主编	东北林业大学出版社	201701
251	978-7-5674-0690-2	中国经济树木：2	纪殿荣，孙立元，刘专照主编	东北林业大学出版社	201701
252	978-7-5674-0692-6	中国经济树木：3	王志刚，纪殿荣，冯天杰主编	东北林业大学出版社	201701
253	978-7-5674-0691-9	中国经济树木：4	王志刚，纪殿荣，杜克久主编	东北林业大学出版社	201701
254	978-7-5674-0693-3	中国经济树木：5	王志刚，纪殿荣，吴京民主编	东北林业大学出版社	201701
255	978-7-5674-0694-0	中国经济树木：6	王志刚，纪殿荣，黄大庄主编	东北林业大学出版社	201701
256	978-7-03-053595-5	中国喀斯特地区种子植物名录	税玉民，陈文红，秦新生编著	科学出版社	201706
257	978-7-5038-8935-6	中国立木材积表	刘琪璟主编	中国林业出版社	201704
258	978-7-5115-4839-9	中国林业产业生态转型研究	于畅，程宝栋，周泽峰著	人民日报出版社	201709

（续）

序号	ISBN	题名	责任者	出版者	出版日期
259	978-7-5038-9273-8	中国林业发展报告（2017）	国家林业局主编	中国林业出版社	201709
260	978-7-5038-9241-7	中国林业统计年鉴（2016）	国家林业局编	中国林业出版社	201709
261	978-7-5038-7880-0	中国林业优秀学术报告（2016）	中国林学会编	中国林业出版社	201703
262	978-7-5038-8928-8	中国林业知识产权年度报告（2016）	国家林业局科技发展中心，国家林业局知识产权研究中心编	中国林业出版社	201704
263	978-7-03-051236-9	中国茂兰石松类和蕨类植物	张宪春，姚正明主编	科学出版社	201702
264	978-7-5038-9108-3	中国木材合法性尽职调查体系构建研究与技术指南	徐斌，陈洁，李静主编	中国林业出版社	201707
265	978-7-03-054751-4	中国鸟类分类与分布名录	郑光美主编	科学出版社	201712
266	978-7-03-045967-1	中国迁地栽培植物大全：第五卷	黄宏文主编	科学出版社	201703
267	978-7-03-045966-4	中国迁地栽培植物大全：第七卷	黄宏文主编	科学出版社	201712
268	978-7-03-045964-0	中国迁地栽培植物大全：第九卷	黄宏文主编	科学出版社	201711
269	978-7-03-045962-6	中国迁地栽培植物大全：第十二卷	黄宏文主编	科学出版社	201704
270	978-7-03-052752-3	中国迁地栽培植物志：紫金牛科	黄宏文主编	科学出版社	201706
271	978-7-03-052169-9	中国生物物种名录：第一卷	张志翔，侯元同，廖帅，谢宜飞编著	科学出版社	201703
272	978-7-01-016702-2	中国碳汇潜力与林业发展战略研究	肖文发，朱建华，戴广翠等著	人民出版社	201704
273	978-7-5478-3571-5	中国藤黄属植物化学成分及生物活性研究	徐宏喜，李西林主编	上海科学技术出版社	201707
274	978-7-5116-3009-4	中国天然林保护工程建设效益评价研究	国政著	中国农业科学技术出版社	201704
275	978-7-03-051334-2	中国土系志：安徽卷	李德成，张甘霖，王华著	科学出版社	201704
276	978-7-03-051331-1	中国土系志：广东卷	卢瑛著	科学出版社	201704
277	978-7-03-051335-9	中国土系志：江苏卷	黄标，潘剑君著	科学出版社	201704
278	978-7-03-051457-8	中国土系志：浙江卷	麻万诸，章明奎著	科学出版社	201704
279	978-7-5116-2834-3	中国植胶区林下植物：广东卷	兰国玉，吴志祥，谢贵水著	中国农业科学技术出版社	201704
280	978-7-5691-0021-1	中国竹子叶蝉图解检索	杨琳，陈祥盛著	贵州大学出版社	201706
281	978-7-03-052775-2	中国主要湿地区湿地保护与生态工程建设	刘兴土著	科学出版社	201710
282	978-7-03-052233-7	重庆缙云山国家级自然保护区植物多样性研究	邓洪平著	科学出版社	201705
283	978-7-03-052957-2	重庆市森林生态工程绩效评估研究	肖强著	科学出版社	201706
284	978-7-03-051152-2	竹材产品碳储量与碳足迹研究	周国模，顾蕾著	科学出版社	201703
285	978-7-03-051135-5	竹林生态系统碳汇计测与增汇技术	周国模，姜培坤，杜华强等编著	科学出版社	201706
286	978-7-5038-8960-8	竹林碳汇项目开发与实践	周国模，施拥军编著	中国林业出版社	201706
287	978-7-5038-9259-2	走近中国林业：外国使节考察荒漠化治理纪行	国家林业局国际合作司编	中国林业出版社	201710

数据来源：中国林业科学研究院图书馆。

附表5　2017年主要林业软件著作权

序号	登记号	软件名称	著作权人	发布日期
1	2017SR213758	E拾叶植物叶片图像压缩处理系统	北京林业大学	20170527
2	2017SR162339	坝上地区春季大风天气防护林阻风效应估算系统	北京林业大学	20170505
3	2017SR165241	坝上地区防护林体系林分空间结构指数模型系统	北京林业大学	20170508
4	2017SR165235	坝上地区林地土壤孔隙状况模型系统	北京林业大学	20170508
5	2017SR165125	坝上地区主要树种树高生长模型系统	北京林业大学	20170508
6	2017SR169612	坝上高原土壤蒸发量计算模型系统	北京林业大学	20170509
7	2017SR039063	薄木刨切机控制系统软件	东北林业大学、马岩、朱建楠、杨春梅、郭继峰、黄万征、岳进	20170210
8	2017SR211129	保护区生态选址优化软件	福建农林大学	20170526
9	2017SR515665	北方土石山区常见植物图谱系统	北京林业大学	20170914
10	2017SR162844	北京侧柏人工林下土壤碳氮循环模型系统	北京林业大学	20170505
11	2017SR321930	北京花开——基于二维码的植物科普系统	北京林业大学	20170628
12	2017SR165212	北京山区侧柏根系生物量估算系统	北京林业大学	20170508
13	2017SR162321	北京山区侧柏结构性碳转化过程中13C分馏系数确定系统	北京林业大学	20170505
14	2017SR162769	北京栓皮栎人工林下土壤碳氮循环模型系统	北京林业大学	20170505
15	2017SR350115	北京杨柳树雌株调查软件	北京林业大学	20170706
16	2017SR582053	北林植物宝典 App	北京林业大学	20171023
17	2017SR648289	不同纺丝参数条件下木质基纤维直径计算软件	北京林业大学	20171124
18	2017SR621561	单板表面节疤检测实验系统	中国林业科学研究院林业新技术研究所	20171113
19	2017SR617797	单板表面缺陷检测分析软件	中国林业科学研究院林业新技术研究所	20171110
20	2017SR621524	单板表面缺陷识别软件	中国林业科学研究院林业新技术研究所	20171113
21	2017SR621543	单板外观图像自动采集系统	中国林业科学研究院林业新技术研究所	20171113
22	2017SR621532	单板外观质量评价测试软件	中国林业科学研究院林业新技术研究所	20171113
23	2017SR162824	单株碳同化速率测算模型系统	北京林业大学	20170505
24	2017SR000244	磴口县风蚀预报系统	中国林业科学研究院沙漠林业实验中心	20170103

（续）

序号	登记号	软件名称	著作权人	发布日期
25	2017SR683296	东北林区野生东北虎栖息地评价监测管理系统	中国林业科学研究院森林生态环境与保护研究所	20171212
26	2017SR463249	独流减河生态补水水量计算软件	中国林业科学研究院林业新技术研究所	20170822
27	2017SR355857	多参数的水环境监测系统上位机软件	北京林业大学	20170710
28	2017SR355853	多参数的水质监测系统的传感器节点软件	北京林业大学	20170710
29	2017SR245877	多尺度区域生态系统碳平衡评估系统	东北林业大学	20170608
30	2017SR602563	多方法融合的叶脉检测软件	中国林业科学研究院资源信息研究所	20171103
31	2017SR486761	多样性林木形态结构可视化模拟系统	中国林业科学研究院资源信息研究所	20170904
32	2017SR613033	伐木头工作状态展示软件	北京林业大学	20171108
33	2017SR165222	防护林健康等级预测模型系统	北京林业大学	20170508
34	2017SR451994	粉尘输送管道火花探测系统的数据采集软件	北京林业大学	20170816
35	2017SR043077	福建省珍贵树种用地优化布局信息管理系统	福建农林大学	20170215
36	2017SR598034	福建主要树种病虫害防治系统	福建农林大学	20171101
37	2017SR452726	古树名木管理软件	北京林业大学	20170816
38	2017SR165214	冠层尺度降雨去除颗粒物的模型系统	北京林业大学	20170508
39	2017SR254318	光合速率预测模型建立软件	西北农林科技大学	20170612
40	2017SR398460	合成孔径雷达植被生物量制图应用软件	中国林业科学研究院资源信息研究所	20170726
41	2017SR615063	黑龙江省牡丹江穆棱市森林类型识别及生物量估测系统	东北林业大学、邢艳秋、张蓉鑫、张锦绣	20171109
42	2017SR080365	花木大棚智能灌溉信息化平台	北京林业大学	20170316
43	2017SR165227	华北石质山区土壤入渗模型系统	北京林业大学	20170508
44	2017SR169802	基因组含单个 SNP 特异性片段筛选软件	中国林业科学研究院林业研究所	20170510
45	2017SR137260	基于 3D 扫描技术的木材缺陷定量检测系统	东北林业大学	20170425
46	2017SR165142	基于 3s 技术的区域水质水量监测分析软件	北京林业大学	20170508
47	2017SR410025	基于 B/S 模式的悬铃木属病虫害综合防治信息系统	山东省林业科学研究院、北京林业大学、武海卫、刘焕秀、石娟、信晓萌、李波、亓玉昆	20170728
48	2017SR447162	基于 Curvelet 变换的树木雷达波图像处理分析软件	北京林业大学	20170815
49	2017SR006794	基于 GIS 的风蚀模拟软件	中国林业科学研究院沙漠林业实验中心	20170109

（续）

序号	登记号	软件名称	著作权人	发布日期
50	2017SR103720	基于 i-vector 的鸟种确认系统	北京林业大学	20170406
51	2017SR656277	基于 LeNet 卷积神经网络的田间猕猴桃图像识别方法研究软件	西北农林科技大学	20171129
52	2017SR489624	基于 OPC 通讯的连续压机驱动控制系统 WEB 数据接口生成与测试软件	中国林业科学研究院林业新技术研究所、中国林业科学研究院木材工业研究所	20170905
53	2017SR602212	基于 USB4000 微型光谱仪的猕猴桃糖度无损检测软件	西北农林科技大学	20171103
54	2017SR506230	基于八叉树多尺度滤波的林分 TLS 点云数据高程归一化软件	东北林业大学、邢艳秋、邢万里	20170912
55	2017SR409022	基于地理信息系统的悬铃木方翅网蝽的灾变动态显示系统	山东省林业科学研究院、北京林业大学、武海卫、石娟、段春华、宋印刚、康智、亓玉昆	20170728
56	2017SR435064	基于点云的树木位置和树高提取软件	东北林业大学、邢艳秋、刘畅	20170810
57	2017SR442690	基于点云的树木位置和胸径提取软件	东北林业大学、刘畅、邢艳秋	20170814
58	2017SR711494	基于点云数据的树冠体积、投影面积自动提取软件	西南林业大学、徐伟恒	20171221
59	2017SR686911	基于对称四轴结构的连续平压热压机驱动仿真控制系统软件	中国林业科学研究院林业新技术研究所、中国林业科学研究院木材工业研究所	20171213
60	2017SR277414	基于多角度图像的植物 3D 建模系统	北京林业大学	20170617
61	2017SR249372	基于分水岭算法的林业虫害区域分割与提取软件	北京林业大学	20170609
62	2017SR139512	基于光谱反射率特征的木材树种分类识别系统	东北林业大学	20170425
63	2017SR407529	基于果萼图像的猕猴桃识别软件	西北农林科技大学	20170728
64	2017SR650381	基于红外相机技术的野生动物图像监测数据管理系统	中国林业科学研究院森林生态环境与保护研究所	20171127
65	2017SR324014	基于空间距离的杉木可视化模拟系统	中国林业科学研究院资源信息研究所	20170629
66	2017SR162835	基于蜡质层生长对叶片固定颗粒物质量的估算系统	北京林业大学	20170505
67	2017SR618558	基于林分特征的杉木林分结构与生长三维模拟系统	中国林业科学研究院资源信息研究所	20171110
68	2017SR618553	基于林分特征的杉木林分生长模拟系统	中国林业科学研究院资源信息研究所	20171110
69	2017SR618549	基于林分特征的杉木生长模型计算系统	中国林业科学研究院资源信息研究所	20171110
70	2017SR225845	基于深度区域卷积网络的杏果实识别系统	北京林业大学	20170602
71	2017SR165146	基于树高胸径的生物量估算模型系统	北京林业大学	20170508
72	2017SR224485	基于双边滤波的树木年轮图像增强与树龄检测系统	浙江农林大学	20170602
73	2017SR617939	基于双树复小波变换和局部二元模式的纹理图像检索软件	南京林业大学	20171110
74	2017SR162849	基于水分利用效率的单株水碳耦合模型系统	北京林业大学	20170505

（续）

序号	登记号	软件名称	著作权人	发布日期
75	2017SR165529	基于特征值的生态系统类型分类模拟软件	北京林业大学	20170508
76	2017SR511116	基于体元覆盖度的林分 TLS 点云数据树干滤波软件	东北林业大学、邢万里、邢艳秋	20170913
77	2017SR505580	基于体元覆盖密度局部极大值滤波的林分 TLS 点云数据单木分割软件	东北林业大学、邢万里、邢艳秋	20170912
78	2017SR505774	基于体元逐层聚类的林分 TLS 点云数据单木分割软件	东北林业大学、邢万里、邢艳秋	20170912
79	2017SR162841	基于同位素技术对森林生态系统土壤蒸发量、植被蒸腾量及总的蒸散量进行确定的模型系统	北京林业大学	20170505
80	2017SR040908	基于图论的立木边缘检测软件	北京林业大学	20170213
81	2017SR435546	基于图像处理的冬枣黑斑病检测软件	西北农林科技大学	20170810
82	2017SR263006	基于图像处理的古树名木健康诊断系统	西北农林科技大学	20170614
83	2017SR021284	基于图像处理的樱花识别系统	北京林业大学	20170120
84	2017SR021565	基于图像处理的植物胚胎细胞核量化系统	北京林业大学	20170122
85	2017SR166458	基于图像处理的植物叶片病斑分割系统	北京林业大学	20170508
86	2017SR167735	基于图像处理的植物叶片去叶柄系统	北京林业大学	20170509
87	2017SR163272	基于卫星地图图片的城市植被分割系统	北京林业大学	20170508
88	2017SR599239	基于指纹识别技术的驾校学员练车时间控制系统软件	南京林业大学	20171101
89	2017SR508454	基于主成分分析的林分 TLS 点云数据树干滤波软件	东北林业大学、邢万里、邢艳秋	20170912
90	2017SR042594	激光雷达树木轮廓扫描仪控制软件	北京林业大学	20170214
91	2017SR466380	极化 SAR 森林散射数据仿真软件	北京理工大学、中国林业科学研究院资源信息研究所	20170823
92	2017SR165460	计算土壤临界剪切力的模型软件	北京林业大学	20170508
93	2017SR165459	计算植物根径的模型软件	北京林业大学	20170508
94	2017SR165454	冀北坝上高原人工防护林减风效益模型预测系统	北京林业大学	20170508
95	2017SR165526	降雨过程中颗粒物平衡的模型系统	北京林业大学	20170508
96	2017SR166535	考虑同位素非稳态对森林蒸散通量定量区分的模型系统	北京林业大学	20170508
97	2017SR166532	考虑同位素非稳态时对叶片蒸发点处液态水同位素组成估算的模型系统	北京林业大学	20170508
98	2017SR166526	考虑同位素非稳态时对蒸腾水汽同位素组成估算的模型系统	北京林业大学	20170508
99	2017SR064080	空间数据库管理系统	北京林业大学	20170302

（续）

序号	登记号	软件名称	著作权人	发布日期
100	2017SR598049	昆虫数字化标本系统	福建农林大学	20171101
101	2017SR350233	昆虫在线图像识别和信息采集系统	中国林业科学研究院森林生态环境与保护研究所、浙江工商大学	20170706
102	2017SR016841	阔叶图片分形特征量计算及处理系统	北京林业大学	20170118
103	2017SR108163	立木腐朽电阻断层成像系统	东北林业大学、王立海、徐庆波、陶新民、孙学东	20170410
104	2017SR611577	连续平压机热压板升降系统控制软件	中国林业科学研究院林业新技术研究所、中国林业科学研究院木材工业研究所	20171108
105	2017SR494965	林地生产销售管理系统	福建农林大学	20170907
106	2017SR166015	林分年呼吸消耗有机质量化系统	北京林业大学	20170508
107	2017SR166020	林分蒸腾量的计算模型软件	北京林业大学	20170508
108	2017SR588728	林木基因组重组事件识别软件	南京林业大学	20171026
109	2017SR447186	林木联合采育机虚拟驾驶训练系统	北京林业大学	20170815
110	2017SR456742	林木全同胞家系 QTL 区间作图统计分析软件	南京林业大学	20170818
111	2017SR166033	林木三维生物量计算软件	北京林业大学	20170508
112	2017SR045914	林木生长竞争指数计算软件	国家林业局昆明勘察设计院、西南林业大学、孔雷、罗春林、徐伟恒	20170217
113	2017SR431252	林木实时远程图像采集与监控平台	北京林业大学	20170808
114	2017SR681269	林木形态分形模拟系统	北京林业大学	20171212
115	2017SR483589	林木杂交 F1 代遗传图谱构建软件	南京林业大学	20170901
116	2017SR159143	林木种质资源地理信息系统	中国林业科学研究院林业研究所	20170504
117	2017SR394389	林内气象数据收集处理系统	北京林业大学	20170725
118	2017SR128745	林区有向传感器节点确定性部署实验系统	北京林业大学	20170420
119	2017SR166052	林下雪层厚度计算模型系统	北京林业大学	20170508
120	2017SR452333	林业科学数据中心数据库管理系统	中国林业科学研究院资源信息研究所	20170816
121	2017SR458599	林业气象站大数据分析平台	北京林业大学	20170821
122	2017SR607692	林业统计数据可视化分析系统	中国林业科学研究院林业科技信息研究所	20171107
123	2017SR511937	柳树种质资源管理软件	中国林业科学研究院林业研究所	20170913
124	2017SR048661	猕猴桃叶面病害分类软件	西北农林科技大学	20170220

（续）

序号	登记号	软件名称	著作权人	发布日期
125	2017SR249381	面向林区监测的多张图像快速拼接系统	北京林业大学	20170609
126	2017SR654728	面向时空遥感森林类型分类的深度独立子空间分析软件	中国林业科学研究院资源信息研究所	20171129
127	2017SR105201	面向树木可视化的沉浸式虚拟现实系统	西北农林科技大学	20170407
128	2017SR452150	苗木盘点安卓应用平台	北京林业大学	20170816
129	2017SR356079	苗木信息平台	北京林业大学	20170710
130	2017SR448975	苗木园区智能管理平台环境信息实时采集与显示软件	北京林业大学	20170815
131	2017SR449246	苗木园区智能管理平台全景展示软件	北京林业大学	20170815
132	2017SR449223	苗木园区智能管理平台无插件视频流媒体监控软件	北京林业大学	20170815
133	2017SR226064	苗圃树木信息管理系统	北京林业大学	20170602
134	2017SR447163	名木古树内部结构信息管理系统	北京林业大学	20170815
135	2017SR710662	木板材太阳能干燥含水率在线检测系统软件	北京林业大学	20171220
136	2017SR709366	木材工业湿空气热学性质辅助计算程序	南京林业大学	20171220
137	2017SR410469	木材加工制造企业订货单与采购合同生成软件	中国林业科学研究院木材工业研究所	20170731
138	2017SR395592	木材曲线带锯机控制系统软件	东北林业大学、郭继峰、姜晔楠、毕宇轩、黄万征	20170725
139	2017SR241974	木材自动化识别工具软件	西北农林科技大学	20170607
140	2017SR720152	木结构建材剪切强度模拟软件	北京林业大学	20171222
141	2017SR719885	木结构建材胶粘剂强度模拟软件	北京林业大学	20171222
142	2017SR719892	木结构建材抗冲击强度模拟软件	北京林业大学	20171222
143	2017SR728128	木结构建材弯曲强度模拟软件	北京林业大学	20171225
144	2017SR728134	木结构建材压缩和拉伸强度分析模拟软件	北京林业大学	20171225
145	2017SR611757	木门柔性化生产线物料流与数据流同步传输与控制软件	中国林业科学研究院木材工业研究所	20171108
146	2017SR075818	鸟类信息管理系统	北京林业大学	20170313
147	2017SR726981	农林废弃物蛋白营养物质分析软件	北京林业大学	20171225
148	2017SR728103	农林废弃物能源转化传热特性参数分析软件	北京林业大学	20171225
149	2017SR728100	农林废弃物能源转化传热效率分析软件	北京林业大学	20171225
150	2017SR714251	农林废弃物能源转化换热量分析软件	北京林业大学	20171221
151	2017SR727233	农林废弃物能源转化能量流动分析软件	北京林业大学	20171225

（续）

序号	登记号	软件名称	著作权人	发布日期
152	2017SR727238	农林废弃物能源转化热空气特性参数分析软件	北京林业大学	20171225
153	2017SR728005	农林废弃物能源转化热流量分析软件	北京林业大学	20171225
154	2017SR590539	鄱阳湖鹭科鸟类调查可视化管理系统	中国林业科学研究院林业新技术研究所	20171027
155	2017SR626244	剖竹机刀库控制系统软件	中国林业科学研究院林业新技术研究所	20171115
156	2017SR628005	剖竹机手动控制系统软件	中国林业科学研究院林业新技术研究所	20171115
157	2017SR626252	剖竹机竹子直径在线检测系统软件	中国林业科学研究院林业新技术研究所	20171115
158	2017SR626233	剖竹机状态监控系统软件	中国林业科学研究院林业新技术研究所	20171115
159	2017SR415847	黔南州森林火灾发生模拟系统	中国林业科学研究院资源信息研究所	20170801
160	2017SR401905	青梅高光谱图像的降维优化系统	南京林业大学	20170726
161	2017SR166036	区域森林结构与功能的调控估算系统	北京林业大学	20170508
162	2017SR166195	区域森林植被演替模拟及预测系统	北京林业大学	20170508
163	2017SR164810	确定林分内枯落物储量的模型软件	北京林业大学	20170508
164	2017SR166211	确定植被枯落物及根系对土壤侵蚀贡献率的软件系统	北京林业大学	20170508
165	2017SR166204	确定植物根密度的模型软件	北京林业大学	20170508
166	2017SR532089	热林户心不同立地树种选择判定系统	中国林业科学研究院热带林业实验中心	20170920
167	2017SR160803	人工林地检测分析系统	北京林业大学	20170505
168	2017SR203232	人工林冠层蓄积量估算模型系统	北京林业大学	20170524
169	2017SR437623	人工林火灾燃烧烟气扩散和远距离传输监测系统软件	中国林业科学研究院森林生态环境与保护研究所	20170810
170	2017SR167570	人工林生态功能预测模型系统	北京林业大学	20170509
171	2017SR203227	人工林种植适宜性预测模型系统	北京林业大学	20170524
172	2017SR334853	若尔盖县土地沙化展示系统	中国林业科学研究院资源信息研究所	20170630
173	2017SR629438	三维林火蔓延预测软件	西南林业大学、吴瑞旭、徐伟恒	20180116
174	2017SR064071	森林参数提取系统	北京林业大学	20170302
175	2017SR202764	森林防风固沙功能模型系统	北京林业大学	20170524
176	2017SR064617	森林防火树种筛选软件	北京林业大学	20170302
177	2017SR064619	森林火险区划等级软件	北京林业大学	20170302
178	2017SR407559	森林火灾扑救安全综合评估软件	西南林业大学	20170728

（续）

序号	登记号	软件名称	著作权人	发布日期
179	2017SR113030	森林火灾损失评估软件	北京林业大学	20170413
180	2017SR261682	森林空间结构制图软件	北京林业大学	20170613
181	2017SR379507	森林破碎化模式分析程序	南京林业大学、李明诗、沈文娟、代劲松、陈倩	20170718
182	2017SR293120	森林扑火队伍监控指挥系统软件	中国林业科学研究院森林生态环境与保护研究所	20170621
183	2017SR168413	森林生态系统降水再分配模型系统	北京林业大学	20170509
184	2017SR454945	森林调查数据融合模拟系统	中国林业科学研究院资源信息研究所	20170817
185	2017SR499264	森林无人机航拍视频处理系统	福建农林大学	20170908
186	2017SR597236	森林在线可视化模拟系统	中国林业科学研究院资源信息研究所	20171101
187	2017SR477088	森林资源数据分析系统	中国林业科学研究院资源信息研究所	20170906
188	2017SR003005	山地冠层反射率模拟软件	范渭亮、杜华强、周国模、浙江农林大学	20170104
189	2017SR164816	生态用地建设适宜性评价模型系统	北京林业大学	20170508
190	2017SR164823	生物多样性指数计算的模型软件	北京林业大学	20170508
191	2017SR420955	生物质能源树种管理系统	北京林业大学	20170803
192	2017SR043681	省级森林资源管理系统	福建农林大学	20170215
193	2017SR550271	湿地保护监测管理系统	东北林业大学、姚允龙、姜云、张强、蔡秀娟、邓家容、刘思彤	20170927
194	2017SR646157	实测数据拟合相似理论函数的计算软件	中国林业科学研究院林业研究所	20171124
195	2017SR488516	实木拼装门门扇装饰线条自动控制系统软件	中国林业科学研究院木材工业研究所	20170905
196	2017SR625687	矢量数据三维可视化管理软件	中国林业科学研究院资源信息研究所	20171115
197	2017SR058816	输电通道危险树木信息管理系统	北京林业大学	20170228
198	2017SR166105	树木不同器官吸附颗粒物的贡献区分模型系统	北京林业大学	20170508
199	2017SR214499	树木信息采集及碳储量测量系统	浙江农林大学	20170527
200	2017SR167562	树木液流通量模型系统	北京林业大学	20170509
201	2017SR166219	栓皮栎林下枯落物减流减沙预测模型	北京林业大学	20170508
202	2017SR363089	水土保持学院重点实验室及科研平台信息管理系统	北京林业大学	20170711
203	2017SR727373	铁皮石斛近野生栽培环境控制系统嵌入式软件	浙江农林大学	20171225
204	2017SR245338	同源基因序列变异可视化软件	中国林业科学研究院林业研究所	20170608

（续）

序号	登记号	软件名称	著作权人	发布日期
205	2017SR003357	土地利用多样化测度评价系统	北京林业大学	20170104
206	2017SR163173	土壤不同物理状态的自动判别方法系统	北京林业大学	20170508
207	2017SR458671	土壤风蚀沙化检测集沙仪监测平台	北京林业大学	20170821
208	2017SR166477	土壤蒸发过程中氢氧同位素分馏系数确定系统	北京林业大学	20170508
209	2017SR059501	危险树木生长预警后台管理服务系统	北京林业大学	20170228
210	2017SR059016	危险树木信息数据服务平台	北京林业大学	20170228
211	2017SR646139	涡动相关方法计算温湿度结构参数的计算软件	中国林业科学研究院林业研究所	20171124
212	2017SR558256	无人机高精度影像分析平台	中国林业科学研究院	20171009
213	2017SR132145	无人机航拍苗圃图像拼接软件系统	北京林业大学	20170422
214	2017SR425238	校园植物花讯应用手机端软件	浙江农林大学	20170804
215	2017SR415866	遥感和地面监测森林经理数据基础系统	中国林业科学研究院资源信息研究所	20170801
216	2017SR511931	野牛草成长周期控制系统	中国林业科学研究院林业研究所	20170913
217	2017SR511942	野牛草生长环境评估系统	中国林业科学研究院林业研究所	20170913
218	2017SR512857	野牛草种质资源管理软件	中国林业科学研究院林业研究所	20170913
219	2017SR512771	野牛草种质资源区域样本管理系统	中国林业科学研究院林业研究所	20170913
220	2017SR168004	叶片水逆向扩散效应中有效长度估算模型系统	北京林业大学	20170509
221	2017SR250819	一种用于四项式曲线模拟的 MatLab 语言程序	中国林业科学研究院林产化学工业研究所	20170609
222	2017SR000019	一种珍稀花卉智能物流监控系统软件	浙江农林大学	20170103
223	2017SR499448	营造林工程管理系统	福建农林大学	20170908
224	2017SR007288	用材林精细化经营系统	东北林业大学、马继东、朱玉杰、李淑红、王景峰	20170109
225	2017SR043400	云南省蜜源植物时态 GIS 系统	西南林业大学、王燕、张雁	20170215
226	2017SR167996	张北杨树人工林退化评价模型系统	北京林业大学	20170509
227	2017SR293146	樟子松林火管理地理信息系统软件	中国林业科学研究院森林生态环境与保护研究所	20170621
228	2017SR452062	长叶子的烦恼——基于 Pad 的儿童植物科普软件	北京林业大学	20170816
229	2017SR108226	浙农林大基于 GIS 的古树名木在线管护系统	浙江农林大学	20170410
230	2017SR024295	浙农林大人工林空间数据库管理系统	浙江农林大学	20170123
231	2017SR167143	植被 - 土壤 - 大气水循环模型系统	北京林业大学	20170509

（续）

序号	登记号	软件名称	著作权人	发布日期
232	2017SR456915	植观——基于观赏特征的植物识别软件	北京林业大学	20170818
233	2017SR580485	植物 LTR 亚家族鉴定软件	南京林业大学	20171023
234	2017SR658481	植物表观转录组学分析软件	西北农林科技大学	20171130
235	2017SR598042	植物化学保护课程出卷系统	福建农林大学	20171101
236	2017SR374948	植物叶片气孔开度测量软件	东北林业大学	20170717
237	2017SR567196	植物叶片三维建模软件	西北农林科技大学	20171013
238	2017SR363927	植物叶片水分生理特征指标计算软件	北京林业大学	20170712
239	2017SR499261	智慧林业地理信息管理系统	福建农林大学	20170908
240	2017SR356066	智慧苗圃安卓应用平台	北京林业大学	20170710
241	2017SR657981	智慧湿地监测展示系统	福建农林大学	20171130
242	2017SR293920	智能化林地过火信息查询测量系统软件	中国林业科学研究院森林生态环境与保护研究所	20170621
243	2017SR476664	智能化森林火灾扑救决策指挥系统软件	中国林业科学研究院森林生态环境与保护研究所	20170829
244	2017SR452731	中国风版植视界——基于二维码的个性化植物科普系统	北京林业大学	20170816
245	2017SR236572	中林遥古树名木调查系统	中南林业科技大学	20170606
246	2017SR617789	中密度板外观缺陷检测实验软件	中国林业科学研究院林业新技术研究所	20171110
247	2017SR463114	竹叶片氮含量的高光谱预测方法分析软件	北京林业大学	20170822
248	2017SR690237	资源信息研究所国有资产管理信息系统	中国林业科学研究院资源信息研究所	20171214
249	2017SR691499	资源信息研究所资源共享信息系统	中国林业科学研究院资源信息研究所	20171214
250	2017SR075921	自然保护区实时气象信息查询系统	北京林业大学	20170313
251	2017SR076292	自然保护区巡护终端软件	北京林业大学	20170313

数据来源：中国版权保护中心《计算机软件著作权登记公告》。

附表6 2017年林业科研院所授权发明专利

序号	专利号	专利名称	专利权人	发明人	申请日	授权公告日
1	ZL201510683474.5	黄土陡坡混交绿化治理方法	宝鸡市林业科学研究所	杨恩让、韩昭侠、谢晓霞	20151020	20170630
2	ZL201510683368.7	坡面孔植绿化方法	宝鸡市林业科学研究所	杨恩让、谢晓霞、韩昭侠	20151020	20171205
3	ZL201510461046.8	一种杏树施肥方法	北京林业大学、新疆林业科学院、新疆维吾尔自治区林业厅	孙守文、杨健、李珊珊、边芬艳、故丽米热·卡克什、陶秀冬、赵蕾、商靖、帕提古丽·买买提吐尔逊、蒋腾、米热古丽·亚森、阿不都热依、牙合提古丽·阿力木、徐程扬	20150729	20170613
4	ZL201410168600.9	一种热激转录因子及其应用	北京市园林科学研究院	辛海波、张华、张华丽、连青龙、钟雄辉、王涛、宋利娜、赵正楠、董爱香、义鸣放、丛日晨	20140425	20170517
5	ZL201510199745.X	一种树池及其建造方法	北京市园林科学研究院	孙宏彦、王茂良、丛日晨、舒健骅、王永格、聂秋枫、任春生	20150423	20170721
6	ZL201310463460.3	一种旱冬瓜轻基质网袋育苗方法	德宏州林业科学研究所	卢靖、余贵湘、徐保燕、杨正华、董诗凡、段兆梅、李斌、邵维治、李木东、张恩向	20131009	20170118
7	ZL201410424049.X	炭轻基质及其制备方法	福建省林业科学研究院	郑蓉、廖鹏辉、温晓芸、陈洪德、郑维鹏	20140826	20170111
8	ZL201410273249.X	一种福建柏的嫁接方法	福建省林业科学研究院	郑仁华、苏顺德、吴清金、周宗哲、陈元品、凌云天	20140618	20170208
9	ZL201510004435.8	一种汉逊酵母属微生物改性茶叶副产物制备吸附剂的方法	福建省林业科学研究院	陈涵、林冠烽、李建民、常颖萃、吴开金、陈志江	20150106	20170426
10	ZL201510055121.0	一株防治油茶象幼虫的金龟子绿僵菌及其应用	福建省林业科学研究院	何学友、蔡守平、杨希、曾丽琼、黄金水	20150203	20170825
11	ZL201510233018.0	一种福建山樱花种子均衡打破休眠及芽苗培育方法	福建省林业科学研究院	范辉华、李建民、汤行昊、康木水、张娟、黄建华	20150508	20171121
12	ZL201510370428.X	油橄榄轻基质扦插育苗方法	甘肃省林业科学研究院	姜成英、吴文俊、赵梦炯、陈炜青、马超	20150630	20171031
13	ZL201510426051.5	倾斜式路基导沙墙	甘肃省治沙研究所	詹科杰、刘世增、杨自辉、方峨天、周兰萍	20150720	20170301
14	ZL201410308322.2	可移动式积沙沙障及其应用方法	甘肃省治沙研究所	常兆丰、王强强、张剑挥	20140701	20170322
15	ZL201510668735.6	一种意大利石松种子生活力测定方法	甘肃省治沙研究所	刘有军、刘世增、满多清、李得禄	20151013	20170818
16	ZL201610365436.X	一种黄花补血草的组织培养方法	甘肃省治沙研究所	张莹花、徐先英、尉秋实、王方琳、李德禄	20160530	20171212

（续）

序号	专利号	专利名称	专利权人	发明人	申请日	授权公告日
17	ZL201410815142.3	一种木材改性用的非离子石蜡乳液及其制备方法与应用	广东省林业科学研究院	谢桂军、马红霞、张燕君、王剑菁、陈利芳、何雪香、曹永建	20141224	20170125
18	ZL201510284054.X	一种木材防腐防水染色剂及其制备方法与应用	广东省林业科学研究院	马红霞、谢桂军、陈利芳、何雪香、张燕君、李兴伟、王剑菁、曹永建、熊伟	20150528	20170301
19	ZL201610391816.0	一种能够提高萌发率及延长花粉活力的红锥花粉收集保存方法	广东省林业科学研究院	张卫华、廖焕琴、张方秋、潘文、林元震	20160606	20170707
20	ZL201610391817.5	一种提高红锥结实率的杂交育种方法	广东省林业科学研究院	张卫华、林元震、张方秋、潘文、廖焕琴	20160606	20171201
21	ZL201610012823.5	南洋楹无性系组织培养的方法	广东省林业科学研究院	晏姝、韦如萍、胡德活、王润辉、郑会全	20160105	20171205
22	ZL201510171489.3	一种阔叶树轻基质育苗的基质配方	广东省林业科学研究院	何波祥、曾令海、连辉明、张谦、蔡燕灵、周丽华、殷祚云、汪迎丽	20150413	20171212
23	ZL201510003537.8	一种青棕的种子育苗方法	广西壮族自治区林业科学研究院	杜铃、王华新、廖美兰、陈尔、杨舒婷、林茂、李进华、孙利娜	20150105	20170104
24	ZL201410358164.1	一种格木种子调制及预处理方法	广西壮族自治区林业科学研究院	郝海坤、庞世龙、申文辉、彭玉华、黄志玲、曹艳云、李文付	20140725	20170111
25	ZL201410029308.9	快速鉴定红锥的 PCR 检测方法及其引物对	广西壮族自治区林业科学研究院	刘海龙、蔡玲、朱积余、韦颖文、黄金使、覃玉凤、曾永明	20140122	20170111
26	ZL201410436271.1	两步促根处理培育火焰花绿化树的方法	广西壮族自治区林业科学研究院	李进华、覃玉凤、林茂、汪小玉、孙利娜、杜铃	20140829	20170118
27	ZL201410787969.8	楝树小卷蛾性引诱剂的应用方法	广西壮族自治区林业科学研究院	常明山、吴耀军、温秀军、蒋学建、邓艳、李德伟	20141217	20170222
28	ZL201510449222.6	一种肉桂醛制备苯甲醛的方法	广西壮族自治区林业科学研究院	陆顺忠、李秋庭、关继华、黎贵卿、吴建文、邱米	20150728	20170301
29	ZL201510857281.7	一种从松节油含葑醇副产物中提取高纯度天然葑醇的方法	广西壮族自治区林业科学研究院	梁忠云、李桂珍、陈海燕、孟中磊、黄宇平、李军集、周丽珠、陈键泉、秦荣秀、岑潮锋	20151130	20170322
30	ZL201510436900.5	一种辣木埋干促萌的方法	广西壮族自治区林业科学研究院	曾祥艳、陈金艳、廖健明、李建林、梁文汇、李开祥	20150723	20170322
31	ZL201410750631.5	麻竹专用硅肥	广西壮族自治区林业科学研究院	覃其云、唐健、石媛媛、邓小军、覃祚玉、王会利、宋贤冲、潘波、农必昌	20141209	20170329
32	ZL201510449758.8	一种肉桂醛制备苯甲醛的装置	广西壮族自治区林业科学研究院	关继华、陆顺忠、李秋庭、吴建文、陈平	20150728	20170510

（续）

序号	专利号	专利名称	专利权人	发明人	申请日	授权公告日
33	ZL201510502243.X	一种繁育马尾松优良群体无性化组培苗的方法	广西壮族自治区林业科学研究院	姚瑞玲、王胤	20150814	20170510
34	ZL201610016267.9	一种中密度纤维板有机水溶性防霉剂及其制备方法	广西壮族自治区林业科学研究院	刘媛、卢翠香、项东云、陈健波、任世奇、邓紫宇、郭东强、周维、李昌荣、唐庆兰、张照远	20160112	20170524
35	ZL201510289044.5	一种利用马尾松组培苗营建采穗圃的方法	广西壮族自治区林业科学研究院	姚瑞玲、王胤、苏炬	20150601	20170606
36	ZL201310416520.6	一种大蜡螟室内大规模繁殖和饲养方法	广西壮族自治区林业科学研究院	蒋学建、邓艳、黄华艳、吴耀军、李德伟、常明山、邹东霞、罗辑、赵程劼	20130913	20170616
37	ZL201510477031.0	一种风吹楠属植物免伤根播种育苗方法	广西壮族自治区林业科学研究院	何应会、蒋迎红、蒋燚、刘健、林建勇、李娟、黄荣林、刘菲、韦铄星、王勇、姜英、刘雄胜	20150806	20170623
38	ZL201510092960.X	中华大节竹埋鞭两段式育苗方法	广西壮族自治区林业科学研究院	黄大勇、郝海坤、李立杰、徐振国、陈琴	20150303	20170623
39	ZL201510280141.8	南方松造林前苗木干旱胁迫预处理的方法	广西壮族自治区林业科学研究院	杨章旗、冯源恒、贾婕、谭健晖	20150527	20170707
40	ZL201410677843.5	一种多穗柯枸杞保健面包及其制备方法	广西壮族自治区林业科学研究院	王坤、李开祥、陈金艳、梁晓静、李宝财	20141121	20170707
41	ZL201510229930.9	石漠化地区珍贵树种柚木的育苗造林方法	广西壮族自治区林业科学研究院	侯远瑞、申文辉、陈金艳、庞世龙、黄春妮、黄宏珊、黄志玲、郝海坤、曹艳云	20150508	20170707
42	ZL201410774724.1	邓恩桉轻型基质育苗方法	广西壮族自治区林业科学研究院	唐庆兰、项东云、李昌容、陈健波、邓紫宇、任世奇、周维、郭东强、刘媛、卢翠香	20141216	20170714
43	ZL201510289043.0	一种以马尾松组培苗为砧木的嫁接方法	广西壮族自治区林业科学研究院	姚瑞玲、王胤	20150601	20170714
44	ZL201510410718.2	台湾桤木控偏冠四季扦插快繁方法	广西壮族自治区林业科学研究院	曹艳云、申文辉、彭玉华、朱积余、郝海坤、黄志玲、谭长强	20150714	20170718
45	ZL201510206968.4	一种蚬木高产优质插穗培育方法	广西壮族自治区林业科学研究院	彭玉华、郝海坤、黄志玲、申文辉、谭长强、何琴飞、郑威、曹艳云	20150428	20170728
46	ZL201510436444.4	台湾桤木穴盘移栽苗秋季培育方法	广西壮族自治区林业科学研究院	郝海坤、黄志玲、申文辉、彭玉华、曹艳云、谭长强	20150723	20170808
47	ZL201510324364.X	一种多穗柯快速育穗的繁殖方法	广西壮族自治区林业科学研究院	陈金艳、曾祥艳、黄剑、王坤、廖建明、黄开顺、梁文汇、李开祥	20150615	20170811
48	ZL201510417790.8	提高岑溪软枝油茶造林抗旱能力的苗木培育方法	广西壮族自治区林业科学研究院	夏莹莹、农慧珍、梁国校、梁斌、刘凯、曾雯珺、王东雪、江泽鹏	20150716	20170815

（续）

序号	专利号	专利名称	专利权人	发明人	申请日	授权公告日
49	ZL201610660076.6	岑溪软枝油茶全同胞家系子代林的营建方法	广西壮族自治区林业科学研究院	张乃燕、王东雪、江泽鹏、刘凯、梁国校、陈林强、梁斌、曾雯珺	20160812	20170818
50	ZL201510148434.0	提高马尾松种子园母树种子产量的方法	广西壮族自治区林业科学研究院	陈虎、杨章旗、梁远毅、颜培栋、梁贤祯、梁桂峰、蒙青松	20150331	20170912
51	ZL201510154258.1	提高马尾松嫁接苗种植成活率的方法	广西壮族自治区林业科学研究院	杨章旗、黄永利、谭健晖、陈虎、梁远毅、冯源恒、舒文波、覃开展、张明慧	20150402	20170912
52	ZL201610709370.1	一种岑溪软枝油茶高世代优树早期选择的方法	广西壮族自治区林业科学研究院	王东雪、江泽鹏、刘凯、张乃燕、陈国臣、梁国校、梁斌、陈林强	20160824	20170922
53	ZL201510529554.5	一种油茶水培扦插繁殖方法	广西壮族自治区林业科学研究院	罗扬卓、刘巧倩、叶航、周招娣、夏莹莹、梁国校、王东雪、江泽鹏	20150826	20171027
54	ZL201510455123.9	杉木无根试管苗瓶外一步成苗的方法	广西壮族自治区林业科学研究院	陈琴、黄开勇、戴俊、陈晓明、陈代喜、蓝肖、李魁鹏	20150729	20171124
55	ZL201510869453.2	一种β-蒎烯连续裂解生产月桂烯的装置	广西壮族自治区林业科学研究院	陆顺忠、李秋庭、谢刚、杨漓、关继华、吴建文、黎贵卿、邱米、杨素华	20151201	20171128
56	ZL201510766101.4	花叶良姜愈伤再生体系建立的方法	广西壮族自治区林业科学研究院、南宁市三塘十里长廊园林花木专业合作社	林茂、王华新、龚建英、孙利娜、黄欣、李进华、杜铃、蒋济刚、钟程	20151111	20171208
57	ZL201510067365.0	一种单面针扦插育苗方法	广西壮族自治区林业科学研究院、中南林业科技大学	黄开顺、李开祥、黄剑、王平、孙吉康、陈金艳	20150210	20170118
58	ZL201410743261.2	一种用于木材或竹材改性的糠醇改性溶液	国际竹藤中心	余雁、江泽慧、李万菊、王汉坤、任丹、张雪霞、于子绚	20141208	20170104
59	ZL201510250120.1	一种基于淀粉脱除的竹材防霉方法	国际竹藤中心	江泽慧、余雁、李晓华、于子绚、王汉坤	20150515	20170201
60	ZL201510068735.2	一种胶合竹层钉板的制造方法	国际竹藤中心	孙正军、江泽慧、张秀标、刘焕荣、倪林、宋光喃	20150210	20170524
61	ZL201510068680.5	万向弯曲胶合竹层板的制造方法	国际竹藤中心	孙正军、江泽慧、刘焕荣、张秀标、倪林、武秀明、宋光喃	20150210	20170524
62	ZL201410851091.X	毛竹 microRNA 前体基因的克隆方法	国际竹藤中心	高健、葛伟	20141231	20170623
63	ZL201510428685.4	一种竹材中薄壁细胞和纤维分离的方法	国际竹藤中心	余雁、江泽慧、王汉坤、李万菊、任丹	20150720	20170714
64	ZL201510447169.6	一种复合板材及其生产方法	国际竹藤中心	张丰波、费本华、江泽慧、王戈	20150727	20170714

（续）

序号	专利号	专利名称	专利权人	发明人	申请日	授权公告日
65	ZL201410838277.1	一种木质纤维预水解液中发酵抑制物的脱除方法	国际竹藤中心	李志强、江泽慧、费本华	20141229	20171114
66	ZL201510846267.7	一种木质纤维原料的水解方法	国际竹藤中心	李志强、江泽慧、费本华、张融	20151127	20171114
67	ZL201610223611.1	一种棕榈藤藤片复合装饰板及其制作方法	国际竹藤中心、安徽农业大学	刘杏娥、武恒、杨淑敏、田根林、吕文华、汪佑宏	20160412	20171229
68	ZL201610565496.6	一种纳米碳酸钙原位改性竹材的制备方法	国际竹藤中心、中国科学院青岛生物能源与过程研究所	费本华、陈秀芳、牟新东、张波、吕黄飞	20160718	20170825
69	ZL201510416223.0	一种卡亚扦插繁殖的方法	国家林业局桉树研究开发中心	彭彦、谢耀坚、高丽琼、尚秀华、林彦、陈鸿鹏	20150716	20170929
70	ZL201210094608.6	一种结构用木材弯曲强度检测设备与方法	国家林业局北京林业机械研究所	张伟、杨建华、王晓欢、金征、王建功	20120401	20170215
71	ZL201610213578.4	一种振幅和仰角可调的林果采摘设备	国家林业局北京林业机械研究所	金征、何海龙、陈东、张伟、张前卫	20160407	20170829
72	ZL201610079300.2	集成材拼方机用自动上料系统及自动上料方法	国家林业局北京林业机械研究所	张前卫、张伟、金征	20160204	20171024
73	ZL201410685219.X	沥青路面再生旧料最佳掺配比例的确定及其方法	国家林业局昆明勘察设计院	张直云、费维水、刘昆赟、滕建奎、吴永军	20141125	20170111
74	ZL201410692680.8	一种超音速蒸汽爆破分离提取杜仲橡胶的方法	国家林业局泡桐研究开发中心	孙志强、李芳东、杜红岩	20141126	20170329
75	ZL201510425000.0	一种仁用杏推迟开花的方法及推迟开花溶液及其制备方法	国家林业局泡桐研究开发中心	乌云塔娜、李慧、姜仲茂、朱高浦、李畅	20150720	20170524
76	ZL201510097303.4	一种光皮木瓜黄酮类物质的提取方法	国家林业局泡桐研究开发中心	岳华峰、李相宽、马梦婕、杨超伟、刁松锋、刘国顺、狄海霞、段伟、王炜炜、周晓星、赵广杰、杨绍彬、汪志强、郝荣昌	20150305	20171020
77	ZL201510428646.4	一种仁用杏抵抗晚霜的抗冻液及制备方法和应用	国家林业局泡桐研究开发中心	乌云塔娜、李慧、刘慧敏、包文泉、尹明宇、柳江群	20150720	20171222
78	ZL201510110471.2	一种锐药竹的快速繁殖方法	国家林业局竹子研究开发中心	李伟成、于辉、吴志庄、周妍、杨慧敏、田新立	20150313	20170412
79	ZL201410619571.3	一种水稻专用肥及其制备方法	国家林业局竹子研究开发中心	钟哲科、邵琼、杨生茂、刘玉学	20141106	20170412

（续）

序号	专利号	专利名称	专利权人	发明人	申请日	授权公告日
80	ZL201410619044.2	一种富硅生物炭有机肥	国家林业局竹子研究开发中心	钟哲科、邵琼、杨生茂、吕豪豪	20141106	20170412
81	ZL201510859054.8	一种精确调控竹材颜色的方法	国家林业局竹子研究开发中心	于辉、吴再兴、陈玉和、黄成建、陈章敏、刘胜辉	20151130	20170510
82	ZL201510110377.7	一种酒竹鲜竹汁的生产方法	国家林业局竹子研究开发中心	李伟成、于辉、吴志庄、翟志忠、周妍、田新立	20150313	20170926
83	ZL201510766460.X	一种竹纤维增强热塑性塑料	国家林业局竹子研究开发中心	于辉、邵琼、叶晓丹、钟哲科	20151111	20171031
84	ZL201511019232.2	一种竹塑复合用竹纤维的制备方法	国家林业局竹子研究开发中心	于辉、叶晓丹、邵琼、钟哲科	20151230	20171031
85	ZL201510146886.5	一种室内观赏丛生竹控根定向培育装置及培育方法	国家林业局竹子研究开发中心	杜旭华、吴志庄、毕毓芳、钟哲科	20150331	20171031
86	ZL201510160214.X	一种改善竹笋笋用林的钩梢方法	国家林业局竹子研究开发中心	丁兴萃、张闪闪、章志远、蔡函江、高贵宾、潘雁红	20150403	20171107
87	ZL201510163053.X	一种竹笋苦涩味测定方法	国家林业局竹子研究开发中心	丁兴萃、章志远、白瑞华、田新立	20150408	20171117
88	ZL201410655127.7	一种咖喱竹笋脆片的加工方法	国家林业局竹子研究开发中心	白瑞华、郑小林、董敦义	20141118	20171124
89	ZL201410691630.8	山核桃专用的有机无机复混肥料	杭州市林业科学研究院（杭州市林业科技推广总站）、浙江农林大学	赵伟明、叶正钱、袁紫倩、查琳、李皓	20141125	20170707
90	ZL201410296031.6	一种落叶松两步育苗方法	河北省林业科学研究院	王春荣、毕君、刘国臣、高红真、武亚敬、王超、杨靖宇	20140627	20170222
91	ZL201510773709.X	一种快速获得鸢尾杂交优良无性系的方法	河北省林业科学研究院	尹新彦、张全锋、储博彦、李金霞、赵玉芬、贾红姗	20151113	20170405
92	ZL201510049922.6	一种添加谷胱甘肽的菊花干白葡萄酒酿造工艺	河北省林业科学研究院	李敬川、刘俊、罗飞、汉瑞峰、罗建华、赵丽霞、宫英振、张东风、于祎飞、王惠芝、刘寅喆、刘建婷	20150130	20170426
93	ZL201510266371.9	一种复叶槭夏季绿枝高接换头的方法	河北省林业科学研究院	储博彦、李金霞、尹新彦、赵玉芬、张建国、王志彦	20150517	20170426
94	ZL201510271652.3	一种干旱石质阳坡油松育苗造林方法	河北省林业科学研究院	毕君、王超、高红真、王春荣	20150526	20170517
95	ZL201510457884.8	一种复合型苗木根系保湿剂及其制备方法	河北省林业科学研究院	尤海舟、王超、毕君、王春荣、刘建婷、任启文、李联地	20150729	20170531

（续）

序号	专利号	专利名称	专利权人	发明人	申请日	授权公告日
96	ZL201410480294.2	观赏海棠根接繁育方法	河北省林业科学研究院	储博彦、赵玉芬、尹新彦、李金霞、张建国、王志彦、王振一	20140918	20170714
97	ZL201510077826.2	一种榆树扦插繁殖方法	河北省林业科学研究院	黄印冉、戴丽、贾宗锴、闫淑芳、刘易超、李义红	20150214	20170901
98	ZL201410783017.9	一种朝霞杨一条鞭带萌枝埋条育苗方法	河北省林业科学研究院	黄印冉、王玉忠、李义红、闫淑芳、贾宗锴、徐振华、戴丽、刘易超	20141218	20170901
99	ZL201510077823.9	一种多彩型红瑞木乔木化培育方法	河北省林业科学研究院	闫淑芳、黄印冉、贾宗锴、戴丽、刘易超、李义红、霍对对	20150214	20170901
100	ZL201510129473.6	一种培育抗寒河北榆树的育种方法	河北省林业科学研究院	黄印冉、贾宗锴、李义红、闫淑芳、徐振华、戴丽、刘易超	20150324	20170901
101	ZL201610893070.3	地中海仙客来栽培模式、盆株培育技术及其越夏越冬方法	河北省林业科学研究院	林艳、赵志新、张鸿景、郭伟珍、毕君、赵京献	20161013	20171013
102	ZL201610956560.3	提高枣树高接成活率的方法	河北省林业科学研究院	刘满光、李梦钗、王振亮、李开森、高运茹、刘禹材、吴颖欣、陈健、李如纲、王东晨	20161027	20171024
103	ZL201510129548.0	一种培育耐盐植物的育种方法	河北省林业科学研究院	黄印冉、贾宗锴、李义红、闫淑芳、徐振华、戴丽、刘易超	20150324	20171215
104	ZL201510318353.0	一种皂荚硬枝扦插繁殖方法	河南省林业科学研究院	刘艳萍、范定臣、马群智、祝亚军、翟晓巧、曾辉、王慈民、王静洲、霍保民	20150611	20170510
105	ZL201510158095.4	一种发酵型暴马丁香花酒及其制备方法	黑龙江省带岭林业科学研究所	万道印、商永亮、苏喜廷、王丕亮、李琳	20150326	20170711
106	ZL201510526680.5	一种黑木耳酥脆即食品的加工方法	黑龙江省林副特产研究所	张学义、张鹤东、谢晨阳、付婷婷、么宏伟、韩书昌、冯磊、吴洪军、赵凤臣、胡伟、楚玉男、谭放	20150826	20170825
107	ZL201510717059.7	一种野生山桃稠李组织培养方法	黑龙江省林业科学研究所	舒钰、李晶、邢亚娟、王丹、蒙宽宏、王承义、赵学丽	20151029	20170707
108	ZL201610224866.X	欧洲越橘组织快繁培养基及其培育方法	黑龙江省林业科学研究所	田新华、姜天瑞、翁海龙、殷东生、刘明辉、王福德、张建瑛、温爱亭、李正华	20160412	20170905
109	ZL201610224753.X	大兴安岭天然笃斯越橘试管壮苗的培养方法	黑龙江省林业科学研究所	田新华、李京、张建瑛、翁海龙、殷东生、李艳霞、葛文志、卢慧颖、邢亚娟	20160412	20170915
110	ZL201510527508.1	一种水曲柳平茬壮苗栽培方法	黑龙江省林业科学研究所	殷东生、张建瑛、田新华、秦希波、李海霞、邢亚娟、葛文治、张美玲、田亚坤、车德峰、田亚东	20150825	20171212
111	ZL201410405503.7	可一次性测量嫁接苗苗高穗长穗径的测量尺	黑龙江省牡丹江林业科学研究所、曲跃军、杜人杰	曲跃军、杜人杰、赵敏、李晓秀、夏善智、马晓乾、戴福、杜运长、周冬跃、王晓静、孙强、金虎、张翼、朱悦、殷霈瑶、姜海波、郭劲鹏、付静	20140818	20170627

（续）

序号	专利号	专利名称	专利权人	发明人	申请日	授权公告日
112	ZL201410651059.7	一种榛蘑人工栽培催蕾剂配方	黑龙江省牡丹江林业科学研究所、郑焕春、崔巍、施汉钰、栾泰龙、李淑玲、付静、赵祥君、徐绍娣、郭劲鹏	郑焕春、崔巍、施汉钰、栾泰龙、李淑玲、付静、越建伟、赵祥君、徐绍娣、郭劲鹏	20141117	20170627
113	ZL201510951563.3	一种植树造林机	黑龙江省牡丹江林业科学研究所、郑焕春、杜运长、栾泰龙、李淑玲、陆莹、崔巍、金虎、刘影、祝旭加	郑焕春、杜运长、栾泰龙、李淑玲、陆莹、崔巍、金虎、刘影、祝旭加	20151220	20170825
114	ZL201510030887.3	一种大幅面异形立木地板及其制造方法	黑龙江省木材科学研究所	杨亮庆、王宏棣、张冬梅、张雪松、周亚菲、王硕、刘珊杉、张倩、吕蕾、贾潇然、苏芸、黄海兵	20150122	20170222
115	ZL201410815660.5	50 吨闭环测控木材拉伸试验装置	黑龙江省木材科学研究所	王子奇、于大伟、何小东、赵秀、王宏棣、黄在华、时兰翠、关帅、孟祥鹏	20141224	20170308
116	ZL201410412433.8	一种梯形单元集成材及其制备方法	黑龙江省木材科学研究所	毕克新、王宏棣、毛磊、赵思淼、郑拓宇、李晨琦、白雪、高丹丹、何金存	20140820	20170315
117	ZL201410812497.7	一种木材含水率检测校验装置	黑龙江省木材科学研究所、黑龙江省林业科学院	何小东、王子奕、于大伟、王子奇、何金存、张妍、崔晓磊、徐蕊、赵眉芳	20141224	20170811
118	ZL201310585089.8	一种高通量基因测序的有效数据分类寻优目标检测系统及检测方法	黑龙江省森林工程与环境研究所	梁素钰、刘滨凡、田松岩、刘延坤、李琳、孙清芳、刘广菊、刘长乐、李云红、贾丹、杜倩、邵英男、王文帆、陈瑶、李东玫、刘玉龙、王刚	20131119	20170215
119	ZL201510220830.X	基于 Biolog Eco 微平板进行轻度盐渍土壤造林树种选择的方法	黑龙江省森林工程与环境研究所	李琳、梁素钰、田松岩、杜倩、刘铁男、刘延坤、王文帆、王明强、刘旭平	20150504	20170405
120	ZL201410288625.2	一种防霉抗菌阻燃墙面装饰竹帘的生产方法	湖北楚风竹韵科技有限公司、国际竹藤中心	程海涛、邱福清、王戈、虞毅	20140625	20170215
121	ZL201510462575.X	一种植物蛋白胶刨花板及其制备工艺	湖北省林业科学研究院	李光荣、杜业云、李军章、辜忠春、蔡芳、杨柳、李晖、王霄	20150731	20170517
122	ZL201510586045.6	一种湿地松大树针叶束的水培育苗方法	湖北省林业科学研究院	许业洲、杜超群、杨代贵、陈华超、范邦海、许秀环、雷清虎、方丽丹	20150916	20170926
123	ZL201610023590.9	一种毛坝大木漆的组织培养快繁方法	湖北省林业科学研究院	杨柳、杨志斌、陈曦、杜叶云、洪克俭、辜忠春	20160114	20171013
124	ZL201510558171.0	一种金银花直接体胚发生和植株再生的培养基及方法	湖南省林业科学院	陈建军、李永欣、王晓明、曾慧杰、蔡能、乔中全	20150906	20170707

（续）

序号	专利号	专利名称	专利权人	发明人	申请日	授权公告日
125	ZL201510210808.7	一种低温螺旋榨油机	湖南省林业科学院	刘汝宽、李昌珠、肖志红、张爱华、吴红、李培旺	20150429	20170811
126	ZL201510572913.5	一种可抗菌和抗氧化的食品保鲜膜的制备方法	湖南省林业科学院、中南林业科技大学	周波、马力、陈永忠、彭邵锋、陈家法、钟海雁、蒋海明、张燕、曾文立、廖晨曦	20150910	20170630
127	ZL201410753846.2	溪畔杜鹃的扦插繁殖方法	湖南省森林植物园	廖菊阳、刘艳、朱颖芳、黄滔、彭春良、唐红、魏勇、肖绿田	20141210	20170201
128	ZL201510007895.6	一种利用葡萄林地栽培七叶一枝花的方法	湖南省森林植物园	龚范武、罗先权、龚舟、陈灵、王萍、彭静、彭信海	20150108	20170201
129	ZL201410751565.3	一种边沁桉扦插育苗方法	湖南省森林植物园	饶红欣、陈灵、罗先权、彭静、彭信海	20141209	20170222
130	ZL201510007988.9	一种利用核桃林地栽培七叶一枝花的方法	湖南省森林植物园	龚范武、王萍、陈灵、罗先权、彭静、龚舟、彭信海	20150108	20170308
131	ZL201510040637.8	一种瓢虫的通用型人工饲料及其制备和应用方法	湖南省烟草公司长沙市公司、湖南省林业科学院、湖南农业大学	彭曙光、颜学武、曾维爱、李密、谭琳、李帆、周刚、蔡海林、钱秋芳、胡秋龙、黄艳宁、唐春闺	20150127	20170915
132	ZL201510357871.3	一种人工室内大量饲养果梢斑螟的方法	吉林省林业科学研究院	宋丽文、李兴鹏、曹亮明、陈越渠、左彤彤、于海英	20150625	20170721
133	ZL201510359282.9	一种用于捕食性天敌蠋蝽规模化饲养的养虫笼及饲养方法	吉林省林业科学研究院	李兴鹏、宋丽文、左彤彤、陈越渠、孟黎鹏、沈佳龙	20150626	20171201
134	ZL201510619033.9	一种拟生态水岸护坡结构	江苏省林业科学研究院	王磊、李冬林、丁晶晶、万欣、张亚楠、江浩、王火、何冬梅	20150924	20170118
135	ZL201410489958.1	一种柳树花粉超低温保存方法	江苏省林业科学研究院	何旭东、姚伶、周洁、王保松	20140923	20170201
136	ZL201410311817.0	一种促进花绒寄甲成虫产卵的方术	江苏省林业科学研究院	高悦、解春霞、郑华英、刘云鹏、徐福元	20140630	20170215
137	ZL201410771612.0	一种成年大规格树木移植方法	江苏省林业科学研究院	李冬林	20141210	20170714
138	ZL201410491983.3	一种灌木柳花粉保存方法	江苏省林业科学研究院	何旭东、姚伶、郑纪伟、王伟伟、王保松	20140923	20170808
139	ZL201510101467.X	一种编织柳滩地高垅栽培方法	江苏省林业科学研究院	张珏、何旭东、韩杰峰、王伟伟	20150306	20171010
140	ZL201610290875.9	一种金焰彩栾的微型嫁接方法	江苏省林业科学研究院	蒋泽平、张敏、黄利斌	20160505	20171208
141	ZL201510408047.6	一种锦绣含笑嫁接繁殖方法	江苏省林业科学研究院	窦全琴、董筱昀、吕运舟、黄利斌	20150708	20171219

（续）

序号	专利号	专利名称	专利权人	发明人	申请日	授权公告日
142	ZL201410482083.2	一种天然右旋龙脑制备右旋乙酸龙脑酯的方法	江西省林业科学院	杨海宽、熊振宇、章挺、江香梅、肖复明、戴小英、邱凤英、伍艳芳、汪信东、王召滢、宋晓琛、徐海宁、余林、曾伟	20140919	20170315
143	ZL201410376828.7	一种高龙脑含量的龙脑樟组培繁育方法	江西省林业科学院	江香梅、戴小英、章挺、肖复明、杨海宽、汪信东、伍艳芳、邱凤英、宋晓琛、王召滢	20140801	20170517
144	ZL201410493399.1	一种常温下脐橙的保鲜方法	江西省林业科学院	王小东、王玉、江香梅、黄慧、贺磊、余能富、任琼、周莉荫	20140924	20170912
145	ZL201510770392.4	栀子中提取纯化栀子黄色素的方法	江西省林业科学院	聂韡、贺义昌、黄丽莉、朱培林、邓绍勇	20151112	20171003
146	ZL201510893816.6	一种利用樟树剩余物生产木质复合板的方法	江西省林业科学院	胡玉安、何梅、王小东、王玉	20151208	20171114
147	ZL201410580750.0	一种降低泡桐木材压缩回弹的制备方法	江西桐源林业科技有限公司、江西省林业科学院	贺磊、余学林、王玉、黄慧	20141027	20170315
148	ZL201410603294.7	漏斗底鱼鳞坑整地技术	昆明市东川区林业技术推广站	贺永、王昌梅、李万涛、朱玉梅、侯正龙、李光琼、王运飞、周正文	20141102	20170104
149	ZL201610146737.3	一种油茶果风干贮存仓	丽水市林业科学研究院	何小勇、葛永金、陆斌、倪荣新、刘跃钧、朱志军	20160315	20171031
150	ZL201510743716.5	一种林下棘托竹荪与多花黄精的复合种植方法	丽水市林业科学研究院	应国华、吕明亮、吴应齐、薛振文、李伶俐、宋艳冬、马海泉、姚理武、叶传盛	20151105	20171117
151	ZL201410583549.8	黑果腺肋花楸复合果汁饮料及其制备方法	辽宁省干旱地区造林研究所、辽宁富康源黑果花楸科技开发有限公司	王鹏、韩文忠、姜镇荣、赵明优、史凯航、马艳丽、陈世富、杜乃利、孙荣强、潘威	20141018	20170704
152	ZL201510007383.X	人造板干燥系统除尘装置	林产工业规划设计院	喻乐飞、范捷	20150107	20170222
153	ZL201510247772.X	一种杨树种子脱粒机及杨树种子脱粒方法	南京信息工程大学、新疆林科院园林绿化研究所	郭靖、鲁天平、颜安、张东亚、郭星、刘永萍、张仁平、陈鑫、巴塞、图雅、阿斯耶姆·图尔迪	20150515	20170825
154	ZL201510283272.1	一种浙江楠幼龄林的培育方法	宁波市鄞州区林业技术管理服务站	王良衍、李修鹏、赵绮、严春风、阎恩荣、周贵尧、季德成、蒋利玲	20150528	20171027
155	ZL201510017422.4	一种高效提取枸杞叶多糖的方法	宁夏森淼种业生物工程有限公司、宁夏林业研究所股份有限公司	王立英、范俊峰、徐士梅、金明、王储	20150114	20170201
156	ZL201410101189.3	木麻黄水培育苗方法	钦州市林业科学研究所	吴红英、陈乃明、何贵整、蔡林、梁刚、吕月保、梁小娟、邓月梅、张桂兰、赖崇健、时群	20140319	20170104

（续）

序号	专利号	专利名称	专利权人	发明人	申请日	授权公告日
157	ZL201510663256.5	明月草组织培养快速繁殖培养基及组织培养快速繁殖方法	钦州市林业科学研究所	杨利平、陈乃明、王华宇、何贵整、陈丽文、时群、杨琼、陈乃健、陈俊锦、梁刚、吴红英	20151014	20170922
158	ZL201610107112.6	扁桃斑鸠菊的组培快繁育苗方法	钦州市林业科学研究所	王华宇、陈乃明、杨利平、陈丽文、何贵整、时群、梁刚、蔡林、陈乃健、吴红英、吕月保	20160226	20170922
159	ZL201610107103.7	一种扁桃斑鸠菊的简化组培快繁方法	钦州市林业科学研究所	王华宇、陈乃明、杨利平、陈丽文、何贵整、时群、梁刚、蔡林、陈乃健、吴红英、吕月保	20160226	20170922
160	ZL201510120451.3	一种促进木本植物扦插育苗成活率的插穗处理方法及装置	山东农业大学、山东省林业科学研究院	王华田、董玉峰、孔令刚、朱红、王巧、姜岳忠	20150319	20170301
161	ZL201510049787.5	一种芤南芥的嫁接方法	山东省林业科学研究院	孙超、夏阳、郝玉金、燕丽萍、刘翠兰、李丽	20150130	20170104
162	ZL201510148615.3	一种刺槐硬枝扦插生根的方法	山东省林业科学研究院	毛秀红、荀守华、乔玉玲、董玉峰、宋玉民	20150331	20170308
163	ZL201510217038.9	一种绒毛白蜡嫩枝无纺布容器扦插育苗方法	山东省林业科学研究院	姚俊修、李善文、吴德军、燕丽萍、刘翠兰、刘元铅、李自成	20150430	20170308
164	ZL201610570498.4	一种干旱山地裸根苗的集雨保水造林方法	山东省林业科学研究院	刘方春、马海林、马丙尧、杜振宇、井大炜	20160719	20170426
165	ZL201510068192.4	一株米修链霉菌及其在防治核桃、冬枣炭疽病方面的应用	山东省林业科学研究院	王清海、牛赡光、刘幸红、张淑静、段春华	20150209	20170609
166	ZL201510746635.0	一种国槐种子快速萌发获得胚根的方法	山东省林业科学研究院	夏阳、庞彩红、李双云、李自成、刘桂民	20151105	20170616
167	ZL201510718275.3	一种确定国槐人工杂交授粉时间的方法	山东省林业科学研究院	庞彩红、夏阳、李双云、杨庆山、魏海霞	20151029	20170616
168	ZL201510718212.8	一种国槐人工授粉的方法	山东省林业科学研究院	李双云、夏阳、庞彩红、孙超、毛秀红	20151029	20170711
169	ZL201510345506.0	一种利用蓝莓莱格西叶片诱导产生微不定芽的繁育方法	山东省林业科学研究院	王开芳、刘翠兰、燕丽萍、孙蕾、夏阳、李丽	20150619	20170714
170	ZL201510468794.9	一种杨树育种装置及其使用方法	山东省林业科学研究院	李善文、姚俊修、荀守华、董玉峰、吴德军	20150803	20170725
171	ZL201510305868.7	一种提高刺槐嫁接成活率的育苗方法	山东省林业科学研究院	乔玉玲、荀守华、张元帅、董元夫、张自成、毛秀红、刘泽东	20150604	20170905
172	ZL201610017585.7	一种用于国槐离体叶片体胚诱导快繁的成套培养基	山东省林业科学研究院	李双云、刘盛芳、李自成、刘桂民、安连任、冯建华、夏阳、庞彩红	20160112	20170915
173	ZL201610015672.9	一种通过绒毛白蜡体胚诱导获得再生植株的方法	山东省林业科学研究院	燕丽萍、刘翠兰、吴德军、李丽、王开芳、藏真荣	20160111	20170915

（续）

序号	专利号	专利名称	专利权人	发明人	申请日	授权公告日
174	ZL201610327237.X	一株纺锤芽孢杆菌及其在干旱山地造林中的应用	山东省林业科学研究院	刘方春、马海林、马丙尧、杜振宇、井大炜、亓桂成	20160517	20171013
175	ZL201610163915.3	一种绒毛白蜡离体叶片体胚诱导培养基	山东省林业科学研究院	燕丽萍、刘翠兰、吴德军、李丽、任飞、安小林	20160322	20171027
176	ZL201510733240.7	果实采摘至贮藏保鲜用的多功能箱及其所用膜层的制备方法	山东省林业科学研究院	孙蕾、杜华兵、孙锐、王开芳、王小芳、白瑞亮、赵登超	20151030	20171114
177	ZL201510783041.7	一种刺槐人工去雄和杂交控制授粉方法	山东省林业科学研究院、费县国有大青山林场	荀守华、孙百友、乔玉玲、张自和、张元帅、董元夫、毛秀红、姜丽娜	20151113	20170704
178	ZL201610368602.1	一株蓝莓根际促生阴沟肠杆菌及其应用	山东省林业科学研究院、山东农业大学、金正大生态工程集团股份有限公司	马海林、刘方春、杜秉海、丁延芹、李丽、马丙尧、姚良同、范玲超、杜振宇、徐文凤、刘幸红、彭琳	20160527	20170929
179	ZL201610368365.9	一株蓝莓专用的根际促生阿氏芽孢杆菌及其应用	山东省林业科学研究院、山东农业大学、金正大生态工程集团股份有限公司	杜秉海、马海林、丁延芹、刘方春、姚良同、杜振宇、范玲超、马丙尧、徐文凤、李丽、刘幸红、彭琳	20160527	20171017
180	ZL201410147850.4	一种确定柠条生长过程中合理平茬期的分析方法	山西省林业科学研究院	奥小平、武秀娟、常建国、雍鹏、张彩虹	20140415	20170125
181	ZL201510225493.3	一种促进核桃晚霜冻害后开花坐果的方法	山西省林业科学研究院	常月梅	20150506	20170711
182	ZL201510347678.1	一种提高明日叶种子发芽率的方法	上海市园林科学研究所	罗玉兰、朱春玲、张冬梅、张爱明、沈烈英	20150623	20170322
183	ZL201510898269.0	一种海三棱藨草的快速繁育方法	上海市园林科学研究所	张群、崔心红、吕秀立、朱义、何小丽	20151208	20171215
184	ZL201510127352.8	一种园林绿地有机覆盖物分层覆盖方法	沈阳市园林科学研究院	陈岩、张粤、陆庆轩、代保清、王菲、李鹏	20150324	20170808
185	ZL201410704769.1	一种含翅荚木木屑的海鲜菇培养基	顺昌县林业科学技术中心	蔡晓芝、姚湘明、詹永亮、张天宇	20141127	20170704
186	ZL201610534890.3	一种山桐子红色素及其制备方法	四川省林业科学研究院	莫开林、徐明、吴斌、费世民、杨学兵、杨凌	20160708	20170524
187	ZL201510222232.6	核桃韧式皮嫁接方法	四川省林业科学研究院、三台县梓森园林种苗有限公司、三台县林业局	罗成荣、崔修国、张庆辉、金银春、罗静波、刘高亮、冯俊兵、杜晋城、杨志武、杨柳璐	20150504	20171226
188	ZL201410559346.5	一种防治树木水泡溃疡病的植物源制剂及其制备方法	泰安市泰山林业科学研究院	庞梓辰、穆淑媛、高红、杨波、边晓惠	20141021	20171205

（续）

序号	专利号	专利名称	专利权人	发明人	申请日	授权公告日
189	ZL201410118420.X	一种平菇微孔生料栽培技术	天津市林业果树研究所	刘连强、张志军、周永斌、訾惠君、罗莹、李凤美、陈晓明、翟宏伟、李淑芳、王文治、王玫	20140327	20170215
190	ZL201510173916.1	一种食用菌饮料的制备方法	天津市林业果树研究所	陈晓明、张志军、宋洋、李淑芳、罗莹、李凤美、刘连强、訾惠君、周永斌、翟宏伟、王玫、张崇雪	20150414	20171017
191	ZL201410551633.1	薄壳山核桃育苗方法	吴霞、丽水市林业科学研究院	吴霞、吴连海、颜福花、谢建秋、宋艳冬	20141017	20170208
192	ZL201610198581.3	气流循环旋转式冷却器	梧州市西江林产化工技术设备研究所	陆让先、陆欢	20160401	20170616
193	ZL201510003849.9	一种桃愈伤组织长期继代保存的方法	武汉市林业果树科学研究所	姚延兴、白芝兰、金莉、杨守坤、宿福园、李长林、裴忺	20150105	20170510
194	ZL201510310724.0	一种在碱性土壤区栽培常绿杜鹃的方法	武汉市林业果树科学研究所	董艳芳、周媛、刘国锋、童俊、徐冬云、毛静、戢小梅、陈法志、许林、谭庆	20150609	20170721
195	ZL201510705056.1	一种油用牡丹的容器育苗方法及育苗基质	武汉市林业果树科学研究所	戢小梅、陈法志、郑承翔、杨阳、陈镇、李秀丽、谭庆	20151027	20170922
196	ZL201410630103.6	一种采用西伯利亚花楸提取液抑制马铃薯发芽的方法	新疆林业科学院经济林研究所	古丽江·许库尔汗、张东亚、虎海防、安鹭、海尼肯·山台	20141111	20170315
197	ZL201410630007.1	天山云杉体细胞胚愈伤组织的诱导培养方法及其专用诱导培养基	新疆林业科学院造林治沙研究所	伊丽米努尔、李宏、阿力木江·牙生、哈丽努尔·阿不力米提、宁虎森、刘永萍、热娜古丽·买买提	20141111	20170111
198	ZL201410749542.9	人工种植肉苁蓉液体接种方法	新疆林业科学院造林治沙研究所	刘永萍、鲁天平、刘爱民、郭靖、宁虎森、杨瑞、伊丽米努尔、莫双铭、武秀红、江晓珩	20141210	20170613
199	ZL201410749636.6	一种促进肉苁蓉属种子萌发的浸种液及其制备方法	新疆林业科学院造林治沙研究所	刘永萍、杨瑞、鲁天平、郭靖、刘爱民、莫双铭、江晓珩、张峰	20141210	20170616
200	ZL201510768095.6	胡杨半遮光育苗方法	新疆林业科学院造林治沙研究所	王新英、史军辉、刘茂秀、宁虎森、王永红、赵曦阳、薄文浩	20151111	20170915
201	ZL201510376394.5	一种采用赤霉素溶液促进幼龄夏橡苗木速生的栽培方法	新疆林业科学院	汪智军、王萍兰、靳开颜、阿不都热西提·热合曼、张东亚、孙守义、李卫	20150701	20170308
202	ZL201510464429.0	一种文冠果树种多根量苗木的培育方法	新疆林业科学院	汪智军、靳开颜、阿不都热西提·热合曼、张东亚、孙守文	20150803	20170308
203	ZL201510380795.8	一种提高文冠果裸根苗木移栽成活率的方法	新疆林业科学院	汪智军、靳开颜、张东亚、阿不都热西提·热合曼、古再丽努尔·沙吾提、孙守文	20150630	20170405
204	ZL201510764858.X	干旱区大果沙棘良种长枝扦插快速育苗方法	新疆林业科学院	汪智军、郑兴国、阿不都热西提·热合曼、陆中元、孙守文、卢明艳	20151111	20170929

（续）

序号	专利号	专利名称	专利权人	发明人	申请日	授权公告日
205	ZL201410755752.9	干旱区戈壁地竹柳扦插造林方法	新疆林业科学院、任治军	汪智军、任治军、阿不都热西提·热合曼、靳开颜、许抗大、孙守文	20141211	20170222
206	ZL201510217083.4	兼顾南方秋季香椿菜品质和产量的方法	余姚市阮艺种业有限公司、余姚市林业特产技术推广总站	沈立铭、张仁杰、孙志栋、黄益军	20150430	20171124
207	ZL201410589350.6	一种薄壳山核桃地苗嫁接方法	云南润雨薄壳山核桃科技开发有限公司、云南省林业科学院漾濞核桃研究院、贵州亚博生态开发有限责任公司	习学良、茶惠军、茶跃龙、阿映雪、周亚仙、习瑞文、熊新武、李淑芳、梁林波、李俊男、刘恒鹏	20141028	20170118
208	ZL201510072950.X	一种铁核桃大树的嫁接方法	云南省林业科学院	肖良俊、宁德鲁、吴涛、马婷、陈海云、徐亮、耿树香、王洋、贺娜、徐田、李勇杰、张艳丽	20150212	20170301
209	ZL201510084508.9	一种松毛虫质型多角体病毒油剂及其制备方法和应用	云南省林业科学院	陈鹏、槐可跃、胡光辉、陆斌、卢南、王忠祥、杜春花、袁瑞玲、王艺璇、陈强	20150216	20170707
210	ZL201510519754.2	一种瑞丽茜种子处理及催芽方法	云南省林业科学院	李贵祥、邵金平、柴勇、毕波、和丽萍、孟广涛、李品荣	20150815	20170711
211	ZL201410551879.9	一种治疗神经衰弱和预防老年痴呆症的药物组合物	云南省林业科学院	王娟、施蕊、杨宇明、陈中华、吴飞林、杨敏、肖丰坤、缪福俊、原晓龙	20141017	20170915
212	ZL201410343691.5	一种困难地造林方法	云南省林业科学院、云南林业职业技术学院、泽桑梓	泽桑梓、季梅、户连荣、温绍龙、王海帆、李浩然	20140718	20170125
213	ZL201410028482.1	鸡蛋花套种经济农作物及伴养蜜蜂治理石漠化地区的方法	云南省林业科学院、云南菩拉美生物科技开发有限公司	段炳荣、杨宇明、赵一鹤、伍治平、杜光明、秦溱、龚一云、曹云芝、高诚伟、周远、王娟、李品荣、冯勇、匡海欧、李亚辉、李沁	20140122	20171128
214	ZL201510101686.8	一种天麻育种方法	昭通市林业科学研究所	曹安江	20150309	20170517
215	ZL201510101621.3	一种天麻仿野生栽培方法	昭通市林业科学研究所	曹安江	20150309	20170616
216	ZL201410530392.2	一种玛咖提取物除糖工艺	浙江玛卡人生生物工程研究所、宁波玛咖人生生物科技有限公司、浙江省林业科学研究院	王衍彬、钱华、贺亮、刘本同、王丽玲、秦玉川、胡松庭、霍通恩、胡海航	20141010	20171215
217	ZL201410398817.9	一种同时提高桑黄液体发酵多糖和漆酶产量及活性的方法	浙江省林业科学研究院	程俊文、贺亮、胡传久、魏海龙、付立忠、李海波、邹景泉	20140814	20170104
218	ZL201310749403.1	一种真假乌药块根的红外鉴别方法	浙江省林业科学研究院	童晓青、刘本同、钱华、秦玉川、王衍彬	20131231	20170104

（续）

序号	专利号	专利名称	专利权人	发明人	申请日	授权公告日
219	ZL201410593960.3	一种珍珠岩添加竹材发泡复合材料及其制备方法	浙江省林业科学研究院	张文福、刘乐群、方晶	20141016	20170118
220	ZL201510055520.7	一种蝉花菌素及其制备和用途	浙江省林业科学研究院	贺亮、李卫旗、程俊文、韩素芳、韦朝阳、王衍彬、钱华、陈芸	20150203	20170118
221	ZL201410565842.1	一种提高桑黄液体发酵产物中金丝桃苷含量的方法	浙江省林业科学研究院	魏海龙、程俊文、胡传久、贺亮、李海波、邹景泉、付立忠	20141021	20170201
222	ZL201510107668.0	油茶成林或常绿阔叶林仿野生栽培三叶青的方法	浙江省林业科学研究院	程诗明、梁君瑛	20150312	20170201
223	ZL201410565891.5	一种提高桑黄液体发酵产物中麦角甾醇含量的方法	浙江省林业科学研究院	程俊文、贺亮、胡传久、魏海龙、付立忠、李海波	20141021	20170412
224	ZL201510078432.9	樱花品种‘咲耶姬’的分子特异性标记引物及检测方法	浙江省林业科学研究院	柳新红、徐梁、李海波、王青华、赵庆杰、郭佳、余建国	20150213	20170825
225	ZL201510079018.X	樱花品种‘关山’的分子特异性标记引物及检测方法	浙江省林业科学研究院	赵庆杰、徐洪峰、李海波、徐梁、柳新红、王青华、郭佳、余建国	20150213	20170825
226	ZL201410849334.6	油茶良种长林18号的分子特异性标记引物及鉴定方法	浙江省林业科学研究院	李海波、王丽玲、徐梁、魏海龙	20141230	20170829
227	ZL201510022886.4	樱花品种‘菊垂樱’的分子特异性标记引物及检测方法	浙江省林业科学研究院	徐梁、李海波、杨少宗、魏海龙、赵庆杰、柳新红	20150116	20170901
228	ZL201510024044.2	樱花八重红枝垂、咲耶姬和雨情枝垂的特异性标记引物	浙江省林业科学研究院	徐梁、李海波、杨少宗、魏海龙、赵庆杰、柳新红	20150116	20170922
229	ZL201510024037.2	樱花品种‘红丰’和‘市原虎尾’的分子特异性标记引物	浙江省林业科学研究院	徐梁、徐翠霞、严春风、李海波、杨少宗、魏海龙、赵庆杰、柳新红	20150116	20171010
230	ZL201510295085.5	油茶良种长林18号和21号的特异性标记引物及检测方法	浙江省林业科学研究院	李海波、徐梁、王丽玲、魏海龙、胡传久	20150602	20171013
231	ZL201510762234.4	一种生物质酚醇液化树脂相变微胶囊	浙江省林业科学研究院	刘乐群、张文福、方晶	20151104	20171020
232	ZL201510561863.0	一种青钱柳苗木繁殖方法	浙江省林业科学研究院	柏明娥、方建华、朱杭瑞、徐高福、洪利兴、陈秀娟	20150907	20171110
233	ZL201510023091.5	樱花品种红丰、市原虎尾和平野妹背的特异性标记引物	浙江省林业科学研究院	赵庆杰、徐梁、李海波、杨少宗、魏海龙、柳新红	20150116	20171114
234	ZL201510407976.5	油茶良种长林18号的分子特异性标记引物及检测方法	浙江省林业科学研究院	李海波、魏海龙、胡传久、王丽玲、徐梁	20150710	20171114
235	ZL201510406377.1	油茶良种长林18号的特异性标记引物及检测方法	浙江省林业科学研究院	魏海龙、李海波、胡传久、徐梁、王丽玲	20150710	20171124

（续）

序号	专利号	专利名称	专利权人	发明人	申请日	授权公告日
236	ZL201510407907.4	油茶良种长林3号和21号的特异性标记引物及检测方法	浙江省林业科学研究院	李海波、王丽玲、徐梁、魏海龙、胡传久	20150710	20171226
237	ZL201510128102.6	风化基岩消落带陆生水长植树方法	浙江省林业科学研究院、淳安县新安江开发总公司、浙江元成园林集团股份有限公司	卢刚、徐高福、张建和、董飞岳、洪利兴	20150324	20170315
238	ZL201510015517.2	樱花品种‘平野妹背’的分子特异性标记引物及检测方法	浙江省林业科学研究院、浙江诚邦园林股份有限公司	徐梁、严春风、李海波、杨少宗、魏海龙、赵庆杰、柳新红、郭佳	20150113	20170808
239	ZL201510023613.1	樱花品种‘松月’和‘郁金’的分子特异性标记引物	浙江省林业科学研究院、浙江诚邦园林股份有限公司	徐梁、严春风、李海波、杨少宗、魏海龙、赵庆杰、柳新红、郭佳	20150116	20170808
240	ZL201410551049.6	纤维素基氮磷系阻燃剂及其制备方法	中国林业科学研究院林产化学工业研究所	陈日清、南静娅、刘娟、李双、王春鹏、储富祥	20141017	20170111
241	ZL201410552651.1	无卤纤维素基磷系阻燃剂及其制备方法	中国林业科学研究院林产化学工业研究所	陈日清、刘娟、李双、王春鹏、储富祥	20141017	20170111
242	ZL201410785451.0	一种植物油脂阴离子型高分子表面活性剂及其制备方法	中国林业科学研究院林产化学工业研究所	刘鹤、黄旭娟、王爱婷、商士斌、宋杰	20141216	20170111
243	ZL201410407959.7	纳米微晶纤维素复合水性环氧树脂及其制备方法	中国林业科学研究院林产化学工业研究所	吴国民、孔振武、陈健、霍淑平、刘贵锋	20140818	20170118
244	ZL201510086099.6	酚醛泡沫夹芯复合板的制备方法	中国林业科学研究院林产化学工业研究所	陈日清、王春鹏、魏娟、储富祥	20150217	20170118
245	ZL201410785520.8	一种松香基ATRP引发剂及其制备方法和应用	中国林业科学研究院林产化学工业研究所	王基夫、俞娟、储富祥、王春鹏	20141217	20170125
246	ZL201410330556.7	一种生漆复合双组分萜烯基水性聚氨酯及其制备方法	中国林业科学研究院林产化学工业研究所	孔振武、孙祥玲、吴国民	20140711	20170125
247	ZL201410836684.9	一种脱氢枞酸内酯的制备方法	中国林业科学研究院林产化学工业研究所	沈明贵、商士斌、王丹、宋杰、饶小平、宋湛谦	20141229	20170125
248	ZL201510275731.1	植物基类石墨烯及其制备方法	中国林业科学研究院林产化学工业研究所	孙康、蒋剑春、陈超、邓先伦、卢辛成、朱光真、贾羽洁	20150526	20170201
249	ZL201510483121.0	一种水溶性马来海松酸超支化聚酯及其制备方法	中国林业科学研究院林产化学工业研究所	陈玉湘、张海波、赵振东、卢言菊、徐士超、毕良武、王婧、古研	20150807	20170201
250	ZL201310009240.3	一种毛细精馏原理、工艺及其设备	中国林业科学研究院林产化学工业研究所	孙先玉、孙博、张秀珍	20130111	20170208
251	ZL201210008222.9	一种毛细冷凝原理、工艺及其设备	中国林业科学研究院林产化学工业研究所	孙先玉、孙博、孙铁	20120112	20170215

（续）

序号	专利号	专利名称	专利权人	发明人	申请日	授权公告日
252	ZL201410629336.4	脱氢枞酸基芳胺化合物作为金属离子荧光探针的应用	中国林业科学研究院林产化学工业研究所	高宏、宋湛谦、商士斌	20141110	20170215
253	ZL201410827971.3	一种单组分高黏接性室温硫化有机硅橡胶及其制备方法	中国林业科学研究院林产化学工业研究所	宋湛谦、徐涛、刘鹤、商士斌、宋杰	20141225	20170222
254	ZL201410784952.7	一种纤维素接枝环氧植物油脂阴离子型高分子表面活性剂及其制备方法	中国林业科学研究院林产化学工业研究所	刘鹤、黄旭娟、王爱婷、商士斌、宋杰	20141216	20170222
255	ZL201410817332.9	腰果酚多元环碳酸酯制备的弹性环氧树脂路面材料及其制备方法	中国林业科学研究院林产化学工业研究所	夏建陵、黄坤、宋健、桂永全、李梅、李守海、陈瑶、杨小华、张燕、诸进华	20141224	20170222
256	ZL201410785234.1	以碱木糖渣为原料制备活性炭的方法	中国林业科学研究院林产化学工业研究所	邓先伦、侯敏、朱光真、孙康	20141217	20170222
257	ZL201510282646.8	木质纤维糖基表面活性剂及其制备方法	中国林业科学研究院林产化学工业研究所	蒋剑春、王奎、徐俊明、冯君锋、关倩、李静、夏海虹、刘朋	20150528	20170301
258	ZL201510086231.3	一种酚醛泡沫夹芯复合板的制备方法	中国林业科学研究院林产化学工业研究所	陈日清、王春鹏、魏娟、储富祥	20150217	20170301
259	ZL201510393514.2	一种柔韧透明环氧树脂的制备方法	中国林业科学研究院林产化学工业研究所	黄金瑞、聂小安、陈洁、王义刚、李科	20150707	20170301
260	ZL201510086763.7	一种酚醛泡沫夹芯板的制备方法	中国林业科学研究院林产化学工业研究所	陈日清、王春鹏、魏娟、储富祥	20150217	20170301
261	ZL201510356092.1	氧化腰果酚改性酚醛树脂及其制备方法和应用	中国林业科学研究院林产化学工业研究所	周永红、梁兵川、胡立红、薄采颖、周静	20150625	20170301
262	ZL201510330133.X	一种复合量子点及其制备方法和应用	中国林业科学研究院林产化学工业研究所	夏建陵、许利娜、毛伟、李梅、李守海、黄坤、杨小华、张燕	20150615	20170308
263	ZL201410290436.9	一种马来海松酸改性聚硅氧烷树脂及其制备方法	中国林业科学研究院林产化学工业研究所	宋湛谦、徐涛、刘鹤、商士斌	20140625	20170315
264	ZL201510060144.0	一种松香基胆碱季铵盐表面活性剂及其制备方法	中国林业科学研究院林产化学工业研究所	饶小平、郑建强、刘莉、宋湛谦、商士斌	20150205	20170315
265	ZL201510426354.7	一种具有抗氧化活性的漆籽多糖的制备方法	中国林业科学研究院林产化学工业研究所	王成章、陈虹霞、周昊	20150720	20170315
266	ZL201510091578.7	一种高油脂含量的环氧树脂固化膜及其制备方法和应用	中国林业科学研究院林产化学工业研究所	刘承果、周永红、刘增祉、张猛、胡立红、冯国东、胡云	20150301	20170329
267	ZL201510145939.1	一种桃金娘烷醛的制备方法	中国林业科学研究院林产化学工业研究所	宋湛谦、廖圣良、商士斌、饶小平、沈明贵、司红燕、宋杰	20150330	20170329

（续）

序号	专利号	专利名称	专利权人	发明人	申请日	授权公告日
268	ZL201410629256.9	基于大豆蛋白胶黏剂的中密度纤维板的制备方法	中国林业科学研究院林产化学工业研究所	许玉芝、储富祥、王春鹏、王利军、胡岚方、南静娅	20141110	20170412
269	ZL201510329955.6	复合水凝胶材料的制备方法	中国林业科学研究院林产化学工业研究所	林艳、房桂干、邓拥军、沈葵忠、韩善明、李红斌、焦健	20150615	20170412
270	ZL201510407794.8	一种电子焊接用松香衍生物的制备方法	中国林业科学研究院林产化学工业研究所	商士斌、齐帆、王丹、高宏、沈明贵、宋杰、宋湛谦	20150713	20170412
271	ZL201510371820.6	一种油橄榄叶橄榄苦苷粗提取物制备羟基酪醇的方法	中国林业科学研究院林产化学工业研究所	王成章、原姣姣、叶建中、陈虹霞、周昊、陶冉、张宇思	20150626	20170419
272	ZL201510262286.5	一种木质素-二氧化硅纳米复合微粒及其制备方法和应用	中国林业科学研究院林产化学工业研究所	金灿、熊凯、孔振武	20150521	20170503
273	ZL201510091631.3	一种含硅的桐油基醇酸树脂及其制备方法和应用	中国林业科学研究院林产化学工业研究所	刘承果、周永红、刘增社、杨晓慧、冯国东、尚倩倩、胡云	20150301	20170517
274	ZL201510478572.5	一种含巯醚结构的木质素基重金属离子吸附剂及其制备方法	中国林业科学研究院林产化学工业研究所	金灿、张雪彦、孔振武	20150806	20170517
275	ZL201310027647.9	一种负压沸腾提取制备低酸型银杏提取物的方法	中国林业科学研究院林产化学工业研究所	王成章、周昊	20130124	20170524
276	ZL201410628909.1	一种木质素基星状热塑性弹性体及其制备方法	中国林业科学研究院林产化学工业研究所	王基夫、俞娟、储富祥、王春鹏	20141110	20170531
277	ZL201510369094.4	一种用高长径比纳米纤维素增强的聚乳酸复合材料及其制备方法	中国林业科学研究院林产化学工业研究所	宋湛谦、李晶晶、宋杰、商士斌、王丹	20150629	20170616
278	ZL201510471090.7	一种没食子酸基环碳酸酯、非异氰酸酯聚氨酯及其制备方法	中国林业科学研究院林产化学工业研究所	刘贵锋、孔振武、吴国民、陈健、霍淑平、金灿	20150804	20170623
279	ZL201511017957.8	一种模塑料用桐油基不饱和共酯树脂及其合成方法和应用	中国林业科学研究院林产化学工业研究所	刘承果、周永红、胡立红、尚倩倩、贾普友	20151229	20170718
280	ZL201510425870.8	一种分子量11400D和19490D高纯度漆籽多糖的制备方法	中国林业科学研究院林产化学工业研究所	王成章、陈虹霞、叶建中	20150720	20170804
281	ZL201610096484.3	一种柠檬酸酯醚聚合多元醇及其制备方法和应用	中国林业科学研究院林产化学工业研究所	周永红、冯国东、马艳、许彬、张猛、刘承果	20160222	20170825
282	ZL201410840737.4	植物油基阻燃多元醇及其制备方法和应用	中国林业科学研究院林产化学工业研究所	张猛、周永红、贾普友	20141230	20170829

（续）

序号	专利号	专利名称	专利权人	发明人	申请日	授权公告日
283	ZL201510374609.X	一种酶法辅助超声提取制备聚戊烯醇类脂的方法	中国林业科学研究院林产化学工业研究所	王成章、张昌伟、陶冉、叶建中、陈虹霞、周昊、张宇思	20150626	20170901
284	ZL201410804751.9	一种木本纤维及淀粉合成甲基葡萄糖苷的高效催化与晶习控制方法	中国林业科学研究院林产化学工业研究所	徐俊明、蒋剑春、冯君锋、李静、夏海虹、刘朋	20141222	20170915
285	ZL201410712841.5	一种纤维素疏水材料的制备方法	中国林业科学研究院林产化学工业研究所	刘鹤、黄旭娟、王爱婷、商士斌、宋杰	20141128	20170922
286	ZL201510515623.7	一种竹浆废水的处理方法	中国林业科学研究院林产化学工业研究所	房桂干、施英乔、邓拥军、沈葵忠、丁来保、盘爱享、林艳、韩善明、焦健、李红斌、梁芳敏、张华兰、梁龙、田庆文	20150820	20171010
287	ZL201510664539.1	一种真金板用阻燃型胶黏剂及其制备方法和应用	中国林业科学研究院林产化学工业研究所	陈日清、李双、刘娟、王荣兴、王春鹏、储富祥	20151015	20171017
288	ZL201510933433.7	脱氢枞基 2- 氨基 -3- 氰基吡啶衍生物、其制备方法及其应用	中国林业科学研究院林产化学工业研究所	沈明贵、杨艳平、商士斌、王丹、宋杰	20151215	20171017
289	ZL201610153504.6	3D 网络孔结构超级电容炭及其制备方法	中国林业科学研究院林产化学工业研究所	孙康、蒋剑春、冷昌宇、邓先伦、卢辛成、陈超、朱光真、贾羽洁	20160317	20171114
290	ZL201510422589.9	一种纳米纤维素负载纳米钯催化剂及其制备方法	中国林业科学研究院林产化学工业研究所	王丹、张开涛、商士斌、宋杰、刘鹤、宋湛谦	20150717	20171205
291	ZL201610854617.9	N-[4-(异海松酰胺基)苯基]芳磺酰胺类化合物及其制备方法与抗癌活性应用	中国林业科学研究院林产化学工业研究所	赵振东、刘娟娟、卢言菊、陈玉湘、毕良武、徐士超、王婧、古研	20160927	20171219
292	ZL201510907728.7	一种合成草酸小茴香酯的方法	中国林业科学研究院林产化学工业研究所、苏州优合科技有限公司	赵振东、袁晓敏、徐健、徐士超、陈玉湘、王婧、李冬梅	20151209	20170704
293	ZL201610454509.2	3- 对孟烯 -1- 胺及其制备方法与生物活性应用	中国林业科学研究院林产化学工业研究所、中国林业科学研究院林业新技术研究所	赵振东、朱守记、徐士超、陈玉湘、李冬梅、毕良武、王婧、古研、卢言菊	20160621	20170912
294	ZL201510329574.8	一种由松节油制备 1,8- 孟烷二乙酰胺的方法	中国林业科学研究院林产化学工业研究所、中国林业科学研究院林业新技术研究所	赵振东、徐士超、陈玉湘、李冬梅、毕良武、王婧、古研、卢言菊	20150615	20171219

（续）

序号	专利号	专利名称	专利权人	发明人	申请日	授权公告日
295	ZL201510051357.7	一种人工水平潜流湿地及其防堵塞沉淀池及防堵塞方法	中国林业科学研究院林业新技术研究所	李伟、崔丽娟、张岩、赵欣胜、张曼胤、康晓明、雷茵茹、张亚琼	20150130	20170201
296	ZL201410834696.8	含有氨基甲酸酯基团的腰果酚环氧固化物及其制备方法	中国林业科学研究院林业新技术研究所	夏建陵、宋健、黄坤、李梅、许利娜、李守海、陈瑶、杨小华、张燕	20141226	20170222
297	ZL201510329868.0	用于原位监测漂浮植物根系的固定装置及方法	中国林业科学研究院林业新技术研究所	李胜男、韦玮、郭嘉、于一雷、宋香静	20150615	20170517
298	ZL201510476223.X	攀爬机器人	中国林业科学研究院林业新技术研究所	周玉成、葛浙东、鲁守银、李早芳、侯晓鹏、张星梅、戚雨涵、徐佳鹤	20150806	20171010
299	ZL201510476140.0	攀爬机器人	中国林业科学研究院林业新技术研究所	周玉成、葛浙东、鲁守银、侯晓鹏、李早芳、张星梅、徐佳鹤、戚雨涵	20150806	20171121
300	ZL201510264760.8	一种集成材自动拼方系统及方法	中国林业科学研究院林业新技术研究所、国家林业局北京林业机械研究所	张前卫、张伟、张鹏飞、杨光、金征、何海龙	20150522	20170301
301	ZL201410310957.6	一种基于最佳指数？相关系数法的高光谱波段提取方法	中国林业科学研究院林业研究所	程志庆、张劲松、郑宁、王鹤松、李春友	20140702	20170125
302	ZL201510079301.2	古侧柏扦插繁殖方法	中国林业科学研究院林业研究所	常二梅、江泽平、刘建锋、许洋、魏黔春、赵育新、李迎超	20150213	20170308
303	ZL201410272732.6	从梓树叶片中提取酚类物质的方法	中国林业科学研究院林业研究所	王军辉、麻文俊、张守攻、贾子瑞、杨桂娟	20140618	20170329
304	ZL201310452485.3	落叶松 miR166a 在调控植物发育中的应用	中国林业科学研究院林业研究所	张守攻、李水根、齐力旺、张立峰、韩素英、朱彩虹	20130925	20170815
305	ZL201310452575.2	一种从基因组 DNA 中获得侧翼序列的方法	中国林业科学研究院林业研究所	张立峰、韩素英、齐力旺、李水根、张俊红	20130925	20171121
306	ZL201410810955.3	云杉属树种小树体种子园营建和管理方法	中国林业科学研究院林业研究所、甘肃省小陇山林业实验局林业科学研究所	王军辉、马建伟、胡勐鸿、贾子瑞	20141222	20170728
307	ZL201410810983.5	一种缩短欧洲云杉童期的高接换冠嫁接方法	中国林业科学研究院林业研究所、甘肃省小陇山林业实验局林业科学研究所	王军辉、马建伟、胡勐鸿、贾子瑞	20141222	20170908
308	ZL201410841207.1	一种可拆卸式快装野外宿营房	中国林业科学研究院木材工业研究所	周海宾、秦特夫、邓侃、殷继艳	20141230	20170222

（续）

序号	专利号	专利名称	专利权人	发明人	申请日	授权公告日
309	ZL201510320248.0	一种树脂浸渍增强、真空干燥和热处理联合改性木材的方法	中国林业科学研究院木材工业研究所	刘君良、孙柏玲、王喆、柴宇博	20150611	20170524
310	ZL201510977487.3	一种多功能树脂型染色改性剂及其制备方法	中国林业科学研究院木材工业研究所	吕文华、刘君良、柴宇博、郑雅娴、许茂松、王雪玉	20151223	20170915
311	ZL201510949397.3	一种提高木材表面超疏水膜机械稳定性的方法	中国林业科学研究院木材工业研究所	王小青、屠坤坤、刘君良、柴宇博、孔丽琢	20151218	20170929
312	ZL201510658114.X	电极材料的制备方法和由其制备的电极材料	中国林业科学研究院木材工业研究所	吕少一、常焕君、傅峰、黄景达、陈志林	20151012	20171010
313	ZL201510979285.2	一种高渗透性树脂型木材增强改性剂及高效浸渍处理控制方法	中国林业科学研究院木材工业研究所	吕文华、刘君良、柴宇博、郑雅娴、许茂松、王雪玉	20151223	20171017
314	ZL201510461491.4	隔声复合板及其制造方法和隔声门	中国林业科学研究院木材工业研究所	彭立民、王东、宋博骐、傅峰、陈志林、林兰英、梁善庆、吕少一、刘美宏	20150730	20171103
315	ZL201611079998.4	一种人工速生林木材多功能化处理的方法	中国林业科学研究院木材工业研究所	柴宇博、刘君良、吕文华、王小青、孙柏玲	20161130	20171110
316	ZL201510405755.4	一种芯板及其制备方法和一种实木复合地板及其制备方法	中国林业科学研究院木材工业研究所	孙柏玲、付跃进、程献宝	20150710	20171110
317	ZL201610217513.7	一种阻燃胶黏剂和阻燃材料及其制备方法和应用	中国林业科学研究院木材工业研究所	屈伟、吴玉章、马星霞	20160408	20171205
318	ZL201510353671.0	一种含酚醛泡沫碎料的阻燃复合板、其制备方法和应用	中国林业科学研究院木材工业研究所	陈志林、张龙飞、梁善庆、傅峰	20150624	20171205
319	ZL201610173446.3	一种圆锯片激光冲击适张装置及方法	中国林业科学研究院木材工业研究所	李博、张占宽、李伟光、彭晓瑞	20160324	20171205
320	ZL201610828585.5	一种多组液压缸动态同步运动控制方法	中国林业科学研究院木材工业研究所	张星梅、周玉成、葛哲东、侯晓鹏	20160918	20171219
321	ZL201610631765.4	三唑木竹材防腐防变色组合物及其制备方法	中国林业科学研究院木材工业研究所	蒋明亮、马星霞、李晓文、席丽霞	20160804	20171226
322	ZL201510280695.8	一种用于清除环刀内土壤的除土器	中国林业科学研究院热带林业实验中心	李朝英、郑路	20150528	20170822
323	ZL201410117198.1	一种赣州慢生根瘤菌及其用途	中国林业科学研究院热带林业研究所	康丽华、陆俊锟、窦雅静、朱亚杰、王胜坤、隋新华	20140326	20170118

（续）

序号	专利号	专利名称	专利权人	发明人	申请日	授权公告日
324	ZL201510550899.9	地被银桦组织培养的方法	中国林业科学研究院热带林业研究所	李湘阳、曾炳山、裘珍飞、刘英、范春节	20150831	20170627
325	ZL201510566596.6	南洋楹林优树快繁育苗技术	中国林业科学研究院热带林业研究所	刘英、曾炳山、范春节、裘珍飞、李湘阳	20150907	20170630
326	ZL201510412365.X	越南奇楠沉香组织培养的方法	中国林业科学研究院热带林业研究所	李湘阳、曾炳山、裘珍飞、刘英、范春节、徐大平	20150714	20170808
327	ZL201510669584.6	一种斐济檀香的异砧嫁接育苗方法	中国林业科学研究院热带林业研究所	刘小金、徐大平、林明平、杨曾奖、张宁南	20151015	20171124
328	ZL201410767929.7	一种增城中慢生根瘤菌及其用途	中国林业科学研究院热带林业研究所	陆俊锟、朱亚杰、康丽华	20141212	20171201
329	ZL201610299886.3	一种火力楠组织培养快速繁殖育苗方法	中国林业科学研究院热带林业研究所	刘英、曾炳山	20160509	20171208
330	ZL201610087721.X	一种桉树染色体的压片方法	中国林业科学研究院热带林业研究所	韩超、徐建民	20160216	20171219
331	ZL201410057157.8	一种基于森林火险的森林可燃物湿度自动调节系统及方法	中国林业科学研究院森林生态环境与保护研究所	王明玉、舒立福、赵凤君、田晓瑞	20140220	20170118
332	ZL201410108584.4	一种坡面重度火烧迹地的火后应急处理方法	中国林业科学研究院森林生态环境与保护研究所	赵凤君、舒立福、王立中、王明玉、田晓瑞、陈鹏宇	20140321	20170125
333	ZL201610071656.1	一种侵蚀林地直播造林的种子及其制备方法	中国林业科学研究院森林生态环境与保护研究所	刘世荣、史作民、缪宁、钟哲科	20160202	20170201
334	ZL201510359085.7	一种生物防治松褐天牛有效控制松材线虫病的方法	中国林业科学研究院森林生态环境与保护研究所	杨忠岐、唐艳龙、张彦龙、王小艺、高尚坤	20150625	20170301
335	ZL201610072877.0	一种利用保留木促进川西亚高山天然次生林恢复的抚育方法	中国林业科学研究院森林生态环境与保护研究所	刘世荣、缪宁、王晖、李茂萍	20160202	20170308
336	ZL201510288006.8	减轻腮扁叶蜂危害寄主植物的调控方法	中国林业科学研究院森林生态环境与保护研究所	梁军、潘琪、张星耀	20150529	20170322
337	ZL201410133344.X	一种云南切梢小蠹的引诱剂	中国林业科学研究院森林生态环境与保护研究所	张真、王平彦、孔祥波、王鸿斌、王军辉、张苏芳、刘宏屏、王忠祥、卢楠、陆斌、袁素荣、吴建勇	20140403	20170412
338	ZL201410133308.3	横坑切梢小蠹引诱剂的成分和配方	中国林业科学研究院森林生态环境与保护研究所	张真、王平彦、王鸿斌、孔祥波、张苏芳、王军辉、陆斌、卢楠、刘宏屏、王忠祥、吴建勇、袁素荣	20140403	20170412
339	ZL201410060872.7	森林火灾可燃物燃烧效率的估算方法	中国林业科学研究院森林生态环境与保护研究所	王明玉、舒立福、赵凤君、田晓瑞	20140224	20170531

（续）

序号	专利号	专利名称	专利权人	发明人	申请日	授权公告日
340	ZL201610073206.6	一种林地土壤生态修复材料及其制备方法	中国林业科学研究院森林生态环境与保护研究所	刘世荣、史作民、王晖、钟哲科	20160202	20170811
341	ZL201510358583.X	一种人二繁育落叶松吉丁肿腿蜂及应用于防治栗山天牛的方法	中国林业科学研究院森林生态环境与保护研究所	曹亮明、唐艳龙、杨忠岐、王小艺、魏可	20150625	20170825
342	ZL201510022662.3	一种基于无人机识别定位森林地下火的方法	中国林业科学研究院森林生态环境与保护研究所	舒立福、何诚、刘柯珍、王明玉、赵凤君	20150118	20171103
343	ZL201410132396.5	一种防治杨树溃疡病的木贼镰孢菌株及其应用	中国林业科学研究院森林生态环境与保护研究所	梁军、杨蕾、倪杨、张星耀	20140402	20171226
344	ZL201410132397.X	一种防治杨树溃疡病的生防菌菌株及其应用	中国林业科学研究院森林生态环境与保护研究所	杨蕾、梁军、倪杨、张星耀	20140402	20171226
345	ZL201410268985.6	一种压榨油茶籽油的适度加工方法	中国林业科学研究院亚热带林业研究所	罗凡、郭少海、费学谦、李康雄、王亚萍、姚小华	20140617	20170104
346	ZL201410801142.8	无患子种子大田育苗方法	中国林业科学研究院亚热带林业研究所	邵文豪、姜景民、董汝湘	20141222	20170111
347	ZL201410801140.9	一种无患子扦插育苗方法	中国林业科学研究院亚热带林业研究所	邵文豪、姜景民、董汝湘	20141222	20170118
348	ZL201410436515.6	N- 取代 - 柠檬醛胺类化合物及其合成方法和应用	中国林业科学研究院亚热带林业研究所	胡立松、杜孟浩、张金萍	20140829	20170125
349	ZL201510211267.X	一种建立湖滨人工湿地恢复生态的方法	中国林业科学研究院亚热带林业研究所	张建锋、单奇华、王丽、陈光才、潘春霞、徐永辉	20150429	20170308
350	ZL201510180266.3	一种分根实验容器	中国林业科学研究院亚热带林业研究所	张蕊	20150416	20170308
351	ZL201510255235.X	多功能树干保护装置及制作、使用方法	中国林业科学研究院亚热带林业研究所	孙洪刚、邵文豪	20150519	20170322
352	ZL201510345407.2	一种阔叶树种基部包埋式扦插繁殖方法	中国林业科学研究院亚热带林业研究所	刘军、姜景民	20150618	20170524
353	ZL201510265330.8	杞柳矮林生物质能源林培育方法	中国林业科学研究院亚热带林业研究所	孙洪刚、栾启福	20150522	20170531
354	ZL201510147048.X	杜鹃红山茶叶片愈伤组织再生体系的建立方法	中国林业科学研究院亚热带林业研究所	李纪元、吴斌、范正琪、李辛雷、殷恒福、王江英、应震	20150331	20170606
355	ZL201510566124.0	毛竹原生质体培养的方法	中国林业科学研究院亚热带林业研究所	袁金玲、顾小平、岳晋军、吴晓丽	20150908	20170616

（续）

序号	专利号	专利名称	专利权人	发明人	申请日	授权公告日
356	ZL201410801405.5	无患子高位嫁接方法	中国林业科学研究院亚热带林业研究所	邵文豪、姜景民、董汝湘	20141222	20170627
357	ZL201510338429.6	一种绿化苗木切根方法	中国林业科学研究院亚热带林业研究所	刘军、刘景民	20150617	20170630
358	ZL201510031073.1	一种经济林加工剩余物制备聚氨酯泡绵的方法	中国林业科学研究院亚热带林业研究所	张金萍、杜孟浩、胡立松	20150119	20170815
359	ZL201510566151.8	一种毛竹胚乳培养的方法	中国林业科学研究院亚热带林业研究所	袁金玲、顾小平、岳晋军、吴晓丽	20150908	20170901
360	ZL201510211114.5	一种建立湖滨防护林、营造良好湖滨生态环境的方法	中国林业科学研究院亚热带林业研究所	张建锋、单奇华、王丽、陈光才、潘春霞、徐永辉	20150429	20170912
361	ZL201510347318.1	一种生物降解造林装置及造林方法	中国林业科学研究院亚热带林业研究所	邵文豪、孙洪刚、姜景民	20150619	20171020
362	ZL201510749474.0	一种海岸防护林带冠层结构优化方法	中国林业科学研究院亚热带林业研究所	吴统贵、虞木奎、王金宝、张雷、张慧、张鹏	20151105	20171215
363	ZL201510184811.6	一种以叶片为外植体的红马银花组织培养方法	中国林业科学研究院资源昆虫研究所	孙永玉、闫红、李昆、唐国勇、刘方炎、张春华	20150420	20170118
364	ZL201410327388.6	滇丁香的组培快繁方法	中国林业科学研究院资源昆虫研究所	马宏、李正红、刘秀贤、万友名	20140710	20170308
365	ZL201510437640.3	鸡冠滇丁香的组培快繁方法	中国林业科学研究院资源昆虫研究所	马宏、刘秀贤、李正红、万友名	20150723	20170623
366	ZL201510332620.X	一种低质辣木林改造及管护的方法	中国林业科学研究院资源昆虫研究所	郑益兴、张燕平、吴疆翀、彭兴民	20150616	20170825
367	ZL201610713467.X	一种可浮动挂钩装置	中国林业科学研究院资源昆虫研究所	张金稳、陈航、陈晓鸣、李丽	20160824	20171020
368	ZL201610447558.3	基于枯叶蛱蝶鳞翅的可展仿生结构	中国林业科学研究院资源昆虫研究所	陈航、张金稳、陈晓鸣、李丽	20160621	20171208
369	ZL201410601556.6	激光雷达航带扫描边界识别方法及装置	中国林业科学研究院资源信息研究所	刘清旺、李增元、陈尔学、庞勇、李世明	20141031	20170111
370	ZL201410666032.5	一种激光雷达航带高程匹配质量分析方法	中国林业科学研究院资源信息研究所	刘清旺、李增元、陈尔学、庞勇、李世明	20141120	20170118
371	ZL201310154398.X	一种郁闭度的测定方法和装置	中国林业科学研究院资源信息研究所	王雪峰、李晓冬	20130428	20170201
372	ZL201410539022.5	消除高重频机载激光雷达系统的测距歧义的方法和装置	中国林业科学研究院资源信息研究所	卢昊、庞勇	20141011	20170208

（续）

序号	专利号	专利名称	专利权人	发明人	申请日	授权公告日
373	ZL201410313510.4	一种合轴分枝树木形态结构三维可视化模拟方法	中国林业科学研究院资源信息研究所	张怀清、刘闽、白静、蒋娴	20140702	20170215
374	ZL201410539186.8	一种叶片表面尘土量的图像确定方法和系统	中国林业科学研究院资源信息研究所	吴春燕、王雪峰、高志海	20141013	20170215
375	ZL201310752559.5	一种基于自适应分形算法的树木形态模拟方法	中国林业科学研究院资源信息研究所	刘闽、张怀清、鞠洪波、陈永富、蒋娴	20131231	20170308
376	ZL201310112054.2	基于摄影测量的树木形态模型参数快速获取方法	中国林业科学研究院资源信息研究所	刘闽、张怀清、鞠洪波、蒋娴、陈永富	20130402	20170510
377	ZL201410011105.7	一种适用林区的星-地结合定位方法	中国林业科学研究院资源信息研究所	张旭、于新文、张雪芹、马琰	20140109	20170510
378	ZL201410854977.X	一种小班边界三维可视化编辑方法	中国林业科学研究院资源信息研究所	李永亮、张怀清、刘闽、蒋娴	20141231	20170524
379	ZL201510041343.7	一种稳健遥感单木冠幅与林木直径回归方法	中国林业科学研究院资源信息研究所	黄建文、郎璞玫、郎奎健、鞠洪波	20150127	20170704
380	ZL201510468951.6	一种自动生成烟区检测结果的方法	中国林业科学研究院资源信息研究所	覃先林、祖笑锋、尹凌宇、孙桂芬	20150804	20170808
381	ZL201310472798.5	一种水果糖度的确定方法和装置	中国林业科学研究院资源信息研究所	王雪峰	20131011	20170825
382	ZL201310472628.7	一种水果糖度的确定方法和装置	中国林业科学研究院资源信息研究所	王雪峰	20131011	20170905
383	ZL201310415467.8	基于云平台的林业物联网系统	中国林业科学研究院资源信息研究所	张旭、于新文、范东璞、陈雄华、马勇	20130912	20171024
384	ZL201410054741.8	一种基于分层次边界拓扑搜索模型的栅格转矢量系统	中国林业科学研究院资源信息研究所、中天共创科技（北京）有限公司	孟献策、鞠洪波、肖鹏、陈永富、张怀清、刘华	20140218	20170118
385	ZL201410054902.3	基于 FPGA 构建的分层次栅格转矢量处理方法	中国林业科学研究院资源信息研究所、中天共创科技（北京）有限公司	孟献策、鞠洪波、肖鹏、陈永富、张怀清、刘华	20140218	20170208
386	ZL201410055084.9	一种基于分层次边界拓扑搜索模型的栅格转矢量并行系统	中国林业科学研究院资源信息研究所、中天共创科技（北京）有限公司	孟献策、鞠洪波、肖鹏、陈永富、张怀清、刘华	20140218	20171024

（续）

序号	专利号	专利名称	专利权人	发明人	申请日	授权公告日
387	ZL201510389711.7	增强型高温热处理木材及其制造方法	中南林业科技大学、中国林业科学研究院木材工业研究所	徐康、刘元、吕建雄、李贤军、黄荣凤、周永东	20150706	20170517
388	ZL201510476904.6	名木古树用中性涂白剂及其制备方法	重庆市风景园林科学研究院	田立超、向见	20150806	20171128
389	ZL201610516560.1	一种利用麻竹叶加工粽叶的方法	重庆市林业科学研究院	李彬、童龙、陈丽洁、耿养会、谢锦忠、张玮	20160704	20170829
390	ZL201410402135.0	花椒采收机	重庆市林业科学研究院、刘启超、王正春	王正春、刘启超	20140815	20170718

数据来源：国家知识产权局中国专利数据库。